KB125026

역사를바꾸는
역사정책

역사를 바꾸는 역사정책 – 7가지 쟁점과 해법

초판 1쇄 인쇄 2013년 3월 22일
초판 1쇄 발행 2013년 3월 29일

엮은이 역사정책기획단
펴낸이 정순구
책임편집 정윤경
편집부 조원식 조수정 박지석
마케팅 황주영

출력 한국커뮤니케이션
용지 한서지업사
인쇄 한영문화사
제본 한영제책사

펴낸곳 (주) 역사비평사
등록 제300-2007-139호(2007. 9. 20)
주소 110-260 서울시 종로구 가회동 173번지 3층
전화 02-741-6123~5
팩스 02-741-6126
홈페이지 www.yukbi.com
전자우편 yukbi@chol.com

ISBN 978-89-7696-540-0 03910

값은 표지 뒷면에 표시되어 있습니다.
잘못 만들어진 책은 구입하신 서점에서 바꾸어 드립니다.

역사를 바꾸는 역사정책

7가지 쟁점과 해법

역사정책기획단 엮음

차례 / 역사를 바꾸는 역사정책

역사갈등 ● 동아시아 평화를 위협하는 역사갈등

매장문화재 ● 개발의 장애물로 전락한 매장문화재

국가기록관리 ● 기록이 없는 나라, 기록을 없애는 나라

부록

【책머리에】

민주주의와 평화를 열어가는 역사정책

이 책은 2012년 5월 『역사비평』 99호와 8월 『역사비평』 100호에 '전환기의 역사정책'이라는 제목으로 기획 연재한 7편의 글을 묶고, 2013년 2월 『역사비평』 102호에 실은 「초·중등교육법 개정과 역사 교육의 후퇴」를 보론으로 보탠 것이다. 책으로 펴내면서 일부 수정과 보완 작업을 거쳤지만 기본적인 형태는 변하지 않았다. 기획을 시작하면서 썼던 '편집인의 말'을 읽어보자.

이명박 정부의 실정은 헤아릴 수도 없이 많다. 반서민 재벌 중심 경제의 강화, 남북 간 긴장 고조와 적대 관계 심화, 무차별적 개발로 인한 환경 파괴, 엘리트주의와 경쟁주의 교육 정책으로 인한 학교 현장의 피폐화, 언론 장악과 민간인 사찰 등에서 드러난 명백한 민주주의의 후퇴 등. 그런데 이 모든 파행과 불행의 정책들의 근저에는 '퇴행적' 역사정책이 자리 잡고 있다. 이를테면 이명박 대통령은 지난 4년 동안 5·18광주민주화운동 기념식에 한 번도 참석하지 않았다. 그의 역사의식을 유감없이 보여주는 이 사실 하나만으로도, 우리는 그가 '어떤 나라를 꿈꾸는지' 충분히 상상할 수 있다. '전환'이 필요하다!

'전환'이란 다른 방향이나 상태로 바꾸는 것을 의미한다. 현재를 '전환기'로 본다는 것은 과거와 다른 방향으로 바뀌고 있는 현실의 반영이면서, 동시에 그렇게 바꾸려는 의지의 적극적 표현이다. 어떤 방향인가? 길게 보면 1987년 이후 한국 사회는 독재를 벗어나 민주주의로, 냉전에서 평화 체제로 '전환'되어가는 중이다. 그러나 지난 5년간을 돌이켜보건대, 그 전환이 중단되고 이전으로 후퇴해온 것 같다. 선거를 통한 정권 교체도 물론 필요하지만 어떤 정권이 들어서더라도 퇴행하지 않는 기반을 마련하는 것이 중요하다.

역사가로서 우리는 여기에 현 시기 역사 분야에서 '전환'을 위해 꼭 필요한 것들을 모아 대안적 '역사정책'으로 제시한다. '정책'이라는 명칭에 거부감을 갖는 사람들도 있을 것이다. 학문의 영역인 '역사'와 정치의 영역인 '정책'이 서로 어울리지 않는다고 여길 수도 있다. 그러나 이미 역사는 정책화되어 우리의 삶에 영향을 끼치고 있다. '역사정책'은 과거에 대한 독점적 해석이나 국가 주도의 관제적 역사상, 또는 역사의 당파 정치적 악용을 위한 것이 아니다. 우리 정치 공동체가 필요로 하는 보편적 규범과 가치, 즉 인권과 민주주의, 주권과 자존, 화해와 공생, 평화와 통일 등에 관련된 역사적 현재의 구성을 위한 역사 관련 정책이다. 그렇기에 그것은 넓게 보면 민주주의적 정치 문화의 과제에 속하는 영역의 일부다.

이와 같은 견지에서 2011년 가을부터 본지 편집위원회와 역사문제연구소 안팎에서 뜻을 같이하는 연구자들이 모여 '역사정책기획단'을 꾸렸다. 지난 수개월의 토론 과정에서 기존의 여러 역사 관련 정책과 그 문제점들을 검토하고 대안적 구상과 정책 제안들을 마련해보았다. 그 성과의 일부가 이번 호에 실린 세 편의 글이다. 다음 호에는 기록 관리, 주변국과 역사 갈등, '과거사' 청산 등에 관한 정책을 실을 예정이다.

우리가 이 '역사정책'을 제안한다고 해서 역사학계를 대표하고 있다거나 혹은 대변하겠다고 나서는 것은 결코 아니다. 또 우리는 여기 실린 논의와 제안들이 유일하게 올바른 분석이자 해결책이라고 주장하는 것도 아니다. 이 글들은 모두 내부 토론을 거쳤지만, 기본적으로는 각 필자의 개인적인 견해이자 주장이다. 다만, 우리는 이 글들이 계기가 되어 역사학계와 시민사회 및 정당들에서 이 주제들과 관련해 더 많은 비판적이고 생산적인 논의가 이어지기를 바란다.

원래는 기획에서 다룬 여러 '역사정책'에 관해 토론회나 공청회를 열어 여론을 환기시키고 정치권의 각성을 촉구할 계획이었다. 그러나 2012년 9월 『한겨레』에 '역사정책, 미래를 열자'라는 제목으로 수차례 소개되는 데 그쳤다.

그로부터 책을 내는 지금까지 많은 변화가 있었다. 이명박 정부의 실정에도 불구하고 정권은 교체되지 않았고, 박근혜 정부가 출범했다. 대한민국역사박물관은 졸속으로 개관되었고, 역사 교과서 집필에 장관의 개입을 강화시키는 관련법이 입법예고됐다. "어떤 정권이 들어서더라도 퇴행하지 않는 기반"으로서 여러 역사정책을 제안했지만, 그 정책들이 여전히 유효한지, 이를 묶어서 책으로 내는 것이 어떤 의미가 있을지 고민하지 않을 수 없었다. 무엇보다 독재자의 딸이 집권하고 한반도의 상공에 전운마저 감돌고 있는 지금, '독재에서 민주주의로, 냉전에서 평화로'라는 전환 방향은 제대로 잡은 걸까.

민주주의와 평화가 한갓 특정 정권이나 특정 세대의 지향은 아닐 거다. 1945년 해방 이후 한반도에 사는 사람들이 가혹한 독재와 전쟁·냉전의 비극을 겪으면서 갈구하게 된 가치이자 지향점이다. 대다수 사람들의 더 나은 삶을 위한 조건과 직결되는 문제이다. 길게 보면 1987년 이후 민주화는 보수적인 길과 진보적인 길이 교차하면서 진행되었고, 최근은 전자의 길이 우세한 형국이다. 평화를 향한 길 역시 마찬가지다. 보수는 보수답게, 진보는 진보답게 민주주의와 평화의 길을 제안하고 경쟁해야 한다.

연재되었던 글들을 책에 싣기 위해 다시 읽어보면서 새삼 느낀 점이지만, 제안된 정책은 대체로 상식적이다. 공적으로 공유되고 전승되는 역사 인식과 역사의식, 그리고 그것에 기초한 사회구성원의 집단적 기억과 역사문화의 기구와 제도에는 민주적 절차와 과정이 필수불가결하다. 학문적 성과에 기초한 전문 역사가들의 보조와 협력, 비판과 감시(또는 모니터링)의 구조 또한 분명하게 보장되어야 한다. 여기에는 특별히 여당과 야당, 보수와 진보의 구분이 있을 수 없다. '사회 통합'을 강조하는 보수 정치가들이라면 더욱이 이와 같은 민주적 절차와 과정, 그리고 전문가의 독립성 보장과 참여를 통한 합의 과정을 무시할 하등의 이유가 없다.

누구나 자신의 정당성을 입증하는 근거로서 역사를 찾는다. 비단 개인만이 아니다. 사회 집단, 정치 세력, 국가들도 자기정당성의 근거로서 자주 역사를 사용한다. 개인과 집단의 복잡성과 다양성을 감안하면 어느 사회나 국가에서도 역사를 둘러싼 갈등은 불가피하다. 우리처럼 굴곡 많고 처절한 분열의 역사를 겪은 사회는 더욱 그렇다.

그러나 달리 생각하면 역사는 의견이 다른 상대방을 이해하고 자신을 성찰할 수 있는 중요한 자산이기도 하다. 역사 갈등은 민주주의와 평화의 미래를 열어나가기 위한 밑거름이 될 수도 있다. 역사의 이데올로기적 악용과 정치적 오용을 막을 제도적 장치를 마련하고 역사학계의 엄밀한 검토를 거친 역사 인식에 기초한다면, 주관적 역사의식과 당파적 기억에 근거한 과잉된 역사 갈등은 줄일 수 있다. 더욱이 공동체 구성원이 상호간의 이질적인 기억과 경험들을 상생적으로 소통하고, 그래서 다양한 역사의식과 역사문화가 공존할 수 있는 제도적 규칙과 기반이 마련된다면, '공적 역사(public history)'를 둘러싼 논쟁은 민주주의적 정치 문화의 핵심 요소가 될 것이다. 이와 같은 견지에서 우리가 이 책에서 제시한 일곱 가지 '역사정책'들은 "어떠한 정권이 들어서더라도 퇴행하지 않는" 민주주의와 평화의 버팀목으로 삼아야 할 것이다. 늦게나마 책을 출간하려는 까닭이다.

아무쪼록 '역사정책'에 대한 독자 여러분의 관심과 토론이 이어져 조금이나마 민주주의와 평화의 길이 밝아지기를 기원한다. 끝으로 바쁜 가운데도 역사정책기획단에 참여하여 토론하고 글을 써주신 필자 여러분께 감사드린다.

—2013년 3월, '역사정책기획단'을 대신하여 이동기·정병욱.

역사교육

정권과 정치 논리에 흔들리는 역사교육

역사박물관
역사교육
남북역사교류
과거사규명
역사갈등
매장문화재
국가기록관리

이명박 정부가 들어선 뒤, 당시 사용하고 있던 『한국근·현대사』 교과서 서술에 문제가 제기되었다. 김도연 교과부 장관을 비롯하여 통일부, 국방부 등 정부 부처, 전국경제인연합과 대한상공회의소 등 경제 기관, 그리고 보수 언론이 교과서 서술이 좌편향되어 있다고 공격했다. 대통령까지 수정을 옹호하고 나섰다. 『한국근·현대사』 교과서는 2002년 교육부의 검정을 통과했으며, 2003년부터 사용 중이었다. 교육부의 검정에 합격한 교과서를 교과부장관이 공격하는 일이 발생한 것이다.

1. 역사 교육의 현재, 제도와 문제점

역사 교육을 둘러싼 논란

역사 교육, 특히 한국사 교육에 관한 논란은 교과서 서술이나 검정, 교과서 집필 기준(준거안), 교육과정 등 다양하고 상이한 층위에서 전개되었다. 한국사 교과서를 둘러싼 논란은 학계와 역사 교육계 내부에서보다는 보수적인 정치권과 경제계, 언론이 간여하거나 참여하면서 더욱 복잡하게 전개되었다. 그 때문에 국가적 이슈가 되기도 했으며, 때로는 사회적 분열의 양상을 띠기도 했다.

근래 한국사를 둘러싼 논란은 특히 근현대사를 보는 관점의 차이로 인해 발생했다. 역사를 보는 관점의 차이는 현재의 자신이 딛고 서 있는 기반의 차이에 기인하며, 미래 지향과 밀접하게 관련되어 있다. 그러므로 역사 논쟁은 과거를 둘러싼 논란으로 나타나지만, 사실은 현재와 미래상을 둘러싼 논란이라고 할 수 있다.

역사 논쟁은 오래 전에 시작되었다. 고등학교 과목으로 새로 개설된 『한국 근·현대사』 교과서의 검정 과정에서 그 서술 내용을 놓고 2002년에 논란이 일어난 적이 있다. 이 교과서를 둘러싼 논란은 학교에서 교과서가 사용되기 시작한 뒤 2004년 가을에 재발했으며, 이명박 정부가 들어선 뒤에는 교육과학기술부(이하 교과부)의 수정 지시가 떨어지고 정부의 구미에 맞지 않는 출판사의 교과서 채택을 방해하는 책동으로 이어졌다.

준거안을 둘러싼 논란도 이전에 경험했으며, 2011년에는 결국 교육과정 개정을 놓고 심각한 갈등이 일어났다. 이명박 정부는 2009년 12월 '미래형 교육과정'이라는 이름을 붙이며 교육과정 개정을 단행했다. 그리고 그 후속 작업으로 2010년과 2011년 역사과 교육과정을 개정했는데, 특히 2011년에 교육과정 연구진과 교과부가 심각하게 대립하는 초유의 사태가 발생했다. 이 대립은 역사학계와 역사 교육계 전반으로 확대되었다.[01]

역사 교육의 방향과 내용을 결정하는 교육과정을 놓고 갈등이 발생한 것은, 이전까지 교과서 서술이나 집필 기준(준거안)을 둘러싸고 전개되었던 논란이 심화·확대되었음을 의미한다. 역사 서술과 역사 교육의 내용에 정부가 직접 개입함으로써 그동안 표방해왔던 교육의 중립성이 심각하게 훼손되었을 뿐 아니라 역사 교육의 정치화라는 비판을 피할 수 없게 되었다. 그에 따라 역사 교육의 중립성을 계속 표방해야 하는가, 필요하다면 어떻게 확보할 것인가 하는 점이 과제로 대두했다.

교육과정의 졸속·비법적 개정과 정치적 간여

2011년 교육과정 개정을 둘러싸고 논란이 일어난 것은 학계의 일반적 연구 성과를 정확하고 충실하게 따르지 않고, 편향성을 가진 특정 집단의 견해를 반영했기 때문이다. 교육과정의 생명이라 할 학문적 연구 성과의 충실한 반영과 균형성 확보라는 기본 원칙이 파괴되었고, 개정 절차가 법령과 관행을 따르지 않아 민주성을 상실했다. 이로 인해 민주적 절차에 따라 학문 연구 성과를 충실히 반영하는 교육과정 작성 방안이 새삼스럽게 과제로 대두했다.

교육과정은 초·중등교육법 제23조 제2항에[02] 의거하여 초·중등학교의 교육 목적과 교육 목표를 달성하기 위해 작성한 문서로, 초·중등학교에서 편성·운영해야 할 학교 교육과정의 공통적·일반적인 기준을 제시하고 있다. 교육과정에는 교과부장관이 고시하는 국가 수준의 교육과정과 시·도 교육감이 정하는 지역 수준의 교육과정이 있으며, 학교는 학교 특성을 반영하여 교육과정을 편성한다. 교육과정은 또 학교급별 교육과정과 교과별 교육과정으로 구성된다. 역사 교육의 체계와 내용은 역사과 교육과정에 서술되어 있다.

교육과정은 학교 교육의 이념과 목적, 교과과정 구분 원리와 같은 교육 설계의 측면과 교육 내용의 효율적 학습, 교수 방법과 같은 교육공학적 요소까지 포괄하고 있다. 그렇다 보니 교육과정의 영향력은 대단히 크다. 수업의 기준이 되며, 교육과정 해설이나 교과서 집필 기준 등의 근거가 된다. 교과서 편찬과 검정의 내용적 기반도 역시 교육과정에 두고 있다.

현재는 제7차 교육과정(1997. 12. 30 고시)과 2009 교육과정(2009. 12. 23 고시)이 함께 사용되고 있는데, 2009 교육과정은 다시 2010 교육과정과 2011 교육과정으로 상세화되었다. 역사과 교육과정은 2011년에 개정되었으므로, 앞으로는 이 교육과정을 따르도록 되어 있다.

교육과정의 개정 권한은 중앙정부에 속한다. 교육과정 개정과 이의 고시권자는 교과부장관이며, 장관이 필요하다고 판단하면 교육과정을 개정할 수 있다. 보통 교육과정 개정은 교육과정의 기초 연구를 통해 총론을 제정하고, 그 후 각론을 개발하는 절차를 밟는다. 교육과정에 대한 기초 연구는 대개 한국교육개발원이 담당하며, 역사과 교육과정은 교과부가 국사편찬위원회에 의뢰하고 있다.[03] 의뢰받은 기관에서는 연구팀을 구성하여 개발하고, 그 결과를 받아서 교과부에 제출하는데, 그 과정에서 공청회를 개최하여 관련 학계와 현장 교사들의 의견을 수렴한다. 완성된 교육과정안은 사회과교육과정심의회의 심의를 거쳐[04] 장관이 고시한다.

작년 역사과 교육과정 개정 과정에는 법적 근거와 전례가 없는 '역사교육과정개발추진위원회(이하 추진위원회, 위원장은 이배용 국가브랜드위원회 위원장)'라는 기구를 구성·운영했다. 이 위원회는 국사편찬위원회에서 구성한 교육과정 연구진의 책임자를 위원으로 포함하고 연구진의 연구 성과를 심의 조정하는 등, 사실상 연구진의 상위 기구로 역할했다. 학자와 교사, 교육과정 전공자가 참여하는 교육과정 개발 과정에, 정부의 고위 공직자를—그 사람이 비록 역사학 교수 출신이라 하더라도—위원장으로 하는 위원회를 구성하여 감독과 심의 권한을 행사하게 한 것은 법에 어긋나는 직접적인 정치적 간여라고 볼 수밖에 없다.

교육과정 개정안이 사회과교육과정심의회를 거쳤음에도 불구하고 그 뒤 다시 수정하는 비법적 행동도 저질러졌다. 교육과정 개발 과정에 추진위원회와 뉴라이트 계열에서 적지 않은 요구를 해왔지만, 연구진은 학문적 성과와 헌법 정신에 따라 개정안을 작성하여 제출했다. 이 개정안은 대체로 무난하다는 평가를 받았다. 그런데 고시되기 직전, 한국현대사학회라는 단체의 요구를 수용하여 교육과정안을 임의로 수정한 것이다. 장관이 고시권자이기는 하지만, 이것은 명백히 편파적이며 절차를 어긴 행위이다.

정부의 이러한 비법적이고 전례 없는 교육과정 개정으로 인해, 최신의 연구 성과를 반영하는 역사과 교육과정을 적법하고 민주적인 절차를 밟아 개정하는 것이 과제로 대두되었다.

교과서는 어떻게 만들어지는가

교과서는 대통령령인 '교과용도서에 관한 규정'에[05] 따라 편찬하고 보급된다. 교과용도서에는 교과서와 지도서가 포함되며, 국정 도서와 검정 도서, 인정 도서로 구분한다. 국정 도서가 있을 때는 이를 사용해야 하고, 없을 때는 검정 도서를 사용해야 한다. 검정 도서는 학교의 장이 운영위원회의 심의를 거쳐 선정하도록 규정하고 있다.

어떤 도서를 국정 또는 검정으로 할 것인가는 교과부장관이 결정하여 고시한다. 2009 개정 교육과정에 따라 2011년 8월 16일에 고시한 도서 구분에는 초등학교 사회 교과서와 지도서는 국정, 중학교 교과서(역사 1, 2)는 검정, 지도서는 인정 도서로, 고등학교 한국사·동아시아사·세계사 교과서는 검정, 지도서는 인정 도서로 구분했다.[06]

교과부장관은 최초 사용 학년도 개시 1년 6월 이전에 검정 실시를 공고해야 한다.[07] 역사 교과서 검정을 담당하고 있는 국사편찬위원회 위원장은 이 조항에 따라 2013년과 2014년에 사용할 '교과용도서(역사) 검정 실시 공고'를 2011년 8월 26일에 냈다. 검정 대상은 총 6종 7책(중학교 역사 1·2와 역사부도, 고등학교 한국사·동아시아사·세계사·역사부도)이고, 검정 시기는 중학교 도서는 2012년, 고교 도서는 2013년으로 공고했다.[08] 검정 공고에 이어 검정 기준과 편찬상의 유의점을 공고했다(2011. 8. 31). 이어 중학교 역사 교과서 집필 기준(2011. 11)과 고등학교 역사 교과서 집필 기준(2011. 12)을 고시했다. 교과서는 교육과정과 이 집필 기준에 따라 편찬하는 것이다.

역사 교과서의 편찬과 관련하여 교과서의 형태, 검정 주체와 검정 기준, 교과서 편찬 기간 등의 문제가 검토될 필요가 있다.

교과서 수정 지시와 채택권 침해

이명박 정부가 들어선 뒤, 당시 사용하고 있던 『한국근·현대사』 교과서 서술에 문제가 제기되었다. 김도연 교과부장관을 비롯하여 통일부, 국방부 등 정부 부처, 전국경제인연합과 대한상공회의소 등 경제 기관, 그리고 보수 언론이 교과서 서술이 좌편향되어 있다고 공격했다. 대통령까지 수정을 옹호하고 나섰다. 『한국근·현대사』 교과서는 2002년 교육부의 검정을 통과했으며, 2003년부터 사용 중이었다. 교육부의 검정에 합격한 교과서를 교과부장관이 공격하는 일이 발생한 것이다.

교과부장관은 보수층의 여론을 빌미로 55개 항에 걸친 교과서 수정을 출판사에 권고했다. 권고를 받은 출판사들은 저자와 협의하여 이 권고를 받아들였지만, 공격의 주 대상이었던 금성출판사의 저자들은 권고 사항의 일부만 수용했다. 교과부는 다시 수정 지시를 내렸고, 저자들이 계속 거부하자 출판사가 임의로 수정하여 교과부에 제출했다. 이렇게 임의로 수정된 교과서는 2009년부터 사용되었다.[09]

이에 반발하여 저자들이 출판사와 교과부를 상대로 저작인격권 침해를 주장하는 민사 소송과 수정 지시의 불법성을 주장하는 행정 소송을 제기함으로써 교과서 소송이 벌어졌다. 두 소송 모두 1심에서는 원고가, 2심에서는 피고가 승소했으며, 대법원은 행정 소송의 2심 판결을 파기하고 고등법원으로 되돌려 보냈다. 교과부장관의 수정 지시가 심의에 준하는 절차를 밟지 않았다는 절차상의 문제를 지적한 것이다.

이 사건으로 교과부장관은 이미 검정에 합격하여 사용하고 있는 교과서의 서술을 수정하도록 지시할 수 있는지, 있다면 검정과 동일한 과정을 거쳐야 하는지의 문제가 불거졌고, 동시에 출판사가 저자와 협의하지 않고 내용을 수정할 수 있는지, 또한 교과서를 어떻게 정치로부터 보호할 것인지와 같은 문제가 새로이 대두되었다.

한편 교과부의 교과서 수정 활동에 조응하여, 당시 서울시·경기도 등의 보수적인 교육감들은 교과서 채택권을 가진 고등학교 교장과 운영위원을 모아놓고 금성사 이외의 교과서를 채택하도록 회유하기도 했다. 이미 교과서 채택이 종료되었음에도, 교육감의 압력을 받자 교과서를 바꾸는 고등학교가 나타났고, 그 결과 금성사 교과서는 채택률이 50%에서 30%로 떨어졌다.[10]

교과서는 담당 과목의 교사들이 의논하여 채택하고 운영위원회의 심의를 거쳐 교장이 최종적으로 선택하도록 규정되어 있다.[11] 고등학교에 대한 감독권을 가지고 있는 교육감이 교과서 채택에 개입함으로써, 학교에서는 이를 따르려는 교장과 반발하는 역사 교사 및 운영위원 사이에 갈등이 발생했고, 이 과정에서 출판사는 부당한 피해를 입거나 이익을 얻었다. 무엇보다 심각한 문제는 교사와 운영위원회, 그리고 교장의 교과서 선정 권한이 교육감에 의해 침해당하는 비민주적인 사태가 공공연히 벌어진 것이다. 그에 따라 교과서 채택권의 확보라는 과제가 새롭게 등장했다.

교과서 개정, 너무 잦고 촉박하다

현재 중학교 『역사』 교과서와 고등학교 『한국사』 및 『세계사』 교과서는 2009년 교육과정에 따라 2011년부터, 『동아시아사』는 2007년 교육과정에 따라 2012년부터 사용 중이다. 그런데 2011년 역사과 교육과정이 다시 개정됨에 따라 중학교 『역사』 교과서와 고등학교 세 과목(『한국사』, 『세계사』, 『동아시아사』) 교과서를 모두 다시 편찬해야 한다.

고등학교 교과서는 2014년부터 사용하므로 조금 여유가 있지만, 중학교 '역사' 교과서는 2013학년도부터 사용할 예정이어서 사뭇 사정이 다르다. '역사' 교과서의 편찬과 검정 절차를 정리하면 아래와 같다.

교육과정 개정 고시(2011. 8. 9) → 교과용도서 구분 고시(8. 16) → 검정 공고(8. 26) → 검정 기준 발표(8. 31) → 검정 신청 예정자 등록(10. 1~4) → '역사' 집필 기준 발표(11. 8) → '역사' 세부 검정 기준 발표(11. 17) → 검정 신청(2012. 4. 2~4) → 검정 결과 발표 → 채택 → 사용(2013. 3)

검정 공고일로부터 계산하면 8개월이 채 안되고, 집필 기준 발표일로부터 기산하면 5개월에 불과하다. 이 짧은 기간에 교과서를 편찬한다는 것은 놀라운, 아니 불가능한 일이다. 그럼에도 이렇게 교과서 개정을 강행한 것은, 이명박 정권 임기 중에 교과서를 개편하여 교육과정 개정부터 교과서 발행에 이르는 역사 교육 전 과정의 개편을 마무리하려는 정치적 욕구 때문이었다. 이 정치적 욕구 때문에 역사 교과서가 부실해질 위험에 처했다.

교과서 검정 제도의 문제

대개의 검정 교과서는 교과부의 위임을 받아 한국교육과정평가원이 검정하지만, 역사 과목 교과서는 국사편찬위원회가 담당하고 있다. 검정의 기준은 '초·중등학교 검정 교과용도서 편찬상의 유의점 및 검정 기준'이다.[12] 역사 과목의 검정 기준은 국사편찬위원회가 작성하여 고시한다.

검정 기준은 공통 검정 기준(헌법 정신과의 일치, 교육의 중립성 유지, 지적재산권의 존중)과 교과목별 검정 기준으로 구성된다. 검정 기준의 '편찬상의 유의점' 첫 번째 조항이 "교육과정의 취지가 구현되는 교과서를 개발한다"는 것이며, 구체적인 검정 기준은 교육과정의 준수(25점), 내용의 선정 및 조직(35점), 내용의 정확성 및 공정성(40점) 세 가지다.[13]

검정은 검정심의회를 구성하여 진행하는데, 심의위원장 1인과 검정위원, 연구위원(내용 조사, 표기 표현, 편집 디자인)으로 구성된다. 검정 담당 기관(국사편찬위원회)은 검정심사관리위원회를 구성·운영하며, 국사편찬위원회의 경우 편사부장이 위원장을 맡는다. 교과부의 교과서기획팀도 검정에 간여한다.

검정위원의 공개 여부로 논란을 빚은 적이 있지만, 이 일을 제외하면 지금까지는 탈락한 교과서가 있어도 검정 과정에서 외부로 큰 문제가 드러나지는 않았다. 그러나 2011년에는 교육과정과 집필 기준 작성 과정에서 심각한 갈등이 발생했으므로, 그 연장선에서 검정 과정에도 문제가 발생할 가능성이 있다.

역사 교과서 검정을 정부 부처인 국사편찬위원회가 담당하는 것이 타당한가라는 문제가 제기될 수 있다. 그동안 국사편찬위원회는 국정 '국사' 교과서를 편찬하기도 하고, 역사 교과서 검정에 감수 역할도 했는데, 2010년 검정에 관한 권한을 교육과정평가원으로부터 이관받았다. 그리고 2011년에는 역사과 교육과정도 개발했다. 교육과정 개발 과정에서 교과부뿐 아니라 국사편찬위원회의 활동에 대해서도 의혹이 제기되었으므로, 국사편찬위원회의 검정권 행사가 적합한지, 또한 공정하게 검정권을 행사할 수 있도록 제도적 장치를 마련할 필요성은 없는지 하는 문제가 대두되고 있다.

역사 교육의 위상과 구조

현재 초등학교를 비롯하여 중·고등학교에서 시행하는 역사 교육의 구조와

〈표 1〉 사회과 교육과정의 과목

공통교육과정 (1~9학년)	선택교육과정(10~12학년)	
	일반 과목	심화 과목
사회, 역사	한국지리, 세계지리, 한국사, 동아시아사, 세계사, 경제, 법과 정치, 사회·문화	국제정치, 국제경제, 국제관계와 국제기구, 세계문제, 비교문화, 사회과학방법론, 한국의 사회와 문화, 국제법, 지역 이해, 인류의 미래 사회, 과제 연구

기준, 내용은 교육과정에서 정하고 있다. 최근에 개정된 2009 교육과정과 이것을 바탕으로 2011년에 개정된 사회과 교육과정에[14] 따르면, 사회 교과 과목은 〈표 1〉과 같이 구성되어 있다.

사회 과목으로서는 초등 3~4학년에서 사람들이 모이는 곳, 도시 발달과 주민 생활, 다양한 삶의 모습, 사회 변화와 우리 생활 등을 배우고, 5~6학년에서 한국사를 처음 배운다. 중학교에서는 '역사'가 별도의 과목으로 독립되어 있고, 교과서는 두 권으로 편찬된다. 고교에서는 역사 과목이 세 개 개설되며, 그중에서 학생들이 선택하도록 한다. 그러나 2012학년부터는 『한국사』를 필수로 이수해야 하므로, 대개 『동아시아사』나 『세계사』 가운데서 하나를 선택한다.

어떤 역사 과목을 개설할 것인지는 교육과정을 통해 사회 교과 안에서 정해진다. 따라서 사회과를 구성하는 지리 및 일반사회 분야와 어느 분야의 과목을 얼마만큼 개설할 것인지를 놓고 경쟁하는 입장에 있다. 2009 교육과정 개정 과정에서 '한국문화사'가 없어진 것도 역사 과목을 네 개 개설할 경우 다른 분야와 형평성이 맞지 않는 문제를 고려하지 않을 수 없었기 때문이다. 이에 따라 역사 교육 강화를 위해 역사를 사회과에서 독립시켜 독립 교과로 하는 문제가 대두되었다.

2. 민주적인 역사 교육 정책 수립

2011 개정 교육과정의 시행을 중단하라

2011년 역사학계를 뜨겁게 달군 '2011 개정 역사 교육과정'은 시행하지 말아야 한다. 2011년 8월, 역사학계는 이 개정 교육과정이 ① 충분한 의견 수렴 없는 졸속 교육과정, ② 절차적 민주주의를 무시한 교육과정, ③ 정치적 도구로 전락한 교육과정, ④ 역사 교육을 약화·황폐화시킬 교육과정, ⑤ 졸속 교과서를 강요하는 교육과정이라는 다섯 가지 이유로 고시의 철회를 요구했다.[15]

2011 개정 교육과정은 개정 과정에 비법적인 요소가 있으며, 논란의 핵심이 되었던 '자유민주주의'라는 용어는 학자들이 누차 지적했듯이 한국 현대사의 발전 과정을 설명하기에 적합하지 않은 개념이기 때문이다. 대다수의 학자와 교사가 문제점을 지적하고 연구진조차 반대하는 용어를 사용하는 것은 폭력적인 행위이다. 또한 2010년에 개정한 교육과정을 1년 만에 또다시 개정하여 시행하는 졸속 행정은 학교 현장에 혼란을 일으키며, 좋은 교과서를 만들기 어려운 여건을 조성했기 때문에 시행하지 말았어야 한다.

중학교 '역사'의 경우 교과서 개발 시간이 절대적으로 부족할 뿐 아니라, 교육과정의 내용에 동의하지 않는 학자와 교사들이 집필을 거부했다. 교육과정 연구진 24명 가운데 21명이 항의하고[16] 교육과정과 집필 기준 연구 책임자들이 사퇴하는 등의 파행을 겪은 교육과정과 집필 기준에 따라 교과서를 서술한다는 것은 집필자들에게도 큰 부담으로 작용할 것이다.

2011년에 일어난 교육과정을 둘러싼 파동은, 교육과정을 개정할 때가 아닌데도 2009년에 교육과정을 개정한 데 이어, 정부의 정치적 성향에 따라 교육과정의 내용을 비법적으로 수정한 데서 발생했다. 전적으로 교과부의 책임이다. 지금이라도 교과부는 주류 학계와 역사 교육계의 심각한 이반을[17] 직시해야 한다. 그리고 개정 과정의 절차와 내용에 심각한 하자가 있는 2011년 8월에 고시한 역사과 교육과정의 시행을 중단하고, 다시 교육과정에 관한 논의를 시작하는 것이 책임 있는 정부가 채택할 방향이다.

교육과정 개정은 주기적으로

2011년 교육과정 개정 과정에서 드러났듯이, 정권의 성향에 따라 역사 교육의 방향과 내용을 바꾸는 것은 바람직하지 못하다. 교육 방향이 교육과정을 개정하는 방식으로 변경되고 있으므로, 교육과정 개정에서 최대한 정치적 편향성의 개입을 차단할 수 있는 방안을 마련할 필요가 있다. 역사를 포함한 교육과정이 정치적 중립성을 유지하면서 학계와 교육계의 연구 수준을 반영하여 작성될 수 있도록 하는 방법으로서 일정한 주기를 정해 교육과정을 개정하는 방법을 제안한다.

지금까지 교육과정 개정의 역사를 보면[18] 주기적으로 개정하지는 않았음을 알 수 있다. 1997년에 7차 교육과정을 고시한 뒤에는 전면 개정은 하지 않고 필요한 부분을 필요할 때 개정한다는 수시 개정의 방침을 세웠으며, 이것은 지금도 준수되고 있다.[19] 그런데 이명박 정부는 2009년에 개정된 지 2년밖에 되지 않은 2007 교육과정을 또 개정했다. 이는 기본 틀을 바꾸는 대폭 개정이었고, 그 후속 작업으로 2010년, 2011년에도 교육과정을 개정함으로써 매년 교육과정을 개정하는 꼴이 되었다. 정권의 이데올로기를 교육과정에 반영하기 위해 수시 개정의 원칙을 악용한 것이다.

일정한 기간이 지났을 때 주기적으로 교육과정을 개정하도록 정하면, 정권의 입맛에 따라 교육과정을 졸속으로 개정하는 병폐를 막을 수 있다. 그 기간은 초·중등학교 교육 기간이 12년인 점을 감안하여 10년에서 12년 정도로 잡는 것이 좋겠다.

교육과정의 대강화, 집필 기준 폐지

교육과정에서는 교육할 내용을 상세히 서술하지 말고 대강의 틀만 제시하는 '대강화'의 원칙을 준수하는 것이 좋다. 교과부장관이 고시하는 교육과정은 전국의 학교에 영향을 주는 국가 수준의 교육과정으로, 기본적으로 중앙집권적 성격을 갖는다. 지역별, 학교별 교육과정의 영향력은 특수한 지역이나 학교(자사고, 대안학교 등)를 제외하면 거의 없다고 보아야 한다. 국가 수준의 교육과정이 상세하게 작성되면 교과서 집필에서 재량권이 축소될뿐더러, 교육의 주체인 교사의 수업 재량권이나 지역 특성 반영 기회 등을 현저하게 위축시킬 위험성이 크다.

집필 기준은 다른 과목에서는 작성하지 않는 제도이다. 역사 과목의 특수한 성격으로 인해 준거안이 작성되었는데, 이에 이어서 집필 기준이 계속 작성되고 있다. 이것은 교과서 서술에 도움을 주기도 하지만, 동시에 서술의 자율성을 제약하고 있다. 그러므로 자유로운 서술을 통해 다양한 교과서가 발행될 수 있도록 집필 기준을 폐지하는 것이 바람직하다.

민간 주도의 역사 교육 내용 선정

중·장기적으로는 국가 수준의 교육과정, 그중에서도 교과별 교육과정의 폐지를 검토할 필요가 있다. 국가 수준 교육과정의 필요성 여부에 대하여 아직 본격적으로 검토해본 적이 없지만, 2011년의 교육과정 개정을 둘러싼 논란은 교과별 교육과정 고시권까지 장관이 갖는 것이 타당한가, 국가 수준의 교과별 교육과정을 앞으로도 계속 만들어야 하는가에 대해 의문을 갖게 했다.

교육과정을 국가가 정하는 것은 1946년 9월 국민학교와 중학교의 교과 편제 및 시간 배당 기준령을 발표한 데서 시작되었고, 1949년 교육법을 제정하면서 굳어졌다.[20] 긴 역사를 갖고 있는 만큼, 그 사이에 국가 수준의 교육과정에 익숙해졌다. 국가 수준의 교육과정이 없으면 교육을 할 수 없고, 집필 기준이 없으면 교과서를 집필하지 못하게 된 것이다.

그러나 교육과정은 원래 학교가 운영하는 것이며,[21] 교과부장관은 "학교 교육과정의 기준과 내용에 관한 기본적인 사항을 정하기 위해" 교육과정을 제시하는 것이다. 교과부의 교육과정은 학교 교육과정을 지원하기 위해 고시되는 것이라 볼 수 있다.

물론 당장 교육과정 전부를 없애면 교육에 혼란이 일어날 수밖에 없다. 법령의 위임에 따라 각급 학교에서 가르칠 과목과 수업시수 등을 규정하는 교육과정 총론은 필요하다고 본다. 그러나 교과별로 교육할 내용을 상세히 제시하는 교과별 교육과정의 경우는 사정이 다르다. 내용을 상세히 규정하는 과정에서 정치적 견해가 포함될 수 있으며, 교과서 집필의 가이드라인도 정해진다.

국가 수준의 교과별 교육과정 대신 역사 연구와 교육 전문 학회들이 공동으로 교과서 집필의 가이드라인과 교육 내용을 선정·제시하는 방안을 고려할 필요가 있다. 이렇게 하면 정권의 성향에 따른 교육과정 작성의 위험성이 사라지고 역사 교육 내용 선정의 자율성과 교과서 집필 재량권도 늘어날 것이다.

정치적으로 중립적인 공정한 검정을 위하여

교과서 문제는 두 측면에서 새로운 대안을 찾아야 한다. 하나는 발행 제도의 측면에서 계속 검정제를 유지해야 하는가, 유지한다면 검정 과정과 주체를 어떻게 할 것인가의 문제이다. 그리고 다른 하나는 학생들에게 흥미를 유발하고 스스로 읽고 판단할 수 있는 교과서를 어떻게 만들도록 제도적 뒷받침을 할 것인가 하는 문제이다.

먼저 공정한 검정을 위한 방안을 살펴보자. 지금은 중·고등학교의 역사 교과서들이 검정제로 발행되지만, 2007 개정 교육과정 이전까지는 『국사』 교과서가 국정이었다. 국정 『국사』 교과서는 10월 유신의 산물이었다. 이 때문에 국정제에서 풀린 것만 해도 발전이라고 할 수 있다. 그런데 검정 교과서 제도도 여러 가지 문제점을 드러냈다. 2002년의 『한국근·현대사』 교과서 검정을 둘러싼 논란, 2008년의 검정을 통과하여 사용 중인 교과서에 대한 수정 지시와 출판사의 임의 수정을 둘러싼 갈등이 그것이다.

검정제를 대신할 제도로는 인정제와 자유발행제가 있다. '교과용도서에 관한 규정'에서 인정 도서는 "국정 도서·검정 도서가 없는 경우, 또는 이를 사용하기 곤란하거나 보충할 필요가 있는 경우에 사용하기 위하여 교육과학기술부장관의 인정을 받은 교과용도서"라고[22] 정의하고 있다. 따라서 검정 교과서 대상에서 역사 교과서를 제외하거나 어느 출판사에서도 역사 교과서를 발행하지 않는다면 인정 교과서를 쓸 수 있다. 그러나 이런 가능성은 대단히 희박하다.

검정제를 대체할 제도는 현실적으로 찾기 어렵다. 검정제를 지속할 경우, 역사 교과서 검정의 첫 번째 핵심이라고 할 수 있는 정치적으로 중립적 입장에서 검정을 시행할 수 있는 방안을 모색해야 한다. 검정 과정에서 누가 보아도 타당한 검정위원을 위촉하고, 검정 기관은 간여하지 않는 방법밖에는 없다. 그러기 위해서는 검정위원을 국사편찬위원회가 단독으로 위촉하지 말고 학회와 협의하고 추천을 받아 위촉하는 것이 좋겠다.[23]

새로운 형태의 교과서 개발

이참에 새로운 개념의 교과서를 개발하는 방안을 모색할 필요가 있다. 현용 교과서는 경전經典의 지위를 누리고 있으며, 교육과정에 따라 대단히 무미건조하게 서술되어 있다. 학생들은 교과서를 읽고 싶어 하지 않으며, 혼자 읽어서는 내용을 파악하기도 어렵다. 흥미를 유발할 수 있는, 그리고 '가장 잘 쓴 읽을거리'로 교과서를 개발할 필요가 있다. 교육 활동이 학생 중심으로 이루어지도록 지식 중심의 교과서에서 활동 중심의 교과서로 체재를 재구성하는 것이 궁극적으로 바람직하다.

교과서를 혁신하기 위해서는 교과별 교육과정을 대강화하고 민간학자들이 중심이 되어 교육 내용을 선정하며, 서술의 족쇄가 되는 집필 기준과 분량 제한 같은 행정적 규제를 철폐하여 좀 더 자유롭게 서술하도록 보장해야 한다. 본문은 학생이 읽으면 사실을 이해할 수 있도록 친절하게 서술하고, 다양한 자료를 동원하여 학생 스스로 판단할 수 있는 근거를 제공해줄 수 있어야 한다. 검정은 사실의 오류를 정확히 지적하는 수준에서 그치고, 헌법 정신과 민주적 가치에 위배되지 않는가만 검토하면 될 것이다.

교과서 개발 기간도 충분히 주어져야 한다. 교과용도서에 관한 규정에는 최초 사용 학년도 개시 1년 6개월 이전에 검정 실시를 공고하도록 규정하고 있다.[24] 그러나 이 안에는 검정 기간도 포함되어 있다. 적어도 6개월 이전에는 검정 출원을 해야 하므로 통상 교과서 개발 기간은 1년이 안 된다. 이런 짧은 기간에 좋은 교과서 개발을 기대하기란 어렵다. 이 규정은 2년 6개월 정도로 수정하는 것이 바람직하다.

역사과의 교과 독립

현재 사회 교과에 속해 있는 역사과를 독립시켜 역사 교과로 만들자는 주장은 두 갈래로 제기되고 있다. 하나는 역사 교육 정상화 방안의 하나로 학계에서 오래 전부터 주장해온 것이고, 다른 하나는 일본과 중국의 역사 왜곡에 대응하는 차원에서 역사 교육을 강화하기 위한 방안으로 주장하는 것이다.

역사를 사회 교과에 소속시킨 것은 통합사회과 이론에 바탕하고 있는데, 이는 대체로 일반사회 쪽의 주장에 따른 것이다. 역사학자나 교사들은, 역사는 학문의 성격과 내용의 본질이 사회과의 다른 영역과는 다르다고 본다.[25] 사회과에 소속되어 있기 때문에 역사를 전공하지 않은 사회 교사가 역사를 가르치는 것도 문제로 지적된 바 있다. 이런 이유로 역사과를 독립시켜야 한다는 주장이 나온 것이다.

일본과 중국의 역사 왜곡에 대한 대응 방안으로 역사 교육, 특히 한국사 교육을 강화해야 한다는 주장도 강하게 제기되었다. 일본에서 1997년 결성된 '새 역사 교과서를 만드는 모임'(이하 새역모)이 2001년에 한국의 역사를 왜곡한 역사 교과서를 발행함으로써 한·일 간에 역사 분쟁이 크게 발생했다. 한 걸음 더 나아가 2008년에는 문부과학성이 중학교 교육과정 해설서를 개정하여 독도를 일본 영토로 기술하도록 유도했다. 새역모 계열의 중학교 역사 교과서는 2011년 채택율이 4%에 육박했다. 아직 그리 높다고 할 수는 없지만, 10년 전에 비하여 백 배나 증가한 것이다. 또한 새역모 계열 교과서의 영향으로 일본 교과서 서술 전반이 악화되는 현상도 나타났다.

중국에서도 2002년부터 동북공정을 통해 고구려사를 비롯한 한국 고대사의 일부를 중국의 역사에 포함시키는 방향으로 연구가 진행되고 있음이 알려졌다. 동북공정은 끝났지만, 청사공정清史工程 및 장백산 문화권 등 한국사와 관련된 연구를 계속하고 있으며, 박물관 등에는 이미 고구려를 중국 소수민족이 세운 지방 정권으로 규정하고 있다.

이러한 주변국의 역사 왜곡에 대응하기 위해 교육부는 2004년 10월 '국사교육발전위원회'를 설치하여 역사 교육 강화 방안을 연구하게 했다. 시민의 여론도 역사를 독립 과목으로 하는 데 우호적이다. 2002년 '일본교과서바로잡기운동본부'는 국회에 역사과의 독립을 청원했으며,[26] 2004년 8월 『중앙일보』가 성인 826명을 대상으로 한 조사에서는 84%가 사회 교과에서 '국사'가 독립해야 한다고 했고, 90%가 '국사'를 필수과목으로 지정해야 한다고 응답했다.[27] 2006년 9월 한일역사공동연구위원회의 조사 결과도 유사했다. 1,000명을 대상으로 한 설문 조사에서 88.7%가 "학습 부담이 있더라도 역사는 독립 과목으로 가르쳐야 한다"고[28] 답변한 것이다. 그러나 설문에서 말하는 국사 독립이 교과 독립을 의미하는 것인지는 분명하지 않다.

현재 '역사' 과목은 반半독립 상태다. 2005년 교육부가 역사교육발전위원회의 안을 바탕으로 역사를 사회과에서 독립시키고, 국사와 세계사를 '역사'로 통합함으로써 한국사의 특수성과 세계사적 보편성을 의미 있게 조화시킨다는 구상을 마련했지만,[29] 최종안에서는 교과 독립이 아니라 사회과 안에서 과목 독립으로 조정되었다.[30] 2006년 9월 교육부차관이 중학교에서 국사를 독립 교과로 추진하고 있다고 밝혔지만,[31] 그해 말 수립된 역사 교육 강화 방안에서도 사회 교과 내에서 중등 역사를 과목 독립시키는 방향이 유지되었다.

별도의 교과서를 개발하고 교육과정상 시수를 확보하며, 별도로 역사과 교육과정심의회를 구성하고 역사를 전공한 교사가 역사 수업을 담당케 하는 것이 독립의 내용이다.[32] 그러나 역사과는 여전히 사회 교과에 속해 있으며, 이때 구상한 역사과 교육과정심의회도 구성되지 않고 있다.

교과목은 대통령령인 초·중등교육법 시행령 제43조 (교과)에서 규정하고 있다.[33] 따라서 역사가 교과로서 독립하려면 법적으로는 교육법 시행령을 개정하면 된다. 사회과통합 이론이 아직도 위세를 떨치고 있는 데다, 사회과에 속한 지리나 일반사회 과목과의 관계 때문에 쉽지 않겠지만, 역사과는 사회 교과에서 독립하는 것이 바람직하다. 그리고 역사과 교육과정심의회도 구성해야 한다.

◆ 안병우 ◆

현재 한신대학교 한국사학과 교수로 재직 중이다. 한국 중세사를 전공했고, 최근에는 동아시아의 역사 교육에 관심을 갖고 연구하고 있다. 대표 저서로는 『고려 전기의 재정 구조』, 『역사 인식을 둘러싼 자화상, 외부의 시선』(공저) 등이 있다. bwahn@hs.ac.kr

역사박물관
역사교육
남북역사교류
과거사규명
역사갈등
매장문화재
국가기록관리

역사박물관

'국가'만 있고 '역사'는 없는 대한민국역사박물관

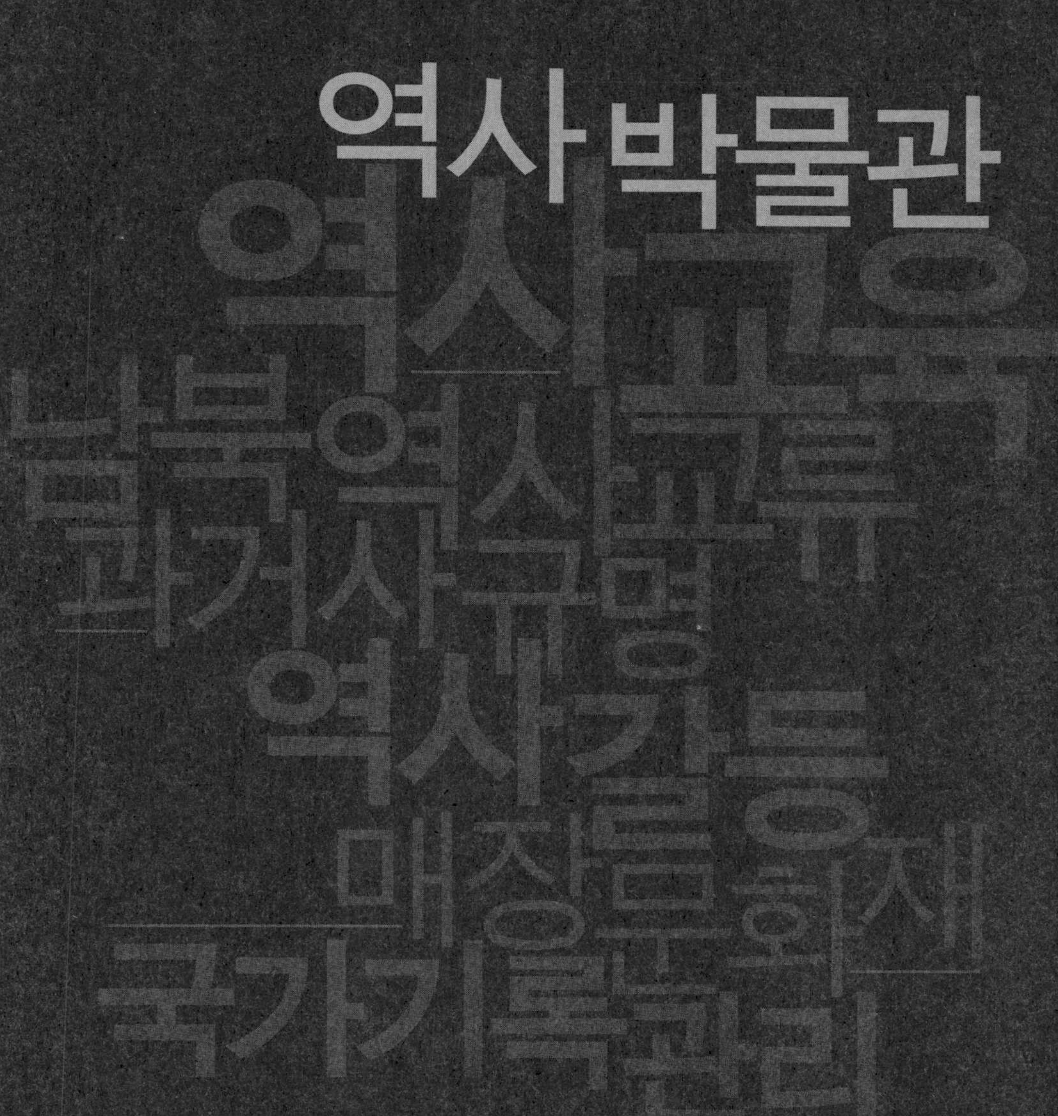

대한민국역사박물관은 2012년 12월 26일에 개관되었다. 그런데 2009년 4월 건립위원회가 출범할 당시, 언론은 2014년 개관 예정이라 보도했다. 2014년이면 이명박 대통령의 임기가 끝난 이후이다. 그러나 2010년 3월 2일 건립위원회는 개관 예정일을 2013년 2월이라고 했다. 그 직후인 같은 해 3월 12일, 이명박 대통령과 건립위원회 위원들은 박물관 개관을 다시 2012년 말까지 앞당겨 추진하는 문제를 논의했다고 한다. 아무튼 박물관 추진 사업은 이명박 대통령 임기 내 개관을 목표로 사업 일정을 당겨가며 추진되었던 셈이다.

1. '역사박물관'이 부른다!

20세기 말 이후 최근 20여 년 동안 세계 도처에서 역사박물관이 새롭게 건립되었다. 역사를 주제로 한 전시회도 홍수를 이룬다.[01] 역사박물관과 전시회의 팽창은 유럽과 북미에서 뚜렷하게 보이는 현상이지만, 호주나 남미, 일부 아시아 국가들에서도 마찬가지로 나타나고 있다.

한반도 남단도 이 지구적 '역사박물관 붐'에 조응하려는 것일까? 2012년 2월 21일 서울 한강변 한 자락에 '박정희기념·도서관'(이하 박정희기념관)이 개관했다. 1999년 발족한 '박정희대통령기념사업회'는 사회 곳곳의 완강한 반대와 정치적 우여곡절에도 불구하고 이제 독재자 박정희를 '불멸의 민족 지도자'로 기리고 "성공적인 국가 발전 동력이 어떻게 만들어지고, 어떤 공감대 속에서 그 성취를 이뤘는지를 알리는 소중한 배움의 장"을 갖게 되었다고 자랑한다.[02] 민주적 시민단체와 비판적 역사학계는 '청산해야 할 대상을 기념'하고 심지어 '세계적 영웅'으로 숭배하는 일부 퇴행적 정치 세력과 사회 집단의 '범죄의 재구성'을 격렬히 비판하며, 그것을 지원한 이명박 정부의 시대착오적 역사관에 몸서리쳤다.[03] 독재에 대한 저항의 첫 번째 역사, 그리고 독재 시기 반인권적 야만의 과거사에 대한 청산 노력에 뒤이어, 독재자 숭배의 물질적(material) 발현과 문화적 전승의 현실에 맞선 '세 번째 역사 투쟁'이 개시되지 않을 수 없는 상황이다.

참혹한 상황은 여기서 그치지 않는다. 이명박 정부가 직접 기획하고 진행한 회심의 역사정책 사업이 바로 '대한민국역사박물관' 건립이었다. 그러나 이에 대한 야당과 시민사회 및 역사학계를 비롯한 공론장의 관심은 박정희기념관에 비해 현저히 부족했다. 박정희기념관이야 민간 주도로 건립이 이루어지고 상대적으로 외진 곳에 자리 잡고 있지만, '대한민국역사박물관'은 정부가 직접 발의하고 주도했으며 수도 서울의 도심 한가운데, 즉 광화문의 문화 관광지 한복판에 터를 잡았다. 또 박정희기념관이야 독재자 일인의 치적을 내놓고 자랑하는 것이라 그 흉물스러움이 분명히 드러나지만, 대한민국역사박물관은 그 전시 취지와 내용이 기괴한 역사 종합적 서사와 화려한 전시 기술적 장치로 가려져 있어 간단치 않은 문제를 던진다.

이와 같은 역사전시관과 박물관을 내세운 (극)우파 정치 세력과 중앙권력의 '역사 공세'에 대해 즉자적인 반응으로 일관하는 것은 현명하지 못하다. 또한 박근혜 정부가 이명박 정부보다 더 나은 역사 인식과 민주적 절차를 준수하리라고 낙관할 수만도 없다. 중앙정부 주도의 현대사박물관을 건립하고 운영하면서 생길 문제점은 최소한의 민주적 진보성이 보장되는 정치 권력이 등장하더라도 완전히 사라지지 않는다. 지금이라도 역사박물관의 필요성과 방향에 대한 관심을 높이고, 그와 관련된 구체적인 논의와 실질적 대안 마련에 들어가야 한다.

아울러 정부 주도의 역사박물관뿐 아니라 현재 진행 중인 시민사회 발의의 역사전시관 건립의 문제를 (극)우파와의 '기억 투쟁'이라는 식으로 축소 해석함으로써 정치적 연대와 대중적 결집에만 호소할 일도 아니다. 새롭게 일고 있는 역사 전시에 대한 사회적 수요와 정치 공동체의 보편적 문화 욕구에 조응해, 역사박물관의 기본 성격과 시대적 필요성에 대한 학문적 논의와 정책적 숙고가 시급히 요청된다. 비판적 역사가들과 역사 관련 시민단체들, 진보적 언론들, 그리고 민주·진보 정당 내 문화정치가들은 역사박물관과 역사전시관에 전향적인 관심을 갖고 전면적으로 토론해야 한다.

더 나아가 역사 전시의 문제가 궁극적으로는 다양한 정치 공동체 구성원의 역사 정체성(들)과 미래 지향적 가치(들)의 문제에 직결되어 있음을 적극적으로 의식한다면, 최근의 국제적 환경 변화와 국내적 사회 현실의 발전과도 연계지어 이 문제를 바라볼 수 있어야 한다. 최근 20여 년 동안 유럽과 북미의 여러 국가에서 등장하고 있는 많은 역사박물관은 과거 흔했던 국민국가의 정치적 정당성과 정체성 강화, 또는 이데올로기적 정치 선전을 목적으로 하지 않았다. 그것은 주로 세계화로 인한 여러 문화권 및 지역 간 연루와 상호작용, 그밖에 다문화 사회의 현실에 기초한 새로운 내용과 형식을 띠고 있다.[04]

물론 고통과 굴곡의 한국 근현대사에 대한 우리 사회의 막대한 관심을 고려한다면, 민족사에 집중된 역사 전시를 선험적으로 '민족주의 신화'에 갇힌 것으로 단정하고 거부하면서 맥락이 다른 외국의 탈민족적(post-national)·탈근대적(post-modern) 역사박물관 경험을 흉내낼 필요는 없다. 오히려 향후 자민족사自民族史 중심의 역사박물관이 지닌 정체성 확증이나 강화의 위험성, 또는 문화적 자폐성의 한계를 극복하고, 더 개방적이고 소통하는 새로운 종류의 역사박물관을 건립하기 위해서라도, '대한민국역사박물관'의 문제점들에 대해 비판적으로 토론하고 건설적 해결책을 모색하는 것은 여러 모로 매우 의미 있는 일이다. 그 과정을 거쳐야 비로소 우리는 미래에 더 다양하고 많은 종류의 역사박물관을 위한 지혜와 상상력, 또한 감각과 의지를 키울 수 있을 것이기 때문이다.

2. 역사박물관, 비판적 성찰과 민주적 소통의 장으로

학문 분과로서 역사와 문화 공간으로서 박물관은 인간의 실존 욕구이자 특징인 기억을 유지하고, 그것을 통해 현재와 미래를 위한 방향 설정을 끌어내고자 하는 공통점을 지니고 있다. 박물관은 역사학과 마찬가지로 기억의 저장소(memory bank)로서 한 사회의 집단적 문화적 기억을 통해 공동체의 역사적 정체성 형성을 보조한다. 박물관의 전시품은 서술된 역사와 마찬가지로 이미 의미의 전달자이고, 세대를 넘어 역사적 사실과 연관 관계에 대한 생생한 체험을 가능케 한다.[05] 따라서 '역사'박물관은 사실상 이중적 의미의 기억 공간이자 체험장인 것이다.

그런데 학문적인 역사 서술에서 사료가 그렇듯이, 역사를 주제로 한 박물관에서 소장품들도 그 자체로 직접 말하지 못한다. 역사박물관이 수집하고 보관하고 전시하는 '유물'들은 활용과 배제, 배치와 구성 및 의미 부여와 해석 과정을 통해 방문객들에게 말을 거는 것이다. 이 때문에 역사박물관의 역사 전시는 학문적 역사 서술이 그런 것처럼 객관성의 요구를 피할 수 없다. 역사박물관의 전시는 역사 서술에서처럼 소장품 또는 전시품에 대한 엄밀한 '사료 비판', 사실에 기초하며 비당파적이고 객관적인 연관 관계에 대한 검토와 연구, 논증 가능할 뿐 아니라 동의와 수용 가능한 의미 부여, 그리고 학문 내적 규칙에 따른 해석 과정에 의거해야 한다. 역사박물관에 대한 사회적 수요와 정치적 관심이 증대할수록 역사가들은 역사박물관의 건립과 전시 구상 및 그 내용에 관심을 갖고 적극적으로 개입하지 않을 수 없다. 역사박물관 같이 공적인 영역에서 이루어지는 과거의 역사적 재구성은 기본적으로 역사가의 소임에 해당되기 때문이다.

그러나 역사박물관은 역사학계의 관심 대상을 넘어 기본적으로 정치적 성격과 기능을 갖고 있기도 하다. 왜냐하면 단순히 과거의 유물 전시를 통해 지나간 삶을 보여주는 것에 그치지 않고, 오히려 정치 공동체 구성원의 현재적 기억과 정체성 및 미래 지향적 가치와 전망에 관련되기 때문이다. 역사박물관은 정치 문화의 형성과 발전에 필수불가결한 공동체의 역사적 정체성과 그것에 기초한 현재적 역사의식을 매개한다. 그렇기 때문에 역사박물관은 정치(문화)와 무관할 수 없다. 특히 민주주의 사회의 국립 역사박물관은 애초부터 정치적 당파성을 극복하며 정치 공동체 구성원의 이질적인 기억과 다양한 역사의식에 조응하면서도 그 성찰적 소통을 매개하는 곳이어야 한다. 정치가들, 특히 법과 제도의 차원을 넘어선 실질적 민주주의 정치 문화의 발전에 관심 있는 정당과 정치가들이 역사박물관에 전향적인 관심을 보여야 하는 이유가 바로 여기에 있다.

그렇지만 역사박물관의 문제가 단순히 정치 문화의 영역에 한정되지 않음에 다시금 유의해야 한다. 역사를 박물관에 전시한다는 것은 미적인 영역과도 관련된다. 다시 말해 역사박물관은 예술과 문화의 영역에 속하기도 한다. 그러므로 바로 여기서 전문적인 역사학 연구와 정치 문화의 영역을 포괄하면서도 그것을 넘어선 '역사문화'라는 개념이 필요해 보인다. 독일의 역사이론가 외른 뤼젠Jörn Rüsen에 따르면, '역사문화'는 역사의식이 사회적인 영역에서 실천적으로 발현되는 것을 말한다.[06] 다시 말해 '역사문화'는 단순히 개별적 기억들을 넘어서는 영역을 지칭하면서, 동시에 학문적 연구 밖에서 이루어지는 다양한 역사 서술과 재현 형식들, 역사 연구 성과의 정치적 문화적 활용, 학교뿐 아니라 학교 바깥 사회의 문화 및 예술 영역에서 발현되는 역사의식 등을 일컫는다. 그리고 '역사문화'의 주요 발현 형식으로서 역사박물관은 세 가지 차원, 즉 역사학적 연구 성과의 수용, 정치(문화)적 기능, 그리고 미적 재미와 흥미 등이 각기 독자성을 발휘하면서 서로 경합하고 상호 제약해 사회의 역사의식을 표현하는 곳이자 사회적 소통을 통해 역사의식이 새롭게 생성되도록 하는 곳이다.[07]

역사박물관은 '역사문화'적 성격상 특정한 역사 지식의 일방적인 주입 공간이 될 수 없다. 또한 교재를 가지고 체계적으로 역사 교육을 수행하는 학교의 역사 수업과는 애초부터 다른 성격을 지니고 있다. 역사박물관은 주제에 대한 사전 정보나 역사 지식을 전제하지 않은 채, 누구에게나 방문이 허용된 공간이다. 역사박물관의 방문객들은 전시가 목표로 하는 특정 역사상을 그저 수동적으로 받아들이는 수용자, 또는 문화 텍스트로서 전시관의 소극적 독자가 아니다. 그들은 역사박물관의 전시 내용과 그 의미를 창출하는 참여자이자 생산자이기도 하다. 그곳은 남녀노소 누구나 개별 주체로서—비록 대부분의 박물관이 기본적인 전시 안내길을 제시하고 있지만—자유롭게 발걸음을 옮겨 다니며 호기심을 끄는 특정 전시품과 안내문 및 다양한 시청각의 기술 장치에 '꽂혀' 지적 문화적 자극을 받고, 미적 즐거움과 재미를 향유하며, 전시품과 교호하는 '체험장'이다.[08] 그렇기에 역사박물관은 방문객들을 대상화하여 단지 하나의 단일한 진리를 전제한 역사 메시지를 전달하려는 곳이어서는 안 되며, 감각적·미적 차원을 통해 역사적 상상력을 자극할 수 있어야 한다. 또한 특정한 일면적 역사상이 아니라, 다양한 개별 시민들의 현재적 자기정체성에 대한 질문과 공동체의 다양한 역사적 삶을 매개함으로써 현재와 미래의 방향 설정을 위한 개방적인 역사상과 자기성찰의 문화 자료들을 제공하는 역할을 수행해야

한다.[09]

역사박물관들 중에서 특히 현대사박물관은 개방적 다양성과 비판적 성찰 및 민주적 소통의 중요성이 가장 큰 곳이다. 현대사는 더 앞선 시기의 과거를 다루는 역사 분과와는 달리, 현재 인간의 삶에 직접적인 영향을 미치면서 아직 종결되지 않은 발전과 과정을 다룬다. 아울러 현대사는 동시대를 체험한 시대의 증인들의 기억과 경험에 의해 그 현실적 시사성과 직접성을 의식하지 않을 수 없다. 그런 까닭에 현대사박물관은 정치 권력의 일방적인 역사상 창출과 정치적 정체성의 강화 기구가 되어서는 안 된다. 나아가 이데올로기로 물든 주관적 기억과 경험의 자기확증이나 과잉 정치화된 당파성의 향연장이어서도 안 된다. 현대사박물관은 다른 역사박물관보다 더 다원주의적이고 민주주의적인 역사상의 매개와 소통에 공을 들여야 한다.

그러나 다른 한편 폭력과 전쟁, 학살과 인권 유린으로 점철된 20세기 한국 현대사의 비극적 역사 과정을 기억한다면, 한국의 현대사박물관은 단순히 역사상들의 백화점식 나열이거나 병렬적 배치의 맹목적 장이어서도 곤란하다. 현대사박물관이 이데올로기화된 위로부터의 억압적 정치적 정체성을 극복한다면, 파괴와 위기, 희생과 피해에 대한 비판적 역사의식과 성찰적 역사상을 매개할 여지는 사실상 더 크게 열린다.

요컨대 역사박물관은 기본적으로 다원주의적 역사 인식 성과를 보여주는 곳이다. 특히 현대사박물관은 동시대의 고유한 경험과 기억을 갖고 찾아오는 방문객들에게 하나의 명확한 역사상을 강제하고 주입하는 곳이 아니라, 오히려 다원주의적 역사 지식들을 매개해줌으로써 새롭게 많은 의문을 품게 만드는 곳이 되어야 한다. 여기에 더해 현대사박물관은 지난 시기 국가 권력의 범죄나 공동체 내 반인권적 비극을 돌아보고, 인권과 평화의 보편적 가치와 규범을 더 명확히 드러내는 장소여야 할 것이다. 이는 정부가 주도하는 현대사박물관이라면 반드시 갖추어야 할 기본 방향이다.

3. 대한민국역사박물관의 문제들

소통의 부재

이명박 대통령은 2008년 8월 4일 '건국 60주년 기념사업 추진위원회' 회의에서 광화문 문화체육관광부(이하 '문화부') 청사 자리에 '현대사박물관'을 짓겠다고 말했다. 곧이어 8월 15일 광복절 경축사를 통해 대한민국이 성취한 기적의 역사를 기록하고 새롭게 이어질 수 있도록 현대사박물관을 설립하겠다고 공표했다. 이듬해인 2009년 4월 16일 이 사업을 추진할 건립위원회가 출범했고, 5월 4일에는 동 위원회 산하에서 실무를 추진하는 건립추진단이 발족했다. 건립위원회는 2009년 10월 19일 새로 설립될 현대사박물관의 명칭을 '대한민국역사박물관'으로 확정했다. 건립위원회는 국무총리 소속, 건립추진단은 문화부 소속으로 활동했다. 건립추진단은 2010년 3월 문화부 청사를 리모델링하여 2013년 2월까지 박물관을 개관하겠다는 「건립 기본 계획」을 발표했다. 건립위원회는 2010년 6월부터 관련 자료를 수집하고 기증받기 시작했으며, 같은 해 11월 박물관 건물 착공식을 했다. 이명박 정부는 김왕식 이화여대 교수를 박물관장으로 임명해 2012년 12월 26일 박물관을 공식 개관했다. 그것은 전시 내용이 어떻든 간에 이제 서울의 주요 관광지로 자리 잡고 있다.

한국 사회에서 현대사에 대한 인식은 대단히 논쟁적인 문제이다. 특히 이명박 정부 출범 이후 역사 교과서 문제와 '건국 60주년 기념 사업'을 두고 여러 논란이 있었다. 그런데 현대사박물관 설립에 대한 논란은 일단 역사관과는 무관한 문제로부터 시작되었다. 2007년 대통령선거운동 당시 이명박 후보는 충남 대전에서 진행된 유세에서, 이전 예정인 충남도청 자리에 근현대사박물관을 짓겠다는 공약을 발표했다. 이명박 후보가 당선되자, 대전시는 이 사업을 추진하기 위해 T/F팀까지 구성하여 준비했다고 한다. 그러나 이 대통령은 현대사박물관을 광화문에 짓겠다고 공표해버렸다. 이에 대전·충남 지역 인사들이 공약 위반이라며 성토하는 소동이 일어났다.[10]

한편, 건립위원회가 현대사 관련 박물관의 명칭을 '대한민국역사박물관'으로 확정하고 사업을 본격화하던 2010년 1월 25일, 독립운동가와 그 후손들의 단체인 광복회가 사업 백지화를 주장하고 나섰다. 광복회는 건립위원회가 대한민국 수립 시점을 1948년 8월 15일로 보고 전시 계획을 짜는 것에 반발했다. 광복회는 이것이 "1919년 3·1운동으로 건립된 임시정부의 법통"을 인정하지 않고, 1948년 8월 15일 정부 수립에 참여한 친일 세력을 "건국의 아버지"로 추앙하는 왜곡된 역사인식을 불러온다며 반발했다. 이 문제는 건립위원회가 광복회의 의견을 수용하여 1948년 8월 15일을 "대한민국의 수립일"이 아니라 '대한민국 정부 수립일'로 인정하고, 임시정부 활동을 비롯한 독립운동도 전시에 포함하기로 결정하면서 봉합되었다.[11] 일부 역사학자와 역사학 관련 학회들도 '건국 60주년 기념사업'에 나타난 뉴라이트 계열의 역사의식을 볼 때 현대사박물관은 사실상 '이승만, 박정희 기념관'이 되기 십상이라며, 박물관 설립 계획을 백지화할 것을 요구했다.[12]

대한민국역사박물관 설립 추진과 관련하여 가장 중요한 기관은 건립위원회였다. 이 위원회는 박물관 건설 및 전시 기본 계획을 수립하고, 이를 추진하는 중요 결정에 대해 위임을 받았다. 건립위원회 위원들은 모두 대통령의 위촉으로 선정되었는데, 민간위원 19명과 당연직 정부 기관위원 10명으로 구성되었다.[13] 박물관 추진을 위해서는 당연히 정부 각 부처의 협조가 필수적이다. 하지만 10명이나 되는 당연직 정부 인사가 사회 각 분야를 대표하는 19명의 민간위원과 동등한 자격으로 참가하는 형식은 박물관 설립 사업이 관官 주도로 진행되었다는 인상을 짙게 풍긴다. 또한 엄연히 '역사박물관'을 만드는 사업이건만, 위촉된 민간위원 19명 가운데 역사학 전공자는 4명뿐이었다. 전문위원 21명 중에는 역사학 전공자들이 더러 있었지만, 이 가운데 한국 현대사와 관련해 전문적 업적을 남긴 사람은 6~7명 정도에 불과했다. 과연 이렇게 구성된 위원회가 우리 사회에서 엄청나게 첨예한 논쟁의 대상이 되고 있는 한국 현대사와 관련된 다양한 시각과 의견을 흡수하고, 반영할 수 있었을까? 회의적인 대목이 아닐 수 없다.

위원회 구성에도 문제가 있었지만, 사업 방식과 절차에는 더 큰 문제가 있었다. 건립위원회는 사업 추진과 관련하여 시민들에게 사업 내용을 알리고 여론을 수렴하는 보고회나 공청회를 단 한 번도 개최하지 않은 것이다. 다만 2011년 2월 25일 한 차례 '대국민보고회'를 개최했을 뿐이다. 그러나 이마저도 건립위원회가 아니라 문화부 주관으로 그 산하 실무 부서인 건립추진단 차원에서 진행한 행사에 불과했고, 그 내용도 매우 형식적이었다.[14] 언론 보도에 따르면, 건립위원회는 대통령과 수차례 식사 모임을 가졌지만 역사학계 원로 인사라든지 역사학 관련 학회 인사들과 간담회조차 하지 않았던 것으로 보인다.

대부분 정부 차원의 위원회들, 특히 과거사 정리 관련 위원회들은 회의 개최 상황과 위원 참석 상황, 중요 결정 사항을 홈페이지를 통해 시민들에게 알리고 있다. 그러나 건립위원회 홈페이지에는 그런 내용도 없었다.

대한민국역사박물관은 2012년 12월 26일에 개관되었다. 그런데 2009년 4월 16일 건립위원회가 처음 출범하여 위원들이 대통령으로부터 위촉장을 받을 당시, 언론에서는 개관 예정일을 2014년이라 보도했다.[15] 2014년이면 이명박 대통령의 임기가 끝나고 새로운 정부가 들어선 이후이다. 그러나 2010년 3월 2일 건립위원회는 「건립 기본 계획」을 발표하며 개관 예정일을 2013년 2월이라고 했다. 언론 보도에 따르면, 그 직후인 같은 해 3월 12일 이명박 대통령과 건립위원회 위원들은 조찬 모임에서 박물관 개관을 2013년 2월에서 다시 2012년 말까지 더 앞당겨 추진하는 문제를 논의했다고 한다.[16] 아무튼 박물관 추진 사업은 이명박 대통령 임기 내 개관을 목표로 사업 일정을 앞당겨가며 추진되었던 셈이다.

이런 사정이니, 박물관 설립을 두고 충분한 사회적 소통과 검토를 진행할 시간 자체가 극히 부족할 수밖에 없었다. 독일의 현대사박물관 설립 사업은 헬무트 콜Helmut Kohl 수상이 1982년 처음 제안했지만, 여러 논쟁과 의견 수렴을 거쳐 첫 상설전시회를 연 것은 그로부터 12년이나 흐른 뒤인 1994년이었다. 12년에 걸친 민주적 토론 과정과 비판 의견의 수용 및 전시 내용의 조정을 거친 독일의 경험과 비교해볼 때,[17] 대한민국역사박물관 추진 사업은 어처구니가 없을 정도로 졸속적이고, 일방통행식이었다고 할 수밖에 없다.

국가 성장 사관

박물관의 전시 구성은 크게 4개의 대주제와 그 안에 3~4개의 중주제로 나뉘어 기획되어 있다. 전시실은 건물 3~5층에 아래와 같은 주제 설정에 따라 마련되었다. 관람자들의 동선 배치를 따라 나열하면 다음과 같다.

◎ 대한민국의 태동

자주적 근대국가의 꿈과 좌절(대한제국) → 대한민국 임시정부와 독립운동 → 1945년 8·15광복

◎ 대한민국의 기초 확립

대한민국 정부 수립 → 6·25전쟁과 전후 복구 → 근대국가 토대 구축

◎ 대한민국의 성장과 발전

경제 발전과 산업화 → 변모하는 도시와 농촌 → 시민사회의 성장과 민주주의

◎ 대한민국의 선진화, 세계로의 도약

세계로 나가는 대한민국 → 경제 선진국을 향하여 → 대한민국의 미래

이 전시 구성은 일단 대단히 단선적인 국가 성장 사관을 보여주고 있다. 한국 현대사의 전개 과정 자체가 대한민국이라는 국가의 태동, 기초 확립, 성장과 발전으로 이어지는 유기체적 성장, 진화 과정으로 묘사되고 있다. 물론 국가적 차원에서 마련되는 박물관이니 국가를 중심으로 전시되는 것이 당연하다고 말할 수는 있다. 그러나 문제는 대한민국이라는 국가가 근대 국민국가와 민주주의 국가를 지향하고 있으므로, 국가의 역사를 이야기하더라도 여기에 부합하는 방식으로 전시해야 한다는 것이다.

민주주의 국가의 이념은 국가가 시민들과 사회 각 부문을 유기체적 부속물로 통합하는 것이 아니라, 개개인의 자립성과 독립성을 충분히 존중하고, 시민들 사이의 다양한 계층과 계급, 이해관계를 바탕으로 맺어지는 다양한 결합과 그것의 자율적 활동들을 다원적으로 보장하는 질서를 지향한다. 그러나 대한민국역사박물관의 전시 구성은 국가 내부의 다양한 시민들의 삶과 활동을 보여주기보다는, 일단 국가를 만들고 경제 발전을 이루고 민주화를 달성하며, 마침내 선진국에 진입한다는 국가의 단선적인 성장 논리를 바탕으로 구축되어 있다. 또한 그 순서도 은연중에 한국의 보수적 지배 엘리트들이 오랫동안 내세운 '선先산업화 후後민주화론'을 반영하고 있다.

대한민국역사박물관 추진위원회의 김진현 위원장은 언론 인터뷰에서 "민주화 때문에만 오늘의 대한민국이 이룩된 것도 아니고 산업화 때문에만 대한민국이 이뤄진 것도 아니라고 생각한다"며 "경제 발전, 교육, 종교, 민주화운동 등 상호작용으로 이뤄진 대한민국의 역사 발전 과정을 보여주겠다"고 말한 바 있었다.[18] 좀 더 다원적인 역사의 이해를 강조한 것이다. 그러나 단선적이고 유기체적인 국가 성장 논리를 바탕으로 하는 한, 사회 각 부문이 충분히 독자적인 영역을 갖고 상호작용을 하면서 다원적으로 진행되어온 역사를 보여주는 것은 기본적으로 불가능하다.

현재의 전시 구성상 교육, 과학, 문화, 노동, 일상생활 등의 영역은 대체로 대주제 '국가의 발전과 성장' 부분에 편재되어 전시될 수밖에 없다. 이런 부문들이 나름대로 독자적인 영역과 의미를 부여받고 저마다 독특한 변화 과정을 보여주면서 전시되지 못하는 것이다. 오히려 국가 발전이라는 틀 안에 갇혀 각 부문에 대한 국가 정책의 변화를 위주로 나열될 뿐이다. 게다가 계급 갈등, 세대와 지역 간 차이, 여성과 소수자의 문제 등은 과연 어디에 전시될 수 있을지 의문이다. 민주주의 사회에서 국가는 자유롭고 독립적인 시민들이 다원적인 영역에서 다양한 집단을 형성하고 활동하는 공간으로 인식되어야 한다. 국가 자체가 역사 발전의 유기체적 주체로 부각되는 역사 인식은 파시즘이나 군국주의, 또는 전체주의 이데올로기에나 어울린다.

현대사박물관은 설립 취지 자체가 단기간에 산업화와 민주화를 모두 성취한 '기적의 역사'를 내외에 보여준다는 사명감과 목적의식에 지나치게 사로잡혀 있다. '대한민국의 성공담'을 들려준다는 의지가 매우 강하게 투여되어 있는 것이다. 건립위원회 관계자들은 "대한민국은 제2차 세계대전 이후 독립국 가운데 민주화, 산업화를 성공적으로 이룬 유일한 나라"라고 강조한다.[19] 다른 나라들도 산업화와 민주화 면에서 나름대로 열심히 노력하고 있고 성취가 있었을 터인데, 대한민국만 유일하게 성공했다고 한다면 이는 배타적인 자화자찬이 될 수밖에 없다. 또한 기본적으로 경제 발전은 산업화(다시 말해 공업화)만으로 모두 성취되는 것도 아니고, 더구나 민주화 같은 경우는 사실상 어느 순간에 도달할 수 있는 목표점이라기보다는 끊임없이 그 영역을 확장해가며 추구해가야 할 지향점이다. 그동안의 성취에 도취되는 역사 인식을 강조하다 보면 현재 대한민국이 갖고 있는 경제적·정치적 문제점이나 당면한 과제와 문제들에 대한 역사적 성찰을 제대로 할 수 없게 된다. 이 때문에 새로운 미래를 기획하는 데 오히려 지장을 초래할 수도 있다.

게다가 특정 시기, 특정 국가의 역사를 '성공'과 '실패'로 이야기한다는 것 자체가 그리 차원 높은 역사 인식이라고 할 수 없다. 모든 국가는 자신의 역사를 '성공한 역사'로 보여주기를 원할 것이다. 독일에서도 콜 수상이 현대사박물관 설립을 처음 제안할 때, 전후戰後 서독이 이룩한 성취와 성공을 전면에 내세우고자 했다. 그러나 많은 역사학자가 역사를 단순히 '성공'과 '실패'로 규정하는 것이 갖고 있는 위험성을 끊임없이 비판했다. 이러한 토론과 비판을 거치며 독일의 현대사박물관은 특정 '승리와 성공의 역사상'을 국민들에게 주입하거나 강요하는 방식이 아니라 민주주의 사회의 기본 원리에 조응하는 좀 더 다원적인 역사상을 담아내는 방향으로 전환될 수 있었다.[20]

'성공한 역사'라는 담론은 기본적으로 결과를 합리화하고, 그러한 결과를 이끈 승자들의 논리를 중심으로 역사를 협소하게 인식하는 문제를 발생시킨다. 한국 현대사를 볼 때 군사 독재 정권 아래서 본격적으로 산업화가 진행되고 민주화는 나중에 이루어진 것은 엄연한 사실이다. 그런데 문제는 이러한 과정을 불가피하고 당연한 역사 발전의 경로로 이야기하며 합리화하는 데 있다. 경제 건설 과정에서 수출 위주의 산업화와 민주주의를 유보한 선경제 성장론만 존재했던 것은 아니다. 그와는 다른 가능성도 분명히 제시되었고, 이를 설득력 있게 주장하며 대안적 움직임을 보였던 인물과 집단들도 적지 않았다. 역사의 전망을 두고 여러 정치·사회 집단 사이에 치열한 경합이 존재했던 것이다. 물론 사회민주주의적 경제 건설론이나 민주주의와 통일도 함께 실현하자는 경제 건설론은 5·16쿠데타 이후 군사 정권이 등장하면서 억압적 통치 아래서 희생되었고, 그 주장도 끝내 실현되지 못했다. 이러한 주장들이 희생되는 것과 동시에 수출·성장 위주의 산업화, 민주주의 발전이 유보되거나 후퇴하는 과정에서 진행된 산업화는 그 자체가 우리 사회에 많은 문제점을 발생시켰다. 그런데도 역사를 설명하면서 승자들이 구축한 길만이 유일한 길이고 나머지가 희생된 것은 불가피했다고 한다면, 이는 승자와 그들이 이룩한 결과만이 기억

되는 협소한 역사 인식이라 할 것이다.

아주 간략한 내용이지만 추진위원회가 정리하여 제시한 '대한민국의 발자취'에도 승자 중심의 역사 인식이라는 문제점이 곳곳에 드러난다. 대한민국 정부 수립 과정을 설명하면서 농지 개혁을 한 것은 강조했으면서도 친일파 청산이 실패한 문제에 대해서는 전혀 언급이 없다. 또한 장면 정부를 이야기하며 "경제 발전을 추진하였지만 정치적 혼란을 극복하지 못하고 결국 5·16 군사 정변으로 군사 정부에 자리를 내주고 말았다"고 한다. 이러한 방식의 서술로는 5·16 군사 정변이 기본적으로 헌정 질서를 유린한 부당한 행위였다는 것이 명확하게 언급될 수도, 인식될 수도 없다. 장면 정권은 정치적 혼란을 수습하지 못해 붕괴했고, 은연중에 5·16은 그 혼란을 수습한 거사로 자리 잡는 것이다.

또한 민주화의 성취는 강조되면서도 대한민국이 민주화를 위해 치러야 했던 희생, 그리고 이러한 희생을 짓밟고 정권을 장악한 군사 독재의 통제와 억압과 인권 유린의 문제는 거의 언급되지 않는다. 이와 같은 결과와 승자 중심의 역사관은 역사의식을 협소화하고, 시민들이 다양한 역사적 상상력과 미래의 방향을 여러 각도에서 자연스럽게 논의하는 것을 가로막을 우려가 있다.

마지막으로 현재 전시 구성의 문제점으로 지적할 것은 통일 문제의 실종이다. 한국 정부는 공식적으로 통일을 추구해왔으며, 이는 헌법에도 명시되어 있다. 통일 문제에 대해 남쪽 사회에도 여러 견해 차이가 있긴 하지만, 아직까지는 통일을 추구한다는 것이 전반적인 사회적 합의라 할 수 있다. '대한민국 역사'의 박물관임을 내세워 남북 관계의 발전과 시련 및 한반도 통일의 전망 부문을 전시에서 배제한다면, 그것은 통일을 지향하는 대한민국 정부의 자가당

착적 역사관을 고스란히 드러내는 꼴이다.

대한민국이 통일을 지향하는 국가라면 그동안 남북 관계 개선을 위해 들인 노력과 통일의 비전을 보여주는 전시가 당연히 있어야 한다. 그런데 현재 전시 구성에서는 이 문제가 완전히 실종되어 있다. 예컨대 '대한민국의 발자취' 중 '민주화 시대의 개막'(중주제) 부분의 내용 서술에는 김대중·노무현 정부가 민주화의 진전에 기여한 업적들은 나열되어 있지만 남북정상회담 등 남북 관계 개선을 위해 노력하고 성취를 거둔 것은 언급되지 않았다. 나아가 대한민국의 미래를 다룬 부분에서도 대한민국이 추구해야 할 미래의 과업으로 통일을 명확하게 언급하지 않았다.[21] 휴전선이라는 장벽을 그대로 두고 대한민국이 세계로 나아가는 선진국이 될 수 있을지, 통일이라는 민족사적 과제를 지워버린 채 어떻게 대한민국의 미래상을 전망할 수 있는지, 정말 의문이 들지 않을 수 없다. 대한민국역사박물관이 이렇게 협애한 역사 인식을 내외에 보여준다면 이는 정말 불행한 일이고, 그것 자체가 사회적 합의를 무시하는 일이다.

4. 대안적 '현대사박물관'을 상상하라

절차의 민주성, 그리고 전문성 확보

앞서 언급한 여러 심각한 문제와 결함은, 대한민국역사박물관의 상설 전시를 잠시 중단하고 새로운 절차와 방식으로 전시 구성을 재논의한 뒤에 추진해야 함을 충분히 보여준다. 지금 가장 시급한 것은 역사박물관에서 현대사 전시가 가져야 할 기본 성격과 방향에 대해 한국 사회의 공론장이 충분히 토론하고 검토하는 것이다.

그렇다고 이미 완공된 건물과 공간을 무기한 방치할 수는 없을 것이다. 그에 대한 해결책으로는 한국 현대사의 쟁점이나 세부 주제들 중 일부를 잡아 특별 기획 전시를 마련해 전시 공간을 부분적으로 활용하는 방안이 있다. 물론 이때도 기획 전시는 다만 향후 상설전시관의 전시 내용을 둘러싼 토론을 위한 예비적이며 임시적인 성격의 것이어야 한다. 이렇게 현재의 대한민국역사박물관의 전시 공간을 본격 재개관 이전에 부분적으로나마 활용하여 기획전시 등을 선보인다면, 상설전시관의 전시 계획과 내용을 둘러싼 공론장의 토론에 더 많은 사람의 관심과 참여를 유인할 수 있을 것이다.

이는 무엇보다 그동안 내팽겨쳐두었던 민주적 토론과 다양한 의견 수렴의 절차를 복원하기 위함이다. 이견과 비판의 수용을 통한 조정과 합의의 민주적 논의 과정을 진행해야 한다. '역사문화'의 핵심 기구인 역사박물관이 지닌 세 가지 차원에 의거해 정치권과 시민사회, 역사학계, 박물관과 전시 전문가들로부터 폭넓게 의견을 수용하는 절차를 밟아야 한다. 국회에서는 당연히 이와 관련한 정책 토론회와 의견을 수렴하는 공청회가 이어져야 할 것이고, 민주·진보 정당들은 국회와 시민사회에서 현대사박물관에 대한 토론이 활성화되도록 적극 나서야 한다. 다양한 주체들이 자신의 의견과 제안을 표명할 기회를 가질 수 있어야 한다. 그것 자체가 이후 박물관의 한 자리를 차지할 수 있을 민주적 정치 문화와 생산적 '역사문화'의 형성 작업이 되어야 한다.

이때 모든 쟁점 사항은 처음부터 다시 개방적으로 다루어져야 한다. 이를테면 '대한민국역사박물관'이라는 명칭을 변경해 '한국현대사박물관'으로 개칭하는 문제, 한국 현대사의 시기 구분과 연속성 및 단절의 문제, 상설전시관과 특별전시관의 공간 구분과 역할 분담, 상설 전시의 기본 구상 방향과 내용, 도서관과 교육관 및 영상관의 결합 문제 등도 원점에서 새로 토론해야 한다.

이때 가장 필요한 일은 한국 현대사가를 비롯한 역사학자들의 전문성에 의거하는 것이다. 박물관의 역사 전시는 역사학적 전문 연구 성과에 기초해야만 모든 종류의 이데올로기적 역사관과 당파 정치적 역사상들을 극복할 수 있으며, 역사 현실과 과정의 구체성과 복합성을 감당할 가능성이 생긴다. 그리고 그와 같은 역사의 복합적 현실과 구체성의 맥락에 민감한 역사가들의 전문적 식견에 기초해야만 서로 다른 기억과 경험에 기초한 역사상의 주체들이 역사박물관의 전시 내용을 위해 최소한의 합의 기반을 마련할 수 있다.

그러므로 먼저 역사가들로만 구성된 '전시계획위원회' 같은 특별소위원회를 만들어 전시 구상과 내용에 대한 초안을 제출하도록 해야 한다. 그리고 그 초안을 전국의 다양한 한국 현대사 전문 연구 기관과 전공 학자들 및 유관 역사 단체에 보내 공식 의견서를 보내줄 것을 요청해야 한다. 이러한 의견 수렴과 토론 결과에 기초해 전시 구상의 초안을 다시 수정하고 조정하여 구체적인 전시 계획안을 마련해야 한다. 이때 역사가들은 자신의 정치적 견해를 좇아 진영 간 대결 구도를 재생산하거나 그것에 안주해서는 안 되며, 고유의 학문적 연구 성과에 따른 차이를 적극적으로 드러내면서 쟁점별 내용에 충실한 생산적 논의의 장을 열어가야 할 것이다. 아울러 역사 교육 전문 학자, 박물관 전문가, 전시 예술 전문가들의 의견 수렴 과정도 충분히 마련되어야 할 것이다.

'한국현대사박물관재단'의 구성과 조직 운영

새로운 한국현대사박물관을 구상하기 위한 새로운 건립위원회는, 단순히

'국가 원로'니 '사회 지도자'니 하는 공허한 수식을 내건 보수적 지배 엘리트들로 채울 일이 아니다. 역사에 대한 전문적 식견과 정치적 균형 감각을 가진 위원들이 위촉되어야 한다. 특히 역사학계에서 한국 현대사 연구의 큰 성과를 보였거나, 역사 전시와 박물관에 대한 경험을 가진 인물들이 필요하다.

아울러 정부 부처의 대표로 참여하는 당연직 정부위원의 수를 줄이고, 최소한의 행정과 재정 지원을 보조하는 것으로 그들의 역할을 축소해야 한다. 정부위원은 전시 구상과 내용에 개입하는 일이 절대로 있어서는 안 된다. 이를 위한 제도적 조건과 법적 규정 및 실질적 조치가 갖추어져야 한다.

그리고 앞에서 제시한 비판적 토론과 조정을 통해 한국현대사박물관 건립의 방향과 전시 내용에 대한 기본적 합의가 이루어지면, 관련 법률을 제정하여 정부 산하에 '한국현대사박물관재단'을 설립해야 한다. 이 과정에서 건립위원회는 박물관의 전시 내용을 준비할 것이 아니라 토론과 의견 수렴의 역할을 담당하면 될 것이다. 그리고 재단 설립 전의 준비 단계에서도 국무총리나 문화부 소속 하위 기구의 지위를 넘어, 정치적 당파성을 극복하고 정부의 개입을 최소화하기 위해 독립 재단에 준하는 위상을 가질 수 있도록 조치해야 한다.

'한국현대사박물관재단'은 이를테면 '현대사박물관재단법' 같은 법률적 토대를 확보하면서 만들어져야 하며, 그 구성은 이사회, 학술자문회, 시민사회위원회, 사무국 등으로 이루어지는 것이 바람직하다. 이사회에는 행정과 재정 지원에 관련된 정부 부처의 대표들이 당연직 위원으로서 참여할 뿐만 아니라 국회와 지방자치단체 대표들의 참여가 필수적이다. 이사회의 인적 구성을 초당파적으로 만듦으로써 정치적 합의와 책임 및 지속성을 보장할 필요가 있는 것이다. 정권이 바뀔 때마다 전시 내용이 바뀌는 한심하고 야만스런 일들이 발생하지 말아야 하기 때문이다. 학술자문회에는 정부 당연직 참여 위원으로 국가기록원과 국사편찬위원회 수장의 참여가 필수적이다. 그 외에 학문적 업적을 공히 인정받은 한국 현대사 전공의 역사가들, 한국 현대사 연구 단체들의 대표, 박물관학과 역사 교육 관련 전문 학자로 구성되어야 한다. 시민사회위원회는 실질적으로 각 시민사회의 영역과 주체들을 대표할 수 있도록 구성해서 현대사박물관의 전시가 사회적 다원성을 반영할 수 있도록 조치해야 한다. 기업과 노동계, 문화계, 스포츠, 여성계 등의 대표적 사회단체들과 종교계의 대표들이 참여할 수 있도록 해야 한다. 이때 특히 한국 근현대사의 정치 폭력 희생자를 비롯해 국가 범죄 피해자 단체들의 참여가 제대로 보장되어야 한다. 한편 정부와 민간 시민사회의 협치(governance)를 원활히 하기 위해서는 역사 관련 시민단체들도 참여할 기회를 주어야 한다.

재단의 운영과 관련해서 가장 중요한 것은, 전시 계획과 내용을 철저히 학술자문회가 독립적으로 준비하고 그 내부에서 합의해 결정할 수 있도록 하는 일이다. 전시안에 대해 이사회가 최종적으로 동의하는 절차는 불가피할지라도, 전시와 관련된 학술자문회의 활동에 대한 이사회의 개입과 간섭은 원천적으로 방지되어야 한다. 시민사회위원회는 학술자문회의 전시 구상과 계획에 적극적으로 의견을 제시하며, 자문을 통한 보조적 역할을 수행할 수 있다.

사회적 다원성을 반영하는 전시 기획

새로운 '한국현대사박물관'이 무슨 내용을 어떻게 전시할 것인지는, 기본적으로 향후 재단이 설립된 뒤 그 안에서 학술자문회 같은 관련 전문가 기구가 발족하고 시민사회와의 소통을 거쳐 최종적으로 결정할 문제다. 여기에 대해서는 여러 주체의 참여하에 많은 논쟁이 필요하다. 다만 이 글에서는 이와 관련된 논의를 촉발한다는 차원에서 새로운 전시 계획의 기본 방향 정도를 언급하겠다.

국가의 단선적인 성장 논리가 아니라 시민사회의 다원성을 반영하기 위해서는 전시 영역을 크게 세 부분으로 나눌 필요가 있다. 첫째는 한국 현대사의 발자취를 시기순으로 개관하는 통사 영역, 둘째는 다양한 주제의 역사적 흐름과 변천을 보여주는 분야사 영역, 셋째는 시민들의 다양한 요구에 부응하여 수시로 주제를 바꾸어 전시할 수 있는 특별 전시 영역이다. 각 영역은 각기 총 전시 공간의 1/3 정도씩 차지하면 될 듯하다.

첫째, 통사 영역은 전반적인 시대 흐름을 보여주어야 하므로 불가피하게 정치사가 큰 비중을 차지할 수밖에 없다. 한국 현대사의 시기 구분에 관한 문제는 그 자체가 엄청난 논쟁거리다. 한정된 지면에서 섣불리 시기 구분의 시안을 제시하는 것은 불필요하고, 다만 그 개편의 방향 정도만 제시해보겠다.

일단 현재 대한민국역사박물관의 전시 기획처럼 시기 구분 자체가 국가의 태동, 기초 확립, 성장과 발전으로 이어지는 국가 중심적이고 단선적인 국가 성장 논리를 바탕으로 설정되어서는 안 된다. 국가는 역사의 주체라기보다는 다양한 시민사회의 집단들이 경합하고 활동하는 '공간'이라는 차원에서 접근할 필요가 있다. 따라서 국가 발전 단계로 시대를 구분하기보다는 특정 시기에 국가라는 공간에서 발생한 중요 사건 또는 변화를 중심으로 시기를 구분하고 개념화하는 것이 필요하다. 예컨대 현재 전시에서 해방 직후와 대한민국 정부 수립, 6·25전쟁을 다루는 부분은 '대한민국의 토대 확립'이라는 대주제로 설정되어 있는데, 이는 '분단과 전쟁' 같은 방식으로 바꿀 수 있을 것이다.

또한 좀 더 다원적인 역사 인식을 보여주기 위해서는 특정 시기에 산출된 최종적 결과만을 놓고 그 시기를 규정할 것이 아니라, 그러한 결과가 발생하게 된 과정, 특히 다양한 정치·사회 집단들이 각자 원하는 역사적 가능성을 내세우며 경합해온 과정을 담아내는 것이 필요하다. 따라서 한반도의 분단을 다룰 때도 남북이 각기 다른 정부를 수립했던 결과의 추이만 전시할 것이 아니라, 그 과정에 출현했던 남북협상 등 통일 정부를 수립하기 위한 노력도 함께 제시되어야 한다. 또한 1960~1970년대 역사의 경우, 결과적으로 군사 정권하에서 민주주의의 희생을 전제로 한 산업화가 이루어졌지만, 여기에 대항하여 나타났던 민주화운동과 그 과정에서 희생된 사람들, 그리고 이러한 희생을 발생시켰던 억압적 통치와 인권 유린의 구체적 양상도 함께 전시되어야 한다. 지금처럼 산업화와 민주화가 따로 분리되어 선후 관계로 정립되는 이분법적인 역사 인식은 매우 위험하다.

둘째, 분야사 영역은 사회와 역사 발전의 다원성을 보여준다는 차원에서 각 주제별로 독립된 부분 전시실 또는 전시 공간으로 구획하여 마련될 필요가 있다. 그 주제는 과학기술사, 문화사, 교육사, 여성사, 경제사, 사회사(인구 및 이민 문제 포함), 일상생활사 등이 될 수 있다. 이와 같은 분야사 전시 공간을 통해 사회 각 부문의 발전이 국가의 발전이라는 측면에서 단순화되는 것이 아니라, 나름대로 독자적인 영역과 의미를 확보해가며 다원적으로 전시되어야 한다. 분야사 영역은 충분히 그 독자성과 특수성을 인정받아야 하기에, 주제에 따라 전시 방식과 내용 구성이 다를 수 있다. 각 분야사 전시는 주제별로 과학·문화·경제의 변천 부분도 다루겠지만, 해당 분야의 발전에 크게 기여한 인물들도 다룰 수 있다. 과학사의 경우 중요 과학적 성취를 남긴 인물들, 여성사의 경우 다양한 여성 인물, 나아가 사회사나 일상사에서는 평범한 갑남을녀의 구체적 생활 세계와 일상문화에 대해서도 다룰 수 있을 것이다. 이렇게 된다면 현대사박물관이 일부 정치 지도자나 엘리트의 업적, 특히 권력을 장악한 정치가들의 공적을 선전하는 박물관이 될 것이라는 우려도 자연스럽게 해소될 수 있다.

분야사 영역을 설정하는 주요 이유는 사회 각 부문의 발전을 국가의 발전으로 귀속시키는 것이 아니라, 각 부문의 자생성과 독자적 발전 논리를 드러내 다원적인 역사상을 보여주자는 것이다. 따라서 분야사 전시는 각 부문에 대한 정부의 정책과 역할보다는 시민들이 과학과 문화 등 각 분야의 발전을 위해, 스스로의 이익 추구를 위해, 또한 권리를 지키기 위해 자생적으로 만든 단체와 조직과 활동을 중심으로 구성되어야 한다. 경제사 부분도 마찬가지다. 한국의 경제 발전 및 산업화는 통사 영역에서도 물론 비중 있게 다루어질 것이다. 하지만 통사 영역의 경제사 관련 부분은 아무래도 국가의 경제 정책 위주로 설명될 수밖에 없다. 따라서 분야사 영역의 경제사 부분은 기업과 노동을 중심으로 구성되었으면 한다. 기업의 활동은 기업사적 관점에서 제시하고, 노동 부문에서는 억압적 노동 현실과 노동자의 저항 및 노동자들의 일상생활을 전시할 수 있을 것이다.

셋째, 특별 전시 또는 기획 전시 영역은 반드시 필요한 공간이다. 역사박물관, 특히 현대사박물관은 시시각각 변화하는 시민들의 다양한 역사에 대한 관심과 정체성 욕구를 충족시켜주고, 나아가 그것의 소통을 매개해야 한다. 역사와 관련해서는 특정 시기에 특정 문제가 사회적으로 쟁점이 되거나 국제적으로 쟁점화되는 경우가 많다. 사실상 향후 어떤 문제가 어떻게 쟁점이 될지 예측하는 것은 불가능하다. 또한 현대사 관련 사건들은 주로 시간적 순환과 계기에 따라 10주년이니 50주년이니 하는 식으로 기념되는 경우가 많은데, 역사박물관도 이러한 기념 사업에 기민하게 대응해야 할 것이다. 역사박물관, 특히 현대사박물관은 이와 같은 상황 요인들을 반영할 체계를 갖추어야 한다. 따라서 상설전시관도 중요하지만, 각 시기와 국면별로 사회적·국제적 쟁점으로 부각되는 주제에 대해 특별 전시를 기획하고 실행할 수 있는 공간과 체계가 필요하다. 예컨대 이러한 특별 전시 영역에서 일본군 '위안부(성노예)' 문제, 독도 문제, 비무장 지대와 휴전 체제 문제 등에 대한 기획 전시도 가능할 것이다.

현대사박물관에 분야사 영역을 둔다고 하지만, 그렇다고 사회의 모든 부문을 다 포괄하기는 현실적으로 어렵다. 특히 현대 사회는 시간이 갈수록 다변화, 복잡화될 것이기 때문에 더욱 그러하다. 이른바 분야사로 포괄하기는 간단치 않지만 역사적으로 매우 의미 있는 소주제들이 많이 있을 수밖에 없다. 이러한 주제에 관한 역사를 보여주기 위해서라도 특별 기획 전시 공간이 따로 필요하다. 예컨대 한국으로 이주해온 동남아인 등의 소수민족사나 탈북자 문제, 또는 대중가요사 같은 세분화된 영역 등 다양한 소주제 전시가 이 영역에서 가능할 것이다. 특별 전시 영역이 가급적 넓게 확보되어 다양한 정치 공동체 성원들의 요청에 민활하게 부응하며 작고 다양한 주제들을 전시할 수 있다면, 다원적인 역사상을 확립하는 데도 많은 보탬이 될 것이다.

5. 글을 마치며

필자들은 대한민국역사박물관을 임시 휴관하고, 새로운 절차와 방식 및 전시 계획과 내용을 갖고 재출발할 것을 주장한다. 그러나 이 주장은 한국현대사박물관이 필요가 없다거나, 지금 광화문에 이미 확보된 공간과 건물은 불필요하고 이에 관련된 모든 사업을 원점에서 다시 시작하자고 말하는 것은 아니다. 현재의 전시 장소는 기본적으로 현대사박물관에 적합한 위치라고 생각한다. 또한 박물관 상설전시관이 휴관된다 하더라도, 건물은 그 취지에 부합하는 방향으로 임시적으로 활용될 수 있을 뿐 아니라, 앞으로 재출발할 현대사박물관으로 잘 사용될 수 있다고 생각한다. 그리고 대한민국역사박물관을 위해 지금까지 진행된 여러 연구와 기획 작업들, 유물 수집 등의 성과도 나름대로 의미가 있고, 이를 부분적으로 계승 발전시키는 것도 가능하다고 생각한다. 다만, 시간이 다소 지체될지언정 새로운 체계 아래서 학계 및 시민사회와의 소통을 거쳐 현대사박물관의 설립 취지에 부합하는 방향으로 새롭게 추진하자는 것이다.

한국 현대사에 대한 역사적 평가와 인식 문제는 한국 사회의 다양한 정치 세력과 사회 집단 사이에서 오랫동안 첨예한 쟁점이 되어왔다. 현대사 인식에 대한 편차는 극단적으로 벌어져 있고, 그로 인한 감정의 골도 깊다. 과연 현대사박물관을 만들면서 한국 사회의 다양한 집단들이 한국 현대사를 집약해서 보여주는 역사 전시 내용에 대해 일정한 합의를 도출해내는 것이 가능하겠냐는 의문도 가질 수 있다. 그러나 필자들은 기본적으로 이것이 불가능한 일은 아니라고 생각한다. 오히려 현대사박물관 건립 작업은 한국 현대사에 대한 인식이 과도하게 정치화되는 것을 막고, 여기에 대한 사회적 소통과 일정한 합의를 형성해나갈 수 있는 좋은 기회라고 본다. 하지만 이미 강조했듯이, 이러한 작업은 국가가 시민들에게 특정한 정체성을 일률적으로 심어주려 하거나 국가 중심적인 단선적 역사 인식을 강조하려 한다면 실패할 수밖에 없다. 역사란 기본적으로 다원적으로 인식해야 한다는 것을 모두 인정하고, 가급적 다양한 시민사회의 목소리를 반영하려 노력하며, 전문가 집단의 독립적이고 능동적인 참여와 소통을 확보할 수 있다면, 그와 같은 합의는 충분히 가능할 것이다.

◆ 이동기 ◆

서울대학교 통일평화연구원 평화인문학연구단 HK연구교수로 재직하고 있으며, 서양 현대사를 전공했다. 주로 냉전사 및 독일 통일과 유럽 평화를 연구하고 있다. 대표 논저에는 *Option oder Illusion. Die Idee einer nationalen Konf deration im geteilten Deutschland 1949-1990*(선택 가능한 길인가 망상인가? 1949에서 1990년 분단독일에서의 국가연합통일안), 「평화와 인권: 서독 정부의 대동독 인권 정책과 대북 인권 정책을 위한 함의」 등이 있다.

◆ 홍석률 ◆

성신여자대학교 사학과 부교수로 재직 중이다. 한국 현대사를 전공했으며, 주로 박정희 정권기 한미 관계와 남북 관계를 연구하고 있다. 주요 논저에 『분단의 히스테리』, 『통일 논의와 정치사회적 갈등』, 「1960년대 지성계의 동향」, 「4월혁명과 이승만 정권의 붕괴 과정」 등이 있다.

역사박물관
역사교육
남북역사교류
과거사규명
역사갈등
매장문화재
국가기록관리

남북역사교류

'남북 역사인식 연합'을 위한 역사학 교류

6·15선언에서 합의한 단계적 통일 과정은 어느 날 불현듯 찾아오는 것이 결코 아니다. 적극적 의지를 갖고 각 방면의 교류와 협력으로 민족 화해와 평화 공존을 향한 지난한 과제를 하나하나 풀어가야 이를 수 있는 귀결점이다. '남북 역사학 교류'는 역사학 분야에서 바로 이를 추구하는 것이다. 6·15선언 이후 본격적으로 진행되기 시작한 역사 교류는 남북 관계나 국내 정치 상황에 좌우되면서 부침을 거듭해왔다. 역사 교류가 제 역할을 다하려면 그때그때의 남북 관계에 따라 흔들림 없이 지속적으로 진행되도록 남쪽 내부와 남북 간에 그 내용과 형식이 제도화되어야 한다.

1. 21세기 역사학의 과제, '남북 역사인식 연합'

남북 구성원들을 구속하는 가장 큰 심리적 장벽은 서로 다른 이념과 체제에서 비롯된 상이한 역사 인식이다. 따라서 남북이 하나의 공동체를 이루기 위해서는 역사 인식의 동질성을 넓히고 이질성을 줄여나가며, 차이 속에 공존하는 성숙한 문화가 남북 사회 모두에 정착되어야 한다. 남북 간에 엄존하는 정치, 경제, 사회 문화적 차이의 인정과 공존을 지향할 때, '남북 연합'은 그에 적합한 개념이다.

남북 연합 개념은 노태우 정부가 발표한 '한민족공동체통일방안'(1989. 9. 11)에서 공식적으로 처음 제시되었다.[01] 이후 이를 수정하여 김영삼 정부가 발표한 '민족공동체통일방안'(1994. 8. 15)은 김대중, 노무현 정부에 이어 이명박 정부에[02] 이르기까지 정부의 통일 방안이 되었다. 이 '민족공동체통일방안'에 따르면 '화해·협력' → '남북 연합' → '통일 국가'에 이르는 3단계 중 남북 연합은 중간 단계로 설정되어 있다. 또 2000년 6·15선언에서 남북 정상은 남측의 "연합제"와 북측의 "낮은 단계의 연방제"가 "공통성이 있다고 인정"하고 "이 방향에서 통일을 지향"하기로(제2조) 합의했다. 남북이 향후 모색하기로 합의한 연합제와 연방제의 공통점을 추출한 통일 방안과 그 실현 단계는 사실상 내용적으로 남북 연합에 가까울 것으로 보인다.

그런데 6·15선언에서 합의한 단계적 통일 과정은 어느 날 불현듯 찾아오는 것이 결코 아니다. 적극적 의지를 갖고 각 방면의 교류와 협력으로 민족 화해와 평화 공존을 향한 지난한 과제를 하나하나 풀어가야 이를 수 있는 귀결점이다. 이 글에서 다루고자 하는 '남북 역사학 교류'(이하 '역사 교류')는 역사학 분야에서 바로 이를 추구하는 것이다.

헌법(제4조)에 따르면 정부는 통일을 목적으로 한 정책을 추진해야 한다. '민족공동체통일방안'에 따라 '화해·협력' 단계를 거쳐 한반도에 평화 체제가 정착되고 '남북 연합' 단계까지 지속적으로 추진되어야 하는 역사 교류는 '통일국가'의 기반 조성을 위한 국가적 차원의 사업에 속한다.

그러나 6·15선언 이후 본격적으로 진행되기 시작한 역사 교류는 남북 관계나 국내 정치 상황에 좌우되면서 부침을 거듭해왔다. 역사 교류가 제 역할을 다하려면 그때그때의 남북 관계에 따라 흔들림 없이 지속적으로 진행되도록 남쪽 내부와 남북 간에 그 내용과 형식이 제도화되어야 한다. 얼마든지 가능한 일이다. 이명박 정부의 2010년 5·24조치[03] 이후에도 우여곡절을 겪으며 계속되는 남북 경제 협력의 상징인 개성공단 사례가 있다. 남북 당국이 역사 교류의 중요성을 인식하고 정책적으로 뒷받침한다면 역사 교류 역시 일관되게 추진될 수 있다.

남북은 분단 이전에 수천 년 역사를 공유해왔다. 그래서 선사시대~1910년대(남북이 정치적으로 민감한 1920년대 이후는 제외)를 대상으로 진행된 '남북역사용어공동연구'(2007~2010) 결과를 보면, 일반적 예상과 달리 남북의 역사 인식에 공통성이 지배적이었다.[04] 정치적(절대적) 차이나 문화적(상대적) 차이는[05] 오히려 크지 않았다.

남북 연합에 조응하는 사회 문화적 토대를 구축하기 위해 남북 연합의 주체인 남과 북은 역사 인식의 공통성을 기반으로 적대성을 해소하고 차이를 상대화함으로써 수렴하거나 공존하는 방법을 함께 추구해야 한다. 이 글에서는 남북 연합 단계를 지나는 동안 그에 조응하여 반드시 거쳐야 하는, 이 과정을 포괄하는 의미로 '남북 역사인식 연합' 개념을 사용하고자 한다. 이때 역사 인식은 연합의 대상이고, 그 대상을 연합하는 주체는 남과 북이다.

21세기 남북 역사학계는 '남북 역사인식 연합'의 방법론을 구체화하여 남북 연합에 대비한 준비를 치밀하게 진행해야 한다. '남북 역사인식 연합'은 결코 일방성을 내포하는 단일한 역사 인식으로의 통합을 의미하지 않는다. 남측 내에서도 역사 인식의 스펙트럼은 매우 넓고, 심지어 식민 사관 논리까지 공존한다. '남북 역사인식 연합'은 이질적 역사 인식도 소화하는 다양성과 함께 민주화의 폭을 북측 역사 인식에 대해서도 적용하면서 남측 역사 인식을 상대화해서 보는 성숙한 문화를 추구하는 것이다.

2. '남북 역사인식 연합'의 전망

역사 교류는 평화협정 체결을 경계로 한 ① '화해·협력기'(현재)와 ② '평화 공존기'(평화협정 체결 이후), 그리고 ③ '남북 연합기' 등 남북 관계의 단계에[06] 따라 교류의 내용과 수준, 초점과 방향이 변화·발전해야 한다. 즉 각 단계에 조응하는 과제를 정책적으로 설정하고 교류의 수준을 높여, 통일의 첫 단계로 진입한 '남북 연합기'의 경제·사회 공동체 구축에 필요한 '남북 역사인식 연합'의 방법론을 일궈내야 한다.

'화해·협력기'의 역사 교류는 〈표 1〉에서 정리한 대로 남북 간 역사 인식의 공통성을 중심으로 남북의 공통 현안과 관련된 소재에 집중할 필요가 있다. 교류의 기반 조성과 확대가 우선 과제이기 때문이다. 또한 이후의 역사 교류

〈표 1〉 남북 역사학 교류의 단계별 과제와 초점

<table>
<tr><th>단계</th><th>남북 역사학 교류의 과제 및 추진 기구</th><th>문화재 관련 공동 사업</th><th>교류의 초점</th></tr>
<tr><td rowspan="2">화해·협력기</td><td>·남북 역사용어 통일 공동 연구 (선사시대~1910년대)
·고구려 발해 역사 공동 연구
·일제강점기 피해 실태 공동 조사 및 과거 청산을 위한 공동 연구
·안중근 관련 공동 연구
·북측 학계에 대한 자료 및 물자 지원</td><td rowspan="2">·만월대 공동 발굴 조사와 보존 조치
·고구려 고분군 공동 발굴 조사와 보존 조치
·안중근 유해 찾기 공동 조사</td><td rowspan="2">·역사인식의 공통성 확대
·남북 공동의 현안</td></tr>
<tr><td>·남북역사교류협정 체결, 남북역사학교류지원센터 설립</td></tr>
<tr><td rowspan="2">평화 공존기</td><td>·시대사별 공동 연구, 공동 학술회의 확대 및 정례화
·교환(방문)교수제 실시
·사료 및 연구 자료 공유 및 교환
·학술지 상호 개방 및 학문적 업적의 상호 인정
·북측 학자 및 연구 기반 인프라 지원</td><td rowspan="2">·문화재 공동 발굴 조사의 제도화, 정례화
·문화재 보존 협력, 통합 DB 구축, 통일안 모색
·해외 유출 문화재 반환을 위한 공동 연구</td><td rowspan="2">·문화적 차이(역사 인식)의 수렴 또는 공존 모색
·정치적 차이를 완화시키는 방법론 추구</td></tr>
<tr><td>·남북문화협정 체결
·남북역사교류추진위원회 및 학술교류협의사무소(개성) 설치</td></tr>
<tr><td rowspan="2">남북 연합기</td><td>·남북 공동 역사 개설서 편찬
·주제별, 분야별 공동 학회(연구소) 구성과 공동 학술지 발간
·학위의 상호 인정
·주제별, 분야별 '남북 역사인식 연합'의 방법론 정리
·교환교수제 확대, 교환연구원제(대학원생 포함) 실시</td><td rowspan="2">·국보 등 주요 문화재 공동 재지정
·문화재 통합 관리 및 공동 조직 구축
·세계문화유산 공동 신청</td><td rowspan="2">·남북 역사인식 연합 방법론 마무리: 정치적 차이(역사 인식)의 적대성 해소와 공존</td></tr>
<tr><td>·남북공동역사위원회 및 전담연락사무소(서울, 평양) 설치</td></tr>
</table>

가 확대·발전하기 위한 선결 조건으로, 정권 교체나 남북 관계의 상황 변화에 관계없이 역사 교류가 지속적이고 일관되게 추진될 수 있도록 법적·제도적 장치를 마련해야 한다. 이를 바탕으로 '평화 공존기'에는 남북 역사 인식 간 문화적 차이의 수렴 또는 공존을 모색하면서 정치적 차이를 완화하는 방법론이 구체적으로 모색되어야 한다. 그리고 '남북 연합기'에는 정치적 차이에 따른 역사 인식의 적대성을 해소하고 상호 인정과 공존을 모색하는 방법론을 마무리하여 공동 역사 개설서를 집필하는 수준으로 나아가야 한다.

남북 모두는 1990년대 이후 탈냉전 환경 속에서 이미 역사 인식이 변화하는 모습을 드러내고 있다. 남측에서는 민주화와 사회적 성숙에 따라 일제하 사회주의자들의 민족해방운동은 물론 김일성의 항일무장투쟁에 대해서도 사실에 기초한 비판적 역사 인식이 보편화되고 있다. 또한 일제하 민족운동의 연합전선–통일 전선과 해방 후 통일 민족국가 수립운동의 의미를 현재적 시점에서 평가하고 조망하는 수준으로 발전했다.

주체 사관의 틀에 고착될 것 같던 북측의 역사학 역시 변화의 조짐을 보이고 있다. 김일성의 회고록 『세기와 더불어』(1992~1998년 출간)가 향후 주체 사상을 현실에 맞게 탄력적으로 '재해석'하는 기준이 될 것으로 보인다. 특히 일제 말기에 김일성과 여타 민족운동 세력의 연계 또는 공동 전선 모색을 부각한 것은 남북의 평화와 공존을 위한 "경험과 교훈"으로 정리될 수 있는 여지가 넓다. 김일성의 항일무장투쟁을 중심으로 한 획일적인 '혁명력사' 인식은 남북 관계의 발전과 더불어 변화할 가능성이 크다.[07]

3. 화해·협력기 남북 역사학 교류 정착을 위한 정책 대안

10·4선언에서 합의한 남북사회문화협력추진위원회 개최

'화해·협력기'는 남북이 적대 관계를 청산하고 평화 공존 관계로 나아가기 위한 과도적 준비기를 말한다. 남북 관계는 통일 이전 남북 관계를 "잠정적 특수 관계"로 규정한 '남북기본합의서'(1991. 12. 13)[08] 발표 이후 사실상 '화해·협력기'에 들어섰다.

그러나 이후 20여 년간 남북 간에, 또는 남측 내에서 정치·이념 및 군사 대결 구도가 수시로 불거지면서, 남북의 화해와 협력은 여전히 불안정한 상황이다. 대북 포용 정책을 유지했던 김대중, 노무현 정부 시기에도 서해 교전(2002. 6)이나 북핵 실험(2006. 10) 등으로 민간 교류가 일시 전면 중단된 적이 있었다. 그리고 현재는 천안함 사태 이후의 5·24조치(2010)로 민간 교류뿐만 아니라 당국 간 대화까지 전면 중단된 상태이다.

민간 교류가 활성화되고 안정적으로 이루어지기 위해서는 한반도의 정치·군사적 대결 구도가 청산되고 평화 정착이 선행되어야 한다. 동시에 양자는 서로를 촉진시키는 역할도 한다. 민간 교류가 남북 간 정치·군사적 대립 관계를 해소하는 촉매 역할을 할 수 있기 때문이다.[09] 그런 점에서 교류 확대가 우선 과제인 '화해·협력기'의 역사 교류는 '남북 역사인식 연합'을 추구하는 문제의식 아래 공동체의식을 확대할 수 있는 남북 공동의 역사 관련 현안이나 소재에 집중할 필요가 있다. 그리고 수시로 불거지는 정치·군사적 대결 상황에 구애받지 않고 이를 지속적으로 추진할 수 있는 장치가 정책적으로 제도화되어야 한다.

사회 문화 교류에 관한 남북 당국 간 합의는 이미 '남북기본합의서'(제3장)에서 이루어졌다. 이후 제8차 남북고위급회담(1992. 9. 15~18, 평양)에서 '남북기본합의서'(남북 사이의 화해와 불가침 및 교류·협력에 관한 합의서)에 따라 4개 부속 합의에 서명했는데, 그중 하나가 제3장 '남북 교류·협력의 이행과 준수를 위한 부속 합의서'[10]였다. 그러나 이 부속 합의서는 15년이 지나도록 전혀 구체화되지 못했고, 남북이 합의했던 '남북사회문화교류·협력공동위원회' 설치도 무산되었다.

2007년 10·4선언에 이르러서야 남북 당국은 '남북기본합의서' 원칙을 재확인하고 사회 문화 교류를 위한 협력 기구 조직을 구체적으로 협의하게 되었다. 8개조로 구성된 10·4선언에서 "역사, 언어, 교육, 과학기술, 문화예술, 체육 등 사회 문화 분야의 교류와 협력을 발전"시키기로(제6조) 합의한 것이다. 곧이어 '남북 관계 발전과 평화 번영을 위한 선언' 이행에 관한 제1차 '남북총리회담 합의서'(2007. 11. 16)[11]는 남북의 "장관급을 위원장으로 하는 남북사회문화협력추진위원회를 구성"하여 사회 문화 협력 사업을 진행하도록 합의했고, 역사 교류와 관련하여 "역사 유적과 사료 발굴 및 보존" 사업을 추진하는 내용을 포함했다(제4조 ①항).

'남북사회문화협력추진위원회'는 남북 당국 간 사회 문화 교류와 협력을 주관하며, 민간 분야의 협력이 필요한 사항을 당국자 간에 책임 있게 협의하여 남북 사회 문화 교류를 안정적 기반 위에서 추진하기 위한 기구였다. 이는 사회 문화 교류를 추진할 기구와 위상을 남북 당국 간에 처음으로 합의하고 남북 문화(부처)장관 간 채널을 공식적으로 제도화한 것으로서, 학술 교류 환경을 크게 변화시킬 수 있었다.

그러나 "2008년 상반기 중에 개최"(제4조 ④항)하기로 한 이 위원회는 이명박 정권 기간 내내 열릴 기미조차 없었다. 이 위원회의 개최와 설치는 10·4선언이라는 남북 최고 당국자 간 합의를 이행하기 위한 후속 합의 사항이므로 일단 개최되는 것만으로도 중요한 의미가 있다.

2013년에 출범하는 박근혜 정부에게는 이명박 정권기에 사실상 두절된 남북 관계의 정상화가 최대 현안이 될 수밖에 없다. 이미 대북 강경 정책의 국내외적 한계가 뚜렷하게 드러났기 때문이다. 사실 남북 관계 정상화는 결코 어려운 일이 아니다. 남북 간, 국제사회 간의 기본 합의, 즉 6·15선언, 9·19공동성명(2005), 10·4선언의 합의 내용을 이행하기 시작하면 된다. 여기에는 '남북사회문화협력추진위원회' 개최도 당연히 포함된다.

남북역사(문화재)교류협정 체결

남북 사회 문화 교류의 제도화와 활성화를 위한 선례로 동·서독 간 '문화협정'(1986)을 참고할 수 있다. 이 '문화협정'은 양 독일의 문화 교류가 정치적 이유 등으로 중단되지 않도록 보장하는 법적·제도적 장치로서, 예술·관광·체육·언론·도서관·언어·문화재·저작권 등 문화 분야 전체를 포괄하는 일괄 협정이었다.[12]

물론 '남북사회문화협력추진위원회'가 가동되더라도 남북 대립이나 남남 갈등이 수시로 불거지는 '화해·협력기'의 특성상, 사회 문화 교류에 관한 남북 당국 간의 일괄 협정은 쉽지 않다. 상호 신뢰 확대와 교류 경험 축적이 전제되어야 하기 때문이다. 동·서독 간 '문화협정'도 1972년 '기본조약' 체결 이래 오랜 교류 경험과 협상의 산물이었다. 실제로 남북 학술 교류 영역에서 2000년 이후 교류가 지속되어 일정하게 성과가 쌓인 영역은 역사학과 국어학에 불과하다. 따라서 '화해·협력기'에는 이들 분야부터 협정(또는 합의서)을 맺고, 이후 '평화 공존기'에 사회 문화 교류에 관한 일괄 협정이 가능하도록 제반 교류의 폭과 깊이를 넓혀가는 것이 한 방법일 수 있다. 필자의 판단으로는 현재도 남북 당국 간의 '남북역사(문화재)교류협정'(가칭)[13] 체결은 충분히 가능하다. 이 협정은 역사 교류가 적대 관계를 청산하고 '남북 역사인식 연합' 구축을 위한 공동 작업에 집중할 수 있도록 남북 당국이 제도적·재정적 지원을 보장하는 내용으로 구성되어야 한다.

물론 '화해·협력기'에 남북 간 사회 문화 협력 장치를 만들면서 법적 구속력을 갖는 협정이나 특별법 제정(사업, 기구 설치 관련법 등)에 얽매일 필요는 없다. 소모적 정쟁이 수반되기도 할 뿐만 아니라 불필요하게 긴 시간과 노력이 들기 때문이다. 따라서 그보다는 합의서 교환을 통해 성과를 쌓으면서 일괄적 '문화협정' 체결을 위한 환경을 조성하는 것이 더 생산적이다. 물론 이후 남북 정상 간 '공동선언'이나 고위급 '합의'는 차후 국회 비준 등 공식 절차를 거쳐 구속력 있는 '협정'이 되어야 한다.[14] 노무현 정부가 10·4선언에 대한 국회 비준의 중요성을 간과했던 점을 반면교사로 삼을 필요가 있다.[15]

남북 역사학 교류의 당면 과제와 초점

〈표 1〉에서 제시된 '화해·협력기'의 교류 과제들은 2000년 이후 교류에서 축적된 연구 성과를 토대로 '남북 역사인식 연합'의 문제의식과 방법론을 남북 역사학계가 공유하여, 이후 '평화 공존기'에 심화할 수 있는 소재에 초점을 둔 것이다.

'남북 역사용어 통일 공동 연구'는 2007~2010년에 시기별(선사시대~1910년대)·분야별로 진행한 '남북 역사용어 공동 연구'의 성과를 통해 이미 확인된, 전체의 90% 이상에 달하는 남북 간 유사한 역사용어를 대상으로 용어의 통일을 추진하는 것이다. 남북이 정치적으로 민감한 1920년대 이후의 시기를 제외한다면 얼마든지 가능하다. 물론 모든 역사용어를 통일할 필요는 전혀 없다. 사실 이는 남측 내에서도 어려운 일이다. 하물며 남북 간에 정치적 문화적 차이가 엄존하는 '화해·협력기'에는 불필요한 소모적 논쟁이나 분란만 키울 수도 있다. 따라서 남북 간에 병기할 수 있는 용어만 합의해도 큰 의미가 있다. 이런 경우가 많아도 상관없다. 물론 이 공동 연구는 역사용어의 다름과 같음의 배경을 남북 역사학계가 학술적으로 정리하는 첫 기회가 될 것이다. 이 경험과 성과는 장기적으로 '남북 연합기'의 핵심 과제인 공동 역사 개설서 편찬을 위한 기초 자료로 활용될 수 있다.

'개성 만월대 남북 공동 발굴 조사'는 통일부와 문화재청의 지원으로 남북역사학자협의회와 국립문화재연구소가 민관 협동으로 2007~2011년에 다섯 차례,[16] '고구려 고분군 남북 공동 발굴 조사와 보존 조치' 사업은 2006~2007년 동안 네 차례(고구려연구재단이 진행한 두 차례 포함)[17]에 걸쳐 진행한 사업의 연속 사업 성격을 지닌다. 특히 만월대 발굴 조사는 남북 당국, 즉 제17차 장관급회담(2005. 12. 16)[18]에서 민간 차원으로 추진되는 이 사업을 뒷받침해주기로 합의한 사례였다. '남북 연합기'에도 지속되어야 하는 이 두 사업은 고구려와 고려 왕조의 대표적 문화유산에 대한 공동 발굴 및 보존 협력을 통해 역사의식의 공통성과 공동체의식을 넓히는 데 기여할 수 있다.

'고구려 발해 역사 공동 연구'는 중국의 '역사 침탈' 즉 '동북공정', '장백산 문화론', '청사淸史공정' 등에 대해 남북 역사학계가 공동 대응하는 의미를 가진다.[19] 중국의 '중화주의' 경향에 대응한 남북의 공동 연구는 민족공동체의식을 회복하는 데 크게 기여할 수 있다.

'일제강점기 피해 실태 공동 조사'와 '일제강점기 과거 청산 공동 연구'는 향후 북일 수교를 전망하면서 남북이 공동으로 일본의 전향적인 과거사 정리를 촉구하는 의미를 담고 있다. 2005년 남북장관급회담의 합의 사항이었던 '안중근 유해 찾기 공동 조사와 공동 연구'[20]도 좋은 소재가 된다. 나아가 강제 연행, 약탈 문화재 실태, 독도 문제, 동해 표기 문제 등 과거 남북 공동학술대회의 주제를[21] 더욱 발전시켜 식민지 수탈의 실상, 식민 지배가 사회 각 부문에 미친 영향 등으로 소재를 넓혀갈 수 있다.

교류 지원 기구 설립과 재정 확보의 필요성

현재까지의 역사 교류는 일부 역사학자들의 헌신과 의지에 따른 '소명 사업'처럼 진행된 측면이 있다. 이는 일차적으로 남북 학자들끼리 자유롭게 바로 만날 수도 없고 연락 통로도 극히 제한된 분단 상황의 산물이다. 남북 모두에게 이러한 상황은 마찬가지이다.

북측의 경우 '민족화해협의회'(민화협)라는 대남 사업 기구가 남북 사회 문화 교류 전반을 관장하고 있다. 따라서 역사 교류를 추진하고자 하는 남측 단체(학회)는 통일부의 접촉 허가를 받은 뒤 스스로 길을 찾아 먼저 북측의 민화협 관계자를 만나 교류의 주제나 소재를 설명해야 한다. 민화협은 이에 기초하여 '정책적 판단'을 통해 사업 시행 여부를 결정한다. 그 이후에야 남측 학자들은 북측 학자들과 만나게 된다. 학자들이 학술 교류의 일차적 결정 주체가 아닌 북측의 상황은, 때때로 남측 학자들을 곤혹스럽게 만들기도 한다. 남측에는 그와 다른 성격의 어려움이 있다. 통일부가 교류를 지원하면서도, 민간이 스스로 길을 찾아 북측과 교류를 합의한 뒤 요건을 갖춰 사업 신청을 하면 이를 심사해 허가하는 역할만 하기 때문이다. 이 때문에 교류를 희망하는 남측의 단체가 북측과 접촉하는 일은 쉽지 않다.

역사 교류를 전 역사학계 차원으로 활성화하기 위해서는 교류 통로 찾기의 불필요한 어려움을 최소화하고 교류의 전 과정을 실질적으로 지원하는 전담 기구가 필요하다. 가령 민간 교류가 성사되도록 돕거나 협상을 대리하는 민간 협동 기구 형태의 '남북역사학교류지원센터'(가칭)를 상정할 수 있다. 이 센터는 2000년 이후 역사 교류를 이끌어온 단체나 개인이 축적한 경험과 인력을 바탕으로 민간학자들의 자율성과 다양성을 보장하고 교류 영역을 넓히는 기구로서, 향후 '남북학술교류지원센터'로 확대 개편될 수 있을 것이다.

이렇게 교류 영역을 확대해나가기 위해서는 안정적인 재정의 뒷받침이 필수적이다. 영리적 목적의 남북 경제 협력 사업은 사업성이 보장되면 민간 기업의 자발적 참여로 활성화될 수 있다. 그러나 역사 교류는 영리 사업일 수 없다. 민족공동체 건설에 대비하여 남북의 적대성을 해소하고 차이 속의 공존을 위해 '남북 역사인식 연합'의 기반을 다지는 국가적 사업인 것이다.

하지만 정부는 남북 사회 문화 교류·협력 사업(역사학 교류 포함)을 추진 주체가 자발적으로 진행하는 일종의 '봉사 활동' 범주로 인식하고 있다. 통일부의 현행 남북 협력기금 지원 지침에 따르면, 남북 당국 간에 합의한 사업(즉 정부 사업)에 대해서는 전액 지원하지만, 민간 차원 사업은 총예산의 30~70%를 교류 주체가 자기 책임으로 조달해야 한다.[22] 그 나머지 부분만 선별된 사업에 한해 남북 협력기금을 지원한다. 물론 사업 진행 중 남북 간 정치·군사적 상황 변동에 따라 교류 사업이 중지되거나 파탄 나더라도 모든 재정적 손실은 민간 주체가 안아야 한다.[23] 통일부는 "민간이 알아서 교류를 해라, 그러면 검토해서 부분적으로 지원하겠다"는 소극적 수동적 통제 기구의 성격에 머무르고 있는 것이다.

예산의 자기 조달을 우선으로 하고 사회 문화 교류·협력 사업에 대한 남북 협력기금을 총예산의 30~70%밖에 지원받지 못하는 상황에서, 지출의 우선순위에 따라 지원액은 대부분 남북 간 왕래비, 숙식비, 각종 경비(소모품 구입비, 장비 임대료 등)를 치르는 데 그치고 만다. 이 점은 역사 교류가 이제까지 전임교수 중심으로 전개될 수밖에 없었던 이유이기도 하다. 역사 교류에 참가한 남북 양측 학자들에게 인건비(연구비)를 지급하기가 현실적으로 어렵기 때문이다. 남측 학자들의 애로는 논외로 하더라도, 북측 학자들에게까지 '인건비 없이 자발적으로' 역사 교류에 참가하라는 것은 비현실적이다 못해 사실상 교류를 막는 일이 될 수 있다.

북측이 교류에 나서는 것은 교류 자체에 대한 관심뿐 아니라 교류를 통해 얻을 수 있는 '실리'를 기대하기 때문이기도 하다. 이 점은 통일부도 잘 알고 있다. 북측 학계는 일제 시기 연구의 경우, 기초적인 일차 자료인 각종 신문 자료나 『조선총독부관보』조차 제대로 구비하지 못한 형편이다. 『력사과학』을 보면 논문이 깨알만 한 글씨로 편당 두어 쪽 정도로 촘촘하게 인쇄되어 있는데 종이 사정 때문이라고 한다. 이런 상황에서 북측 연구 기관은 2002년 7월부터 시행된 독립 채산제 방침에 따라 대외 사업을 통해 운영비까지 조달해야 한다.[24] 북측 역사학자들의 연구 기반이나 환경이 정상화되도록 자료 및 물자 등을 지원하는 것은 단순히 동업자로서의 인도적 지원에 머무르지 않는다. '남북 역사인식 연합'을 전망하는 공동 작업 파트너가 좋은 연구 성과를 내도록 환경을 조성한다는 대국적 시각에서 볼 필요가 있다.

즉 남북 협력기금은 남북 협력을 저해할 수 있는 '반反시장'적 논리를 벗어나 사업비 차원으로 북측 학자 인건비 지급이 현실적으로 가능하도록 운영되어야 한다. 시장 논리 측면에서도 줘야 할 연구비를 주고 높은 성과를 생산하도록 운영하는 것이 훨씬 미래 지향적이다.[25] 물론 통일부가 남북 협력기금 운용에서 이러한 현실성을 발휘하더라도 여전히 남쪽 학자들에게 인건비를 지급하기는 어렵다. 남북협력기금법의 근간이 교류 사업을 교류 주체가 좋아서 하는 '자발적인' 일로 설정하고 기금의 자체 조달을 우선해야 한다는 전제에서 출발하고 있기 때문이다. 현재 기금 운용에 관한 법은 사실 이 틀을 벗어나기도 어렵다.[26] 다만 필자가 강조하고 싶은 것은, 시간이 오래 걸리고 소모적 정쟁의 소재로 전락할 수도 있는 남북협력기금법 개정에만 매달릴 것이 아니라, 현재 있는 법의 운영을 지혜롭게 하자는 것이다.

민간 사회 문화 교류·협력 사업에 대한 남북 협력기금의 지원은 김대중 정부 시기에 거의 전무했다. 노무현 정부 들어 남북 협력기금이 대체로 연간 1조 원 이상[27] 집행되었고, 그중에서 사회 문화 교류·협력 사업 지원은 연간 75억여 원[28] 내외, 여기서 역사 교류 지원은 연간 5~7억여 원[29] 정도였다. 사회 문화 교류·협력 사업은 정부의 '민족공동체통일방안'이 설정한 남북 연합의 사회 문화적 기반을 다지는 중차대한 사업이다. 따라서 이 분야에 대해 매우 인색한 남북 협력기금의 지원 규모를 대폭 확대해야 한다.

2013년에 새로 출범하는 박근혜 정부는 2007년 11월 남북총리회담 합의에 따라 '남북사회문화협력추진위원회'를 열어 첫 번째 안건인 '역사 유적 및 사료 발굴 보존'(제4조 ①항) 사업 논의에 들어가면서 '남북역사교류협정(합의서)'을 맺어야 한다. '남북역사교류협정'을 맺게 되면 역사 교류는 민간 차원을 넘어 당국 간 합의 사업의 성격을 띠게 된다. 사업 진행의 책임성이 공식화됨에 따라 '화해·협력기'의 주요 과제로 선정하여 합의한 사업들에 대해 3~5개년 내외의 장기 계획을 수립해야 한다. 그리고 이에 소요되는 총사업비는 남북 협력기금 내에 독자적인 '남북 역사 교류 계정'(가칭)을 설치해 확보해야 한다. 합의한 사업에 대한 재정 지원을 독자 계정으로 제도화해두어야 향후 남북 간에 체결할 일괄적 '문화협정'의 기반을 조성할 수 있다.

물론 사회 문화 관련 모든 부문에 독자 계정을 지정할 수는 없다. 일단 역사, 언어 등 10·4선언에서 합의한 6개 분야(제6조)가 그 대상이 될 수밖에 없다. 이 6개 분야 가운데 지난 10여 년간의 교류 성과와 중요성에 기초하여 남북 공히 당국 간에 우선적으로 교류 협정을 맺을 필요가 있다고 인정하는 분야부터 순차적으로 독자 계정을 설치해가면 된다.

현재 역사 교류를 관장하는 소관 부처는 통일부이다. 교육부나 문광부가 아니다. 독자 계정 설치는 바로 이 지점에서도 풀릴 수 있다. 즉 남북 당국 간의 합의 사업에 대해서는 사업비 전액을 지원하는 현행 통일부 남북 협력기금 지원 지침에 따른다면, '남북 역사 교류 계정'은 별다른 법 개정 절차나 소관 부처의 힘겨루기 잡음 없이 바로 설치할 수 있다.[30]

또한 현행 기획재정부의 예산 편성 원칙은 남북 교류·협력 관련 예산은 통일부 남북 협력기금에 집중하도록 되어 있다. 향후 남북 관계 발전과 함께 일괄적 '문화협정'이 체결되는 단계에 이르면, 남북 교류·협력 관련 예산을 통일부 남북 협력기금에 집중해놓기보다 점차 소관 부처의 본예산으로 편성해가는 것이 교류 사업의 전문성과 집중도, 그리고 안정성을 높일 수 있다는 점에서 바람직하다.[31]

4. 평화 공존기와 남북 연합기의 역사학 교류

평화 공존기: 남북문화협정 체결과 남북역사교류추진위원회 설치

'평화 공존기'는 평화협정 체결을 계기로 남북이 상호 체제 인정과 군축에 나서면서 한반도에 평화 체제가 구축되는 단계를 말한다. 이 시기에는 북미, 북일 수교가 이루어지고 대북 경제 지원과 남북 경협 사업이 본격화될 것이다. 남북이 서로를 적대시해온 관계 법령을 폐지하기 시작하고, 북측도 안보 위협이 해소되어 교류에 적극 나서는 환경이 조성된다. 당국 간 사회 문화 교류 협의 기구도 정례화·상설화될 것이다. 남북 모두 분단 이래 겪어보지 못한 새로운 환경을 접하게 되는 것이다.

이 시기에는 화해·협력기에 주요 분야에서 축적된 교류 성과와 협정(또는 합의)을 바탕으로 남북 당국이 일괄적 '문화협정'을 체결할 수 있다. 역사 교류의 경우, 인적 교류가 크게 확대되고 공동 작업이 본격 추진되면서 정례화가 모색될 것이다. 따라서 화해·협력기에도 체결이 가능했던 '남북역사교류협정'의 내용과 수준이 더욱 격상되고 세분되어야 한다.[32]

평화 공존기에도 남과 북 내부에서 분단 구조 청산에 반대하는 시도가 나타날 것이다. 따라서 여전히 엄존하는 갈등을 최소화하면서 남북 주민의 공동체의식을 함양하고, 차이가 공존하는 문화를 만들기 위한 학술적 준비 작업이 체계적이고 치밀하게 이루어져야 한다. 이 과정에서 정부의 역할이 대단히 중요해진다. 정부는 교류 허가 또는 통제의 수준을 넘어 민간학자들과 협력하여 향후 남북 연합의 사회 문화적 토대 구축에 요구되는 역사 교류의 양적 확대와 질적 제고를 위한 환경을 조성하고, 민간학자들은 사업을 실제 진행하면서 내용을 채워야 한다.

이를 위해 민간학자의 자율성을 높이면서 정부와 민간의 유기적인 협조 관계 속에 역사 교류를 총괄하는 민관 협력 기구가 필요하다. 민간 학계 대표들과 통일부 등 소관 부처, 문화재청, 국사편찬위원회, 동북아역사재단 등 관련 국가 (연구)기관을 구성원으로 한 '남북역사교류추진위원회'(가칭)를 상정할 수 있다. 민관 협력의 실제 내용을 채우기 위해 그 대표는 민간학자가, 정부 각 부처나 기관을 연결하고 예산 관련 업무를 담당하는 실무 총괄은 정부 소관 부처가 맡는 것이 효율적이다. 이 위원회는 '남북 역사인식 연합'의 기반 구축에 필요한 구체적인 중요 과제들이 체계적이고 연차적으로 진행되도록 기획·지원·조정하는 기구이다. 그리고 설정된 교류 과제별 소위원회가 구성되어야 한다. 화해·협력기에 교류의 가교 역할을 한 '남북역사교류지원센터'는 이 위원회 산하에서 교류 정보 제공, 자료 구축, 북측 교류 상대 중재, 재정 지원 등 지원 업무의 전문성을 더욱 높여야 한다.

아울러 북측도 '북남역사교류추진위원회'와 교류 과제별 소위원회를 설치하여 '남북역사교류협정' 이행을 위한 남북 간 협의 기구를 서로 조응시켜야 한다. 이를 통해 향후 '남북 연합기'에 남북 공동 기구로 조직·운영될 '남북역사공동위원회'(가칭)나 공동 역사 개설서 편찬 작업의 기반을 준비해야 한다.

이 시기에는 교류 주체들 간의 접촉 공간이 상설화되고 통신 수단도 진일보할 것이다. 남북 모두에게 접근성이 높은 개성에 '남북학술교류협의사무소'(또는 남북사회문화협력협의사무소) 설치가 가능하다.[33] 현재 남북 사회 문화 교류의 주된 통신 수단은 '원시적'이라고 할 만한 '팩스'이며, 그것도 제3국(주로 중국)을 통해 주고받는 형편이다. 그러나 평화 공존기에는 (연락)사무소 상근자를 통하거나 남북 교류 주체들 사이의 (반)상시적 만남을 통해 빠른 협의가 가능해질 것이다. 이러한 소통의 수단과 공간 변화는 '남북사회문화협력추진위원회' 회담의 진전 정도에 따라 화해·협력기 말기에도 가능할 수 있다.

평화 공존기에 예상되는 역사 교류의 내용은 〈표 1〉에서 예시한 바와 같다. 이 시기에는 교류 환경이 크게 변화하여 화해·협력기에 불규칙하게 이루어지던 교류 사업이 정례화되고 교류의 폭도 넓어져 시대사별 공동 연구로 확대될 수 있다. 또한 사료 및 연구 자료 공유 및 교환, 학술지의 상호 개방 및 학문적 업적의 상호 인정이 가능하다. 또 문화재 공동 발굴 조사의 제도화·정례화가 가능하다. 그리고 문화재 보존 협력을 둘러싼 기술을 공유하면서 해외 유출 문화재 반환을 위한 공동 연구를 통해 교류의 수준과 영역을 크게 높일 수 있다.

화해·협력기의 교류 초점이 역사 인식의 공통성에 기초하여 접점을 넓히는 것이었다면, 평화 공존기에는 시대사별 공동 연구나 공동 학술회의를 정례화하여 남북 간의 차이에 대해서도 적극 토론하면서 교류 수준을 높여야 한다. 남북의 역사학자들이 상대 지역에서 강의 또는 발표를 하고, 심도 있는 토론의 장을 많이 만들어가야 한다. 이를 위한 효율적인 방법으로, 인적 교류 방식을 단기 방문에서 장기 체류로 한 단계 높이는 교환(방문)교수제를 들 수 있다. 각자의 역사 인식을 상대화하는 계기가 될 이 과정에서, 남북 역사 인식의 정치적 차이를 재해석하거나 적대성을 완화하는 방법론의 실마리를 찾을 수 있다. 이는 평화 공존기 역사 교류의 가장 중요한 과제로서, 남북 연합기에 마무리되어야 할 '남북 역사인식 연합'을 위한 연구 방법론을 구체적으로 심도 있게 준비하는 것이다. 예를 들어 항일운동사 부문에서 민족주의운동과 공산주의운동 또는 북측의 '혁명력사'를 아우를 수 있는 관점을 모색해야 한다. 해방 후 분단시대에 대해서도 서로의 체제와 역사 인식의 정치적 차이를 상호 인정하는 방법론을 준비해야 한다. 한국전쟁 역시 공동 연구의 대상이 될 수 있다. 전쟁의 발발 원인과 같이 적대적 대립이 부각될 수 있는 소재는 어렵겠지만, 전쟁의 상처를 치유하고 화해를 꾀하는 소재는 얼마든지 선정 가능하다. 그 과정에서 일정하게 제한된 수준의 격렬한 논쟁이 예상된다. 소모적이지만 않다면 그것도 바람직한 일이 될 것이다.

남북 연합기: 남북역사공동위원회 설치와 공동 역사 개설서 편찬

평화 공존기 후반기에 남북정상회담, 고위급회담, 국회회담이 정례화되고 남북연락사무소가 운영되는 상황에 이르러, 남북 정상이 '남북연합헌장'을 합의하고 이를 국내법 절차에 따라 비준하면 공식적으로 남북 연합 단계가 시작된다.[34]

이 단계는 두 정부가 공동 기구를 통해 향후의 통합에 필요한 과제들을 구체적으로 실행하는 시기이다. 분단의 평화적 관리가 정착되면 남북 주민들은 제한된 왕래나(남북 연합기 초기) 폭넓은 왕래(남북 연합기 후기)도 가능해진다. 남북은 각각의 법령 및 제도에서 상대를 부정하는 잔존 요소를 전면 폐기해야 하고, 남북정상회의·남북각료회의·남북국회회의가 정례화되면서 경제나 사회 문화, 학술 분야에서도 남북이 각자 고유의 기구나 조직을 유지한 가운데 남북 공동 기구가 조직되고 정례화될 것이다.

〈표 1〉의 예시대로 남북 연합 단계에 조응하는 '남북 역사인식 연합'을 이루기 위해서는 역사 교류를 관장하는 '남북공동역사(문화재)위원회'(가칭)가 설치되어 남북 공동의 정부 기구 아래서 관리·운영되어야 한다. 이 위원회 산하에 주제별·시대별로 공동 소위원회나 공동 학회(연구소)가 조직되고 공동 학술지를 발간할 수 있다.

학위의 상호 인정, 교환교수제의 대폭 확대, 교환연구원제(대학원생 포함) 실시가 가능해진다. 국보 등 주요 문화재의 공동 재지정, 문화재 통합 관리를 위한 공동 조직 설립, 세계문화유산 공동 신청도 가능하다. 이러한 공동 연구, 남북 연구자의 왕래·교류, 문화재 공동 관리 등은 '남북역사공동위원회'가 주관하여 제도적으로 정착시켜야 한다. 남북연락사무소가 서울과 평양에 설치되고 역사학(사회 문화) 교류 전담 연락관이 상대 지역에 상주하게 되면 교류의 의사 소통 제약도 대부분 해소될 것이다.

이러한 역사 교류의 성과는 궁극적으로 역사 교육에 반영되어야 한다. 이 시기 역사 교류의 가장 큰 과제이자 '남북공동역사위원회'의 가장 큰 과제는 공동 역사 개설서를 편찬하는 것이다. 남북의 역사학자들이 공동 역사 개설서를 편찬하게 되면, 이는 곧 '남북 역사인식 연합'의 내용과 틀이 마무리 단계에 들어감을 의미한다.

물론 남북 연합기에도 남과 북의 정부가 따로 엄존하는 만큼, 고대사와 근현대사 분야에서 역사 인식의 정치적 차이는 여전히 남을 것이다. 따라서 주제별·시대별 공동 학회 등이 진행하는 공동 연구의 문제의식도 평화 공존기에 모색된 역사 인식의 정치적 차이의 적대성을 해소하고 공존하는 방법론을 마무리하는 데 집중되어야 한다. '1국가 1정부 통일' 이전의 남북 연합 단계가 길고 짧음은 '남북 역사인식 연합'의 수준 여하에 달려 있다.

5. 평화와 공존을 위한 역사 교류

남북 연합에 조응하는 사회 문화적 토대의 마련은 남북 간 역사 인식 차이의 적대성을 해소하고 공존을 추구하는 '남북 역사인식 연합'에서 비롯된다. 이러한 문제의식을 공유하면서 남북 연합에 대비하는 역사 교류는 화해·협력기, 평화 공존기, 남북 연합기 등 남북 관계의 단계에 따라 교류 수준을 높여가면서 진행되어야 한다.

화해·협력기는 1991년 '남북기본합의서' 발표 이후 평화협정이 체결될 때까지의 기간이다. 이 시기 역사 교류의 주요 내용은 '남북 역사용어 통일 공동연구', '개성 만월대 남북 공동 발굴 조사', '고구려 고분군 남북 공동 발굴 조사와 보존 조치', '고구려 발해 역사 공동 연구', '일제강점기 피해 실태 공동 조사' 등 남북의 공통 현안에 집중할 필요가 있다. 남북 간 역사 인식의 공통성을 기반으로 한 교류의 기반 조성이 우선 과제이기 때문이다. 그리고 남북 당국 간 협력 기구로서 10·4선언에 따라 합의한 '남북사회문화협력추진위원회'를 열어 사회 문화 교류를 활성화하고 제도화해야 한다. 이 위원회는 남북 당국 간 사회 문화 교류와 협력을 주관하며 민간 분야에 협력이 필요한 사항을 협의하여 사회 문화 교류를 안정적인 기반 위에서 추진하기 위한 기구이다. 역사 교류와 관련하여, 사회 문화 교류에 관한 남북 당국의 일괄적 '문화협정' 체결을 위한 첫걸음으로 '남북역사교류협정'을 체결할 수 있다. 그리고 교류의 성사를 지원하거나 협상을 대리하는 민관 협동 교류 지원 기구로서 '남북역사학교류지원센터'를 설치할 필요가 있다.

화해·협력기의 교류 환경 진작을 위해서는 먼저 통일부가 현실에 맞게 남북협력기금을 운영해야 한다. 남북의 민족공동체 기반 조성을 위한 국가적 사업인 역사 교류를 개인적 '봉사 활동' 차원으로 인식할 뿐만 아니라, 북측 학자들에 대한 인건비(연구비) 지급조차 없이 '자발적으로' 역사 교류에 임해야 한다는 정부의 '반反시장'적 운영 지침은 고쳐져야 한다. 그들에게 연구비를 주고 높은 교류 성과를 생산하는 것이 훨씬 미래 지향적이다. 남북 협력기금에서 미미한 수준에 불과한 역사 교류 분야의 예산 비율도 조정하고, '남북역사교류협정' 체결에 수반해 '남북 역사 교류 계정'도 설치해야 한다.

평화 공존기에는 평화협정 체결을 계기로 한반도에 평화 체제가 구축되고 남북 당국 간에 일괄적 '문화협정'을 체결할 수 있다. 정례적인 시대사별 공동연구나 공동 학술회의, 학술지 상호 개방과 학문적 업적의 상호 인정, 교환(방문)교수제를 통해 교류의 폭이 크게 확대될 것이다. 이 과정을 통해 역사 인식의 차이에 대해서도 적극 토론하여 교류 수준을 높여야 하는 이 시기 역사 교류의 최대 과제는, 정치적 차이를 재해석하거나 적대성을 완화하는 방법론의 실마리를 찾는 것이다. 이를 위해 민간학자의 자율성을 높이면서 역사 교류를 총괄하는 민관 협력 기구, 즉 '남북 역사인식 연합'에 필요한 과제들을 기획·지원·조정하는 '남북역사교류추진위원회'와 교류 과제별 소위원회를 설치할 필요가 있다. 북측도 총괄 기구를 설치하여 남북 간 협의 기구의 형식을 맞출 필요가 있다. 개성에 '남북학술교류협의사무소'가 설치되면 남북 교류 주체들 사이의 (반)상시적 만남이 가능해진다.

남북 연합기 역사 교류의 최대 과제는 '남북 역사인식 연합'의 방법론을 마무리하여 남북 공동의 정부 기구 아래서 관리·운영되는 '남북역사공동위원회'가 공동 역사 개설서를 편찬하는 수준에 이르는 것이다. 위원회 산하에 주제별·시대별 공동 위원회나 공동 학회가 조직되고 공동 학술지를 발간할 수 있다. 연락사무소가 서울과 평양에 설치되고, 역사 교류 전담 연락관을 통해 교류의 의사 소통 제약도 대부분 해소될 것이다. 학위의 상호 인정, 교환교수(연구원)제 확대, 주요 문화재의 공동 재지정, 문화재 통합 관리를 위한 공동 조직 설립, 세계문화유산의 공동 신청 등도 가능해진다.

향후 남북 연합에서 1국가 1정부의 통일에 도달하는 기간의 길고 짧음은 '남북 역사인식 연합'의 수준과 문화적 성숙도 여하에 달려 있다. 역사 해석의 다양성과 상대화를 통해 공존을 추구하는 '남북 역사인식 연합'의 문화는 통일 이후에도 확대·발전되어야 한다.

◆ 정태헌 ◆

현재 국제고려학회 서울지회 회장, 남북역사학자협의회 부위원장을 맡고 있으며, 고려대학교 한국사학과 교수로 있다. 저서로 『한국의 식민지적 근대 성찰』, 『문답으로 읽는 20세기 한국 경제사』, 『일본의 식민지 지배와 식민지적 근대』(공저) 등이 있고 최근에 「한국의 근대 조세 100년사와 국가, 민주화, 조세 공평의 과제」, 「남북 역사 인식의 상호 변화와 〈남북 역사용어 공동 연구〉를 통해 본 '역사인식 연합'의 전망」 등의 논문을 발표했다.

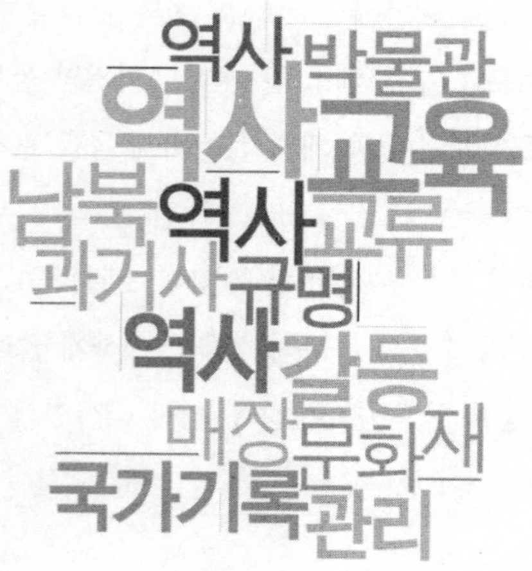
역사박물관
역사교육
남북역사교류
과거사규명
역사갈등
매장문화재
국가기록관리

과거사규명

지지부진한 과거사 진실규명과 후속작업

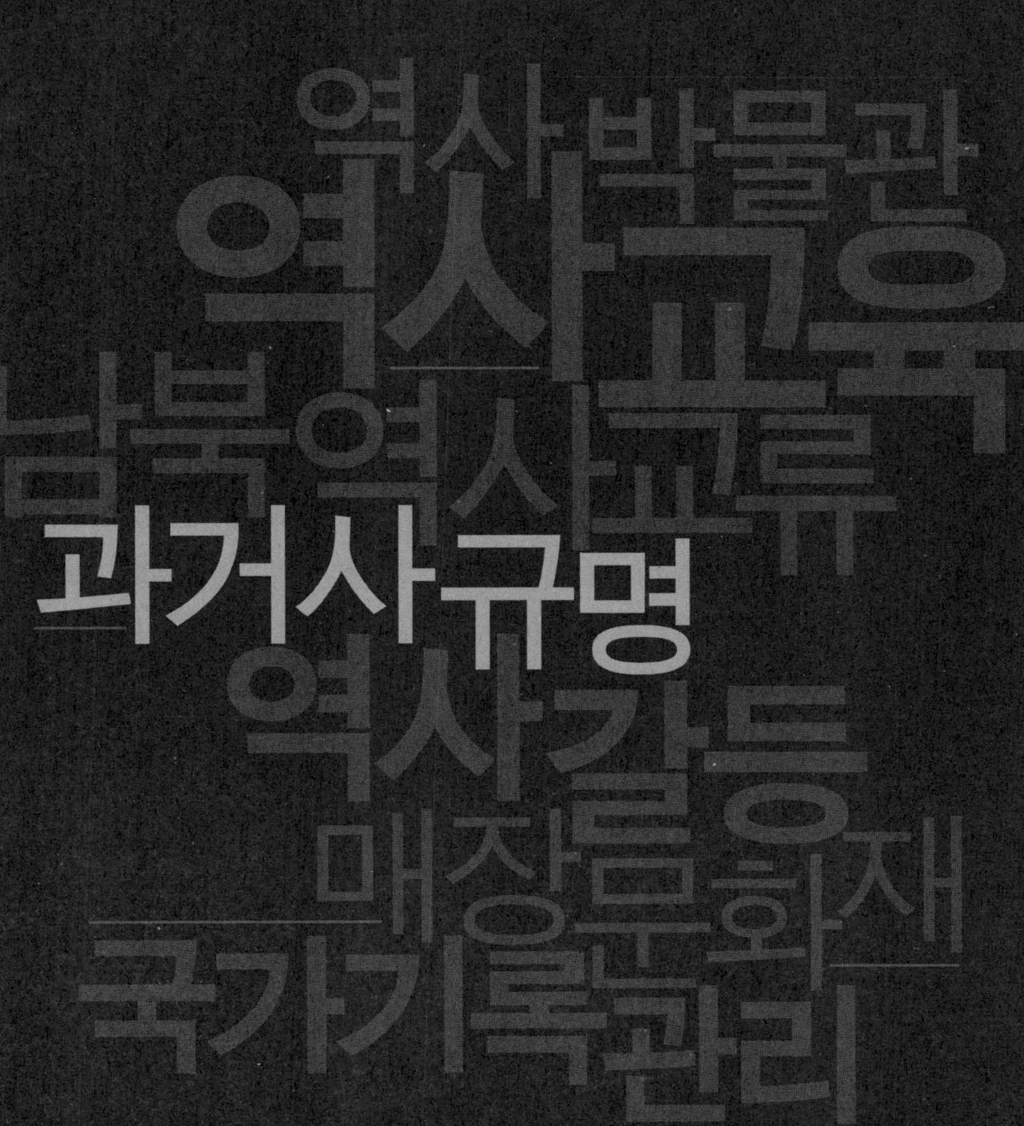

과거사 문제에 전혀 관심이 없을뿐더러, 가능하면 민주 정부의 모든 성과를 원점으로 돌리려는 이명박 정부의 등장으로, 진실위를 비롯한 과거사위원회의 권고 처리 등 후속 작업도 지지부진해졌다. 가해 정부 기관이나 책임 있는 정부 기관의 공식 입장은 사건 발생 시점인 60여 년 전과 크게 달라지지 않았다. 그들은 침묵하거나 방관하고, 때로는 오히려 적극적으로 위원회의 권고를 거부했다.

1. 진실화해위원회의 성과

진실화해위원회(이하 진실위)의 활동이 2010년 말 마무리되었다. 2000년 의문사위원회 활동을 시작으로 민간이 주도하여 관련 국가 기구를 만들어 운영해 온 지난 10년간의 진상 규명 활동도 거의 종료되었다. 입법을 통한 국가 기구 설립과 국가 기관에 의한 과거 사건 조사는 여러 가지 의미 있는 결과를 만들어냈지만, 많은 문제점과 한계도 드러냈다. 장기간 조사한 결과를 갖고서 피해자 명예회복을 추진했지만, 진실을 규명하는 일도 중도에 그쳤고 화해 작업은 거의 이루어지지 못했다. 또한 피해자 보상은 많은 문제를 야기했고, 가해 기관의 책임을 엄중히 묻지도 못했으며, 진정한 사과도 이끌어내지 못했고, 가해 명령권자를 특정하여 처벌하지도 못했다.[01] 우리 사회가 왜 이런 일을 반드시 수행해야 하는가에 대한 정치 사회적 공론 형성이 충분하지 못했기 때문에, 정의의 수립과 사회의 복원이라는 과거 청산의 큰 이상에 다가가기보다는 유족의 항의에 대한 행정 편의적 사건 처리와 보상 조치 등으로 서둘러 마무리된 점이 있다.

그러나 진실위를 비롯하여 과거 국가에 의한 인권 침해 진상 규명 활동이 해낸 일도 적지 않다. 중요한 인권 침해 사건과 정치적 의혹 사건의 진실을 규명하여 법원의 재심을 이끌어냈고,[02] 한국전쟁 피학살 유족들의 명예회복 조치가 이루어진 것도 진실위가 있었기에 가능했다. 민간인 학살 사건 중 우리 현대사 최대의 비극인 국민보도연맹원 학살 사건, 전국 각지에서 일어난 인민군 점령기 부역 혐의자 학살 사건, 미군 폭격에 의한 민간인 피해 사건, 전쟁기 지리산 일대 토벌 과정에서 민간인 희생 사건 등을 진상 규명했다. 진실위는 한국전쟁 전후의 학살을 조사한 제주 4·3위원회 등 기존의 위원회보다 가해 책임 규명을 위해 더 노력했으며, 국가의 불법성을 강도 높게 지적하기도 했다. 이 조사 과정에서 수많은 자료가 새로 발굴되었고, 수천 명의 피해자 및 군경 출신들의 진술이 확보되기도 했다. 진실위가 수집한 현대사 자료는 다른 어떤 기관이 수집한 것보다도 방대하기 때문에, 이를 기초로 한국의 국군, 경찰, 사법부의 역사를 다시 써야 함은 물론이고, 한국전쟁사 및 군사 정권 시기의 한국 현대사도 장차 다시 기술되어야 할 것이다.

돌아보면 동아시아권, 아니 세계적으로도 과거 공권력에 의해 저질러진 반인권적인 폭력에 대해 이 정도로 체계적인 진실 규명을 하고 나름의 후속 조치를 추진한 예는 찾기 어려울 것이다. 과거 보수 언론과 한나라당 국회위원들은 과거 청산 활동이 평지풍파를 일으키는 좌파의 우파 공격 행위라며 매우 큰 거부감을 갖고 냉소적으로 비판했고, 『조선일보』는 '예산 낭비 조직'이라고 공격했다.[03] 그래도 한국의 과거 청산 작업은 아시아에서, 세계적 차원에서, 한국의 국가적 품격과 위상을 높일 수 있었던 매우 중요한 업적에 속한다는 평가를 받을 만하다. 전쟁과 학살, 인권 침해, 고문, 인종적 갈등을 겪은 세계 많은 국가들이 장차 한국의 사례에서 나름대로 시사점을 얻을 것이다. 또 보수 진영에서는 이런 활동이 국가의 정체성을 부정한다고 하지만, 실제로 과거 청산은 오히려 국가의 도덕성과 정당성을 강화시켜주는 역할을 한다. 오직 자신의 과거가 떳떳하지 않은 세력, 정당, 개인들만이 이 활동을 폄하하고 그 성과를 부정하려 하는 경향이 있다.

2. 지연된 진실 규명, 더욱 지연된 후속 작업

그러나 이명박 정부가 들어선 이후 그나마의 제한된 성과도 원점으로 돌아갈 위기에 놓였다. 당시 대통령직 인수위원회는 각종 과거사위원회 정비 방침을 밝혔다. 그리고 2008년 1월 21일 안상수 의원 대표발의로 새 정부조직법안이 발의되면서 9개 과거사위원회 관련 개정 법률안이 제출되었다. 그들은 개정 법률안 제안 이유로 "정부 내 설치 중인 각종 과거사 관련 위원회 간의 유사·중복을 없애고, 정부위원회의 효율성을 높이는 차원에서 진실화해위원회로 하여금 그 기능을 통합 수행하도록 하려는 것"이라고 밝혔다. 즉 '5·18민주화운동 관련자 보상 등에 관한 법률', '제주 4·3사건 진상 규명 및 희생자 명예회복 등에 관한 법률'을 포함한 9개 법률안을 개정하여 진실화해위원회로 기능을 통합한다는 내용이었다. 이 법률안이 발의된 이후 제주 4·3사건 관련 사회단체를 비롯한 여러 유족회는 개정안에 대해 강력한 반대 의사를 표명했으며, 관련 사회 단체들도 과거사 관련 단체 통합 법안이 사실상 과거사 진상 규명 활동을 중지시키려는 의도라고 비판했다.[04] 그리하여 2008년 2월 국회에서 이 법안은 일단 처리되지 않았고, 4월 총선 이후 재논의한다고 정리되었다가 결국 흐지부지되었다.

과거사 문제에 전혀 관심이 없을뿐더러, 가능하면 민주 정부의 모든 성과를 원점으로 돌리려는 이명박 정부의 등장으로, 진실위를 비롯한 과거사위원회의 권고 처리 등 후속 작업도 지지부진해졌다. 가해 정부 기관이나 책임 있는 정부 기관의 공식 입장은 사건 발생 시점인 60여 년 전과 크게 달라지지 않았다. 그들은 침묵하거나 방관하고, 때로는 오히려 적극적으로 위원회의 권고를 거부했다. 그중에서도 국방부와 경찰청의 태도가 가장 실망스러웠다. 노무현 정부 시절에는 장관의 의지 때문에 진실위 활동에 약간 협조하는 시늉도 했지만, 본격적인 조사 결과가 나온 이명박 정권 이후에는 아예 위원회 결정 자체를 인정하지 않는 태도를 보였던 것이다. 국방부는 국군의 책임을 밝힌 조사 결과가 나오자 공식적으로 이의를 제기했다. 국민보도연맹원 학살 사건에 대해서는 "희생자들은 대부분 좌익 활동가들인데 진실위는 피해자들의 증언을 우선 인정하는 반면 군경의 토벌 작전을 왜곡하고 좌익 활동에 대한 객관적 평가, 예비 검속 및 조치의 배경과 국가의 위기 상황에 대한 이해 없이 희생자 측의 억울함만 부각시키고 있다"고 비판했다. 산청군 시천·삼장면 사건 등 토벌 과정에서 발생한 각종 민간인 학살 사건은 "공간사公刊史에 나와 있지 않다"고 주장했다. 그리고 여러 사건에서 확인된 희생자가 무고한 양민인지 여부를 확인할 수 없다고 이의를 제기했다. 국방부는 피해자나 참전자들의 증언에 대해서 "희생자들이 빨치산 및 좌익 활동에 적극 가담한 사람들인데 이들을 법의 보호를 받아야 할 국민으로 단정함으로써 '순수한 양민'과 소탕 대상인 적대 세력 빨치산을 혼동했다"고 이의신청했다.[05]

법원의 과거 인권 침해 사건 재심은 피해자나 유족에게 약간의 위로가 되고 있지만, 무고한 사람을 간첩으로 만들어 죽이거나 수십 년 감옥에 가두고 온 가족의 삶을 파괴했던 사법부가 총체적으로 반성했다는 증거는 찾기 어렵다.[06] 한국전쟁기 학살 유족들이 제기한 보상 소송 건의 경우, 민사상 시효 문제에 걸려 번번이 법원에서 패소해왔는데, 최근 울산 보도연맹 사건에 대해 대법원이 고등법원의 결정(시효 종결)을 다시 검토하라고 파기 환송하고, 문경 석달 사건에 대해 보상 결정을 내린 것은 그나마 주목할 만한 판결이었다. 애초 고등법원은 민사상 보상 소멸 시효는 3년이기 때문에 국가의 보상 시효가 이미 소멸했다는 결론을 내렸다. 가해자이자 이후 진실 규명 주장을 억압해온 국가가, 어이없게도 이제 와서 "학살을 당하고도 왜 그때 권리를 주장하지 않았느냐"고 소송 유족들에게 책임을 떠넘긴 셈이다. 대법원은 바로 이런 점을 재검토하도록 고등법원의 판결을 파기, 환송한 것이다.[07] 또한 판사들 가운데 일부는 선배 판사들을 대신하여 과거 사법부의 잘못에 대한 사과와 반성을 표하기도 했다. 하지만 검찰은 항소와 상고를 거듭하고 있는데,[08] 이는 검찰이 과거 자신의 잘못된 기소를 결코 인정할 수 없다는 의사 표현이고 진실위 결정을 받아들이지 못한다는 이야기다.

진실위의 근거가 되는 '진실 화해를 위한 과거사 정리 기본법'(이하 '기본법')에는 교육과 위령 사업을 추진하는 "과거사 재단을 설립할 수 있다"고 명시되었지만 이명박 정부는 이를 추진조차 하지 않았으며, 거꾸로 한국의 '자랑스러운' 현대사를 기록한다는 현대사박물관을 건립했다. 이명박 정부 시기, 방송들은 앞다투어 독재자 이승만과 박정희, 그리고 일본군 출신 백선엽을 주인공으로 내세운 특집 다큐멘터리를 제작했다. 진실위가 권고한 사건의 재발 방지를 위한 제반 입법안 마련은 국회에서 논의조차 되지 않았다. 이명박 정부하의 국정원, 기무사 등 공안 기관은 오히려 권위주의 시절로 돌아갔다. 이행기 정의(transitional justice)가 추구하는 목적, 즉 '예방으로서의 정의(Justice and prevention)' 실현도 거의 실패했다. 촛불 시위나 용산 사태 당시 경찰이 보여준 모습은 21세기 인권 경찰이 아니라 국민을 적으로 간주했던 어두웠던 시절의 모습 그대로였다. 정연주 KBS 사장 구속, 미네르바 기소, 용산 수사 기록 공개 거부 등에서 나타난 검찰의 정치 편향은 과거보다 더욱 심각했다.

대미·대일 외교를 통한 진실위 성과의 국제화도 기대하던 목적 중의 하나였으나, 이명박 정부 시기 동안 거의 이루어진 것이 없다. 특히 진실위는 한국전쟁기 미군에 의한 피해를 많이 다루었기 때문에, 주권 국가로서 한국 정부는 미국에 대해 전쟁기 미군 피해 문제를 제기하고 미국으로부터 보상·배상을 받을 길을 주선해야 했다. 하지만 국방부나 외교부는 이에 대해 언급조차 하지 않았으며, 오히려 미국에게 이 문제를 거론하는 것 자체를 불편하게 여겼다. 이명박 정부는 일본의 교과서 왜곡에 대해서도 미온적으로 대응했다. 스스로의 잘못된 과거를 청산할 의지가 없으니 일본에게 큰소리 칠 명분도 없었던 셈이다.

3. 진실화해위원회 활동의 완수를 위한 과제들

진실위의 법과 활동을 통해 볼 때, 현재 과거사 미청산 과제로는 ① 진실화해위 미조사 사건의 추가 조사, ② 배·보상 등 명예회복을 위한 후속 조치, ③ 재단 설립, ④ 유해 발굴 및 안장과 추모·위령 시설 건립, ⑤ 자료의 관리·전시 등을 중요하게 꼽을 수 있다.

미조사 사건의 추가 조사

진실화해위원회는 피해자나 제3자의 신청에 의한 조사를 기본으로 하되, 위원회의 결의에 의해 직권으로 사건을 조사할 수 있었다. 그러나 직권 조사 의결은 위원들의 합의를 거쳐야 하는 등 정치적 부담이 있었기 때문에, 대체로는 신청인 조사를 위주로 했다.

인권 침해 사건의 경우 진실화해위원회에 접수된 건수는 총 768건으로, 처리 결과는 진실 규명 238건, 진실 규명 불능 41건, 각하 373건이다. 그 외 백여 건은 타 기관에 이송되거나 취하 또는 조사 중지되었다. 위원회에서 진실 규명된 사건은 법원의 확정 판결 사건과 일반적인 인권 침해 사건이 주류를 이루었다.[09] 그러나 확정 판결 사건 중에서도 진실위가 진실 규명을 하고 재심을 권고한 것은 73건에 불과하다. 납북 어부 사건, 재일 동포 간첩 사건 등도 아직 상당수가 진실 규명되지 않은 채 남아 있다. 위원회 활동 중 긴급조치, 국가보안법, 반공법, 국방경비법 관련 판결문을 다수 입수했는데, 이에 비하면 진실위에 신청이 접수된 사건은 극히 일부에 지나지 않는다. 물론 이들 사건의 상당수는 추가 조사를 해도 진실 규명이 어려운 경우가 많지만, 일부는 조사 기간이 연장되고 조사 권한이 강화된다면 추가 조사를 통해 진실을 밝힐 수 있을 것이다.

민간인 집단학살 진실 규명 신청의 경우 이미 위원회 설립 당시부터 기본법상의 1년이라는 제한된 신청 기간이 너무 짧다는 문제점이 거론되었기 때문에, 진실위는 신청 연장을 위한 법 개정을 시도했으나 무산되었다. 그래서 유족들이 위원회의 설립 사실을 알지 못해 신청하지 못한 경우가 상당히 많았다. 이런 상황에서 2007년 이후 진실 규명이 결정된 희생자 유족들의 배·보상 문제가 사회적으로 공론화되자, 진실위에 신청하지 못했던 희생자 유족들의 추가 신청 요구가 늘어났다. 일부 사건에 대해 보상 조치까지 이루어진 뒤에는 미신청 유족들의 불만이 더욱 커졌다.

한편 진실위에 접수된 사건 중에도 조사 기간 제한으로 제대로 조사되지 못한 사건이 많다.[10] 국가 차원의 유일한 조사였던 1960년 4대 국회의 조사 자료와 대조하면서 희생자와 희생 규모를 면밀히 조사할 수도 있었지만, 제한된 활동 기간 때문에 제대로 조사를 진척시키지 못했다.[11] 진실 규명 불능, 혹은 신청이 각하된 사례들로는 미군 폭격 희생자 등 미군 관련 피해 사건들이 대표적이다. 미군 작전 자료 등의 관련된 증거 자료가 부족해서 진실 규명 불능 판정이 내려지기도 했다. 한편, 통상적인 기준에 비춰볼 때 어느 정도 입증 자료가 확보되었으나 3기 위원회 들어서 진실 규명 결정 기준이 높아짐에 따라 '불능' 또는 '각하' 결정된 경우도 있었다.[12]

전쟁 중의 잔혹 행위나 학살 사건의 경우, 통상의 인권 침해 사건과는 성격이 다르기 때문에 개인 차원의 피해 규명은 그다지 파장을 일으키기 어렵다. 학살이 대체로 전쟁이라는 비상 상황에서 발생했고 주로 집단적 희생의 성격을 갖고 있다는 것도 큰 차이점이다. 하지만 무엇보다 사건 해결에 전쟁의 발생과 성격, 전쟁 중 작전 수행의 정치 과정 자체에 대한 역사 해석과 평가가 개입되기 때문에 사법 정의만으로 해결하기 어려운 것이다.

결국 진실위의 신청 사건 진실 규명은 위원회 밖의 학계나 법조계의 지원 없이 제대로 이루어질 수 없었지만, 진실위는 행정상의 장벽들 때문에 단독으로 이 모든 일을 버겁게 수행하지 않을 수 없었다. 진실위의 활동은 학계의 연구 성과, 지식 사회의 여론 형성이라는 인프라 위에서만 빛을 발할 수 있지만, 실제로는 미군의 폭격에 의한 희생 사건처럼 학계의 기초적인 자료 조사, 연구나 해석도 없는 상태에서 조사에 돌입해야 했다.

향후 조사가 재개된다면 진실화해위원회의 경험을 밑거름으로 체계적인 자료 조사에 바탕하여 사건을 발굴하고, 유형별 접근을 통해 조사의 폭을 넓힐 필요가 있으며, 직권 조사를 통해 그간 밝혀내지 못한 사건의 역사 구조적 배경과 가해의 법적 책임, 전체 피해 현황을 종합적으로 조사할 필요가 있다. 그리고 육체적 피해뿐만 아니라 정신적 피해, 연좌제 피해, 재산상 피해, 공동체 피해 등 피해의 범위를 확대 조사하고, 그 피해의 성격에 따른 피해 복원 조치를 실시해야 할 것이다.

피해자 보·배상을 위한 특별법 제정

민주화 이후 공권력 피해에 대한 국가의 보·배상 조치를 보면, 국가의 책임을 제대로 인정하지 않는 경향이 있어 '배상' 대신 '보상'이라는 명칭을 주로 사용하며, 피해 입증 책임도 피해자 개인에게 돌리는 경우가 많았고, 개인적 금전적 보상에 치중함으로써 피해자가 입은 상처를 제대로 치유하기보다는 국가의 행위를 정당화함과 동시에 오히려 피해자들 간의 분열을 야기하고 역사적 대의를 손상시키는 측면이 있었다.[13]

현재 진실위가 결정한 인권 침해 관련 사건에 대해서는, 피해자가 민사 소송을 제기할 경우 법원의 재심을 통해 피해자 보상이 진행되고 있다. 공권력에 의한 인권 침해 사건은 대체로 개별 사건이므로 이런 방식의 보상이 불가피한 면이 있다. 그러나 한국전쟁기 집단 희생 사건은 다르다. 60여 년 전 집단 학살 사건의 피해자를 개개인별로 정확히 특정하기 어려울뿐더러, 재판에서와 같은 엄격한 피해 확인도 어렵다. 국가가 이것을 일괄 해결하지 않고 피해자들 자신이 개인의 돈과 시간을 들여 오랫동안 소송에 매달리는 것이 맞는 일인가 하는 원칙상의 문제도 있다.

2009년 8월 21일 진실위는 '한국전쟁전 후 민간인 희생 사건에 대한 배·보상 특별법'의 제정을 대통령과 국회에 권고했다.[14] 진실위는 유가족들에 대한 보·배상이 매우 시급하기 때문에 정부가 나서서 형평성 있고 일관된 기준과 원칙하에 보상이 이루어질 수 있도록 해야 한다고 권고했다. 그러나 정부와 국회 차원의 보·배상 특별법 제정이 이루어지지 않자 개별 유족들이 민사 소송을 진행했고, 지금 진실위가 결정한 사건 중 여러 건의 민사 소송이 진행되고 있다. 특히 문경 석달 사건처럼 최종적으로 대법원이 시효 종결을 주장하지 않아 소송을 건 유족이 보상을 받게 된 사례도 나왔다.

그러나 법원에서 인정하는 보상 조치는 진실위에 신청하여 진실 규명 판정을 받은 다음 민사상 소멸 시효인 3년 이내에 소송을 제기한 유족들에게만 제한되고, 이 또한 진실위의 진실 규명 결정과 무관하게 법원의 자체 심판 과정을 거치는 것이다. 그러므로 애초 진실위에 신청하지 않은 유족들과 신청해서 진실 규명을 얻은 유족들 사이에 심각한 형평성 문제가 발생하게 되었다. 예컨대 2007년 4월 17일 민간인 집단 희생 사건 가운데 최초로 진실 규명 결정한 '나주 동박굴재 사건'처럼 결정일로부터 이미 3년이 지나버려 소송을 제기할 기회를 잃어버린 유족들과 이후 진실 규명한 사건들 사이의 형평성 문제가 있다. 더구나 진실위 설립 이전에 명예회복 대상이 되었던 거창·산청·함양의 유족들처럼 시효 문제 때문에 법정에서 이미 소송이 각하된 사례가 있어서, 제주 4·3 유족들을 포함하여 앞서 진상 규명과 명예회복의 기회를 얻은 유족들과의 형평성 문제도 심각한 사안이다. 노근리 사건의 경우도 피해자들이 한국 정부나 미국 정부로부터 응분의 보상(혹은 배상)을 받지 못했다. 나중에 진실 규명된 사건 피해자들만이 보상을 받는 역설이 발생한 것이다.

대법원의 판례가 부재한 상황에서, 각급 법원은 유족들의 국가 배상 소송에 대해 재판부에 따라 천차만별의 판결을 내리고 있다.[15] 이처럼 법원을 통한 보상은 심각한 형평성 문제를 야기하고, 유족을 분열시켜 과거 청산의 원칙과 대의를 무너뜨리는 결과를 가져온다. 이것은 국가가 사실상 동일한 성격의 희생자들에 대해 전혀 다른 조치를 취하는 셈이 된다. 법원 입장에서 보면 접수된 위자료 청구, 민사상의 손해 배상 소송을 무조건 각하시킬 수는 없기에, 절차에 따라 판결을 내릴 수밖에 없다. 하지만 일부 판사들은 판결문에서 이런 사건은 정부 차원의 특별법 제정 등을 통해 해결해야 한다고 적시하기도 했다.

이와 같은 재판을 통한 개별 보상은 국가 재정에도 큰 부담이 될 수 있다. 그러나 더 중요한 논점은, 학살과 같은 국가 범죄에 대한 피해자 원상 회복 작업으로서 재판을 통한 개별 보상이 과연 바람직한 대안인가 하는 문제이다. 설사 특별법이 만들어진다 해도, 광주 5·18의 전례를 보면 개별 보상은 여러 가지 문제점을 낳는다.[16] 사건의 성격, 피해의 양상에 따라 집단 보상, 공동체 보상 등 다양한 방식으로 보상이 이루어질 필요도 있고,[17] 국가의 범죄성이 명백하다면 '보상'이라고 애매하게 표현할 것이 아니라 '배상'이라고 못을 박아야 한다. 집단 배상은 법원을 통해 추진할 수 없고 반드시 특별법의 방식으로만 해결될 수 있다.

정부는 하루속히 정부발의 혹은 의원 입법 독려 작업을 통해 보·배상 특별법을 통과시키고, 그 대상을 진실위 신청 사건에만 국한시키지 말고 모든 피해자들로 확대해야 한다. 그리고 포괄적인 보·배상 조치를 위해 추가적인 진상조사 작업을 반드시 진행해야 한다. 그러나 전쟁기 피해보상법 입법화를 위해서는 피해의 성격을 둘러싼 이데올로기적 논쟁도 예상된다. 반공 이데올로기가 지배하는 한국에서 민간인들의 학살 피해를 사회적으로 공인받는 일은 넘어야 할 큰 산이기도 하다.

재단 및 관련 기관 설립

지금까지 설립된 과거사 관련 재단은 광주 5·18재단과 제주 4·3평화재단, 노근리 평화재단 등이다. 노근리 평화재단은 평화공원 조성, 학술 행사, 현장 탐방 행사 기획, 영화 〈작은연못〉 제작·상영 등의 활동을 진행했다.[18] 제주 4·3평화재단은 2005년 10월 19일 '제주 4·3특별법'(제주 4·3사건 진상 규명과 희생자 명예회복에 관한 특별법)이 발의되고 2007년 1월 24일 법이 개정되어 4·3평화재단 설립과 정부 지원 내용이 포함된 이후 본격적인 활동에 들어갔다. 이전부터 추진해오던 평화공원이 조성되었으며, 별도의 유해 발굴 사업을 진행 중이다. 이들 재단은 재원을 정부에 의존하고 있으며, 이사장은 정부가 임명한다. 그리고 이 두 재단은 주로 교육, 학술, 추모 위령 사업을 진행하고 있다. 제주 4·3평화재단은 매우 제한적이나마 희생자 유족 진료비 지급, 위령제 개최 등 유족 관련 사업과 기념관 운영, 역사문화 아카데미, 역사 교실, 청소년 문예 활동, 학살지 탐방 안내 사업 등을 진행하고 있다. 피학살자 유족을 대상으로 한 보·배상 관련법은 상정되었으나 아직 통과되지 않았기 때문에, 현재는 평화재단을 중심으로 후속 사업을 진행 중이며 지역 시민사회 차원에서는 제주도를 평화의 섬으로 지정하는 작업이나 학술 행사 등을 연례적으로 개최하고 있다.[19]

기본법 제40조 제1항 및 제2항에는 "① 정부는 위령 사업 및 사료관 운영·관리 등을 수행할 과거사 연구재단을 설립하기 위하여 기금을 출연할 수 있다"라는 항목이 있다. 그러나 이것은 강제 규정이 아니다. 진실화해 기본법과 시행령은 '과거사 연구재단의 설립'에 대해 추상적으로 언급하고 있을 뿐이다. 과거사 연구재단이 위령 사업 및 사료관 운영·관리, 진상 규명과 관련한 문화·학술 활동 지원 등의 사업에서 보다 공적인 기능을 확대하려면 민간 단체나 국민들의 후원금만으로는 부족하며, 정부 기금과 예산 지원을 받아야 한다. "기금을 출연할 수 있다"라는 조항을 "기금을 출연해야 한다"라는 강제 조항으로 바꾸거나, 기존 법 내에서 정치권이 뜻을 모으면 가능하다.

재단이 설립되면 진실 규명한 사건의 홍보 책자나 팸플릿 출간, 가해자나 피해자들의 증언집 발간, 유족의 정신적 피해 실태 조사 및 국민적 공론화 작업, 공론의 장으로 가해자들을 이끌어내 화해 도모, 사건을 문학 혹은 영화화, 중고등학생 교육용 교재 발간, 인권 침해 현장이나 학살지 순례 및 탐방 코스 개발, 외국 피해자들과의 연대 등 수많은 추가적인 작업이 진행될 수 있을 것이다. 진실위의 진실 규명 작업은 이 모든 사업을 추진하는 근거를 만드는 극히 기초적인 작업에 불과하다. 이렇게 밝혀진 진실이 사회 전체 차원으로 확산 공유되어 유사한 인권 침해 사건의 재발을 방지하고 유족들이 진정으로 명예를 회복하기 위해서는, 이러한 후속 작업이 반드시 이루어져야 한다.

제주 4·3평화재단은 가장 선구적인 사례라 볼 수 있다. 그러나 제주 4·3사건에 대한 사회적 인지도를 높여 피학살 문제에 대한 국민들의 감수성을 키우기 위해서는, 국립 제주대학 등 지역의 대학에 관련 연구소를 설치하거나 특별 강좌를 설치하여 교육함과 동시에, 추가 조사를 진행하고 방문객들이나 일반 대중들이 이 역사에 관심을 가질 수 있도록 공개 강좌를 개설할 필요도 있다. 그리고 제주와 전국 단위에 제주 4·3사건 관련 사진, 자료 등을 상설·비상설로 전시하여 이 사건의 비극성을 기억하게 하고 재발 방지를 위한 감수성을 높이는 작업도 필요하다. 국민들이나 외국인들이 제주 4·3사건을 좀 더 쉽게 이해할 수 있도록 대중적인 교재를 편찬하거나 다큐멘터리, 만화, 영화 등도 제작해야 한다. 그리고 5·18재단이 광주에서 실시했듯이, 제주도의 모든 초·중등학교에서 지역의 매우 중요한 역사인 4·3사건이 교육과정이 포함되도록 노력하고 그것을 위한 교재도 만들어내야 할 것이다.

물론 모든 일이 정부만의 몫이 될 필요는 없다. 진실 규명된 사건을 국민에게 알리는 일, 즉 대중화 작업이나, 지역사회 혹은 중앙 차원에서 시민사회나 정치권이 전쟁기 학살 혹은 심대한 인권 침해 문제를 더 깊이 인식하여 추가적인 입법 조치를 할 수 있도록 유도하는 것은 사회단체나 유족의 몫이기도 하다. 다른 과거사 관련 위원회의 활동을 보면, 당사자인 유족을 제외한 시민사회의 역량이 취약할 때 정부 기구가 구성되면 이후 과제는 오직 유족과 정부 양자 간의 사안으로 왜소화되고 시민사회가 개입·주도할 여지가 축소되는 경향이 있었다. 이런 점은 시정되어야 한다.

예를 들어, 인권 침해 사건과 관련해서는 정부나 민간에서 별도의 고문 피해자 조사, 고문 피해자 치료센터 설립 작업을 할 필요가 있다.[20] 피학살 유족들의 트라우마 치유센터 등도 설치될 필요가 있을 것이다.

추모, 위령 사업과 유해 발굴 및 안치

진실위가 진실 규명한 개별 사건에 대한 추모·위령 사업은 재정적으로나 정치적으로 별로 부담이 없기 때문에 이명박 정부하에서도 나름대로 지원이 계속되었다. 행정안전부의 과거사 권고 처리단이 주로 이 업무를 담당했다. 그러나 이명박 정부는 전국 단위의 한국전쟁기 피학살자 위령 시설을 설치할 것인지, 설치할 경우 어디에 어떤 규모로 설치할 것인지 결정을 내리지 않았다. 북한군 혹은 좌익에 의한 희생자 위령 사업은 한국자유총연맹 주도로 전국 여러 곳에서 연례적으로 진행되어왔기 때문에, 이와의 형평성 문제도 제기된다.

2009년 10월 7일 진실위는 한국전쟁 전후 민간인 희생 사건 유해 발굴과 안장을 위한 건의를 대통령과 국회에 제출했다. 유해 발굴은 장기적인 정부 정책으로 실시되어야 하며, 이를 위한 특별법을 제정해야 한다고 강조했다.[21] 애초 진실화해위원회는 유해 매장지 기초 조사를 통해 전국 168개소에 대한 지표 조사를 실시하여 39개소를 우선 발굴 대상지로 선정했고, 그중 3년간 13개 매장 추정지를 발굴한 결과 1,617구의 유해와 5,600여 점의 유품을 발굴했다. 그러나 발굴된 유골과 유해를 달리 안치할 곳이 없어 현재 잠정적으로 충북대학교 내 '한국전쟁 민간인 희생자 추모관'에 임시 안치하고 있으며(2016년 7월까지 안치 계약), 고양 금정굴에서 유족들이 자체적으로 발굴하여 서울대 법의학교실에 안치했던 유해는 경기도 고양시 청아공원으로 옮겨 임시로 보관하고 있다.

결국 진실위의 유해 발굴 사업은 중도에 그만둔 모양새가 되었다. 가장 많은 유골 유해가 매장된 곳으로 추정되는 대전 산내면 낭월동의 경우 사유지 매입 건으로 난항에 부딪쳐 발굴조차 하지 못했으며, 공주 왕촌의 경우는 발굴 도중 일부 매장지를 후일을 기약하며 그냥 덮어두기도 했다. 새로 출범한 박근혜 정부는 민간인 희생자 유해 발굴 사업을 서둘러 본격적으로 시작해야 하고, 이를 위한 법적인 근거도 마련해야 한다.

그런데 더 급박한 과제는 발굴된 유해의 보관과 처리 문제다. 현재 충북대 박물관에 임시 안치된 유골도 문제거니와, 고양 금정굴 유골처럼 유족들이 자체 발굴한 유골을 거주 지역에 별도의 시설이나 평화공원을 설치하여 안장하기를 원하는 경우도 많기 때문이다. 2012년 5월 15일 경기도의회와 광역의회는 처음으로 '6·25전쟁 민간인 희생자 지원 등에 관한 조례안'을 찬반토론 끝에 표결에 부쳐 찬성 63표, 반대 40표로 통과시켰다. 주로 금정굴 사건 유골 유해의 안치를 원하는 유족들의 요구가 반영된 것이다. 여기에는 민간인 희생자들의 인권 증진 및 화해 조치를 위한 평화공원 조성, 6·25전쟁 민간인 희생자와 관련된 자료 발굴 및 수집, 간행물 발간, 평화 인권을 위한 제반 교육 사업, 희생자 추모와 관련된 각종 지원 사업 실시 등의 내용도 포함되어 있다.[22] 그러나 경기도는 "위원회의 권고 이행 사항은 국가 사무이고 비용 부담 문제도 명확하지 않기 때문에" 거부 의사를 밝혔다. 결국 중앙정부 차원의 일관된 유해 안치, 추모 위령 시설 설치 방침이 명확하지 않아서 이런 문제가 발생한 것이다. 현재 정부는 전국적으로 한 곳의 유해 안치 시설을 만들어 모든 유골 유해를 모으려 하고 있지만, 유족들은 이에 반발하고 있다.

중앙정부 차원에서 유골 유해 발굴 및 안치 시설 마련을 위한 특별법을 별도로 제정하는 일도 매우 시급하지만, 이 업무를 기존 국가 기관이 담당할지, 아니면 과거사 재단이 담당하도록 할 것인지는 더 논의해볼 필요가 있다. 추모 위령 시설에 발굴된 유골 유해를 영구 안치하는 것이 바람직할 것이다. 이 경우 전국 단위로 한두 곳, 그리고 지역 차원에서 별도의 시설을 마련할 필요도 있다. 추모 위령비 건립 사업은 유족 당사자와 지방자치단체가 합동으로 추진해야 할 것이다.[23]

자료의 관리, 전시 및 추가 과제

진실위는 조사활동에 급급한 나머지 자료집 발간 등 수집된 자료의 체계적인 분류나 정리 작업을 제대로 수행하지 못했으며, 수집된 자료도 달리 보관 전시할 별다른 법적 근거가 없었기 때문에 일단 국가기록원으로 이관되었다. 그러나 의문사위원회 시절부터 과거사 관련 자료는 별도로 보관하여 국민들에게 공개해야 한다는 주장이 제기되었으며, 이런 주장은 아직도 유효하다. 피해자들의 피해 사실을 사회적으로 인정받게 해 그들의 진정한 명예를 회복하고 국민의 알 권리를 충족시키기 위해 과거의 국가 폭력 사실을 국민들에게 생생하게 보여주는 각종 문서, 사진, 동영상은 별도로 관리되어야 하고, 국민들이 이를 열람할 수 있도록 해야 한다. 이를 위해서는 과거 국가권력에 의한 인권침해 자료를 보관 전시하는 별도의 사료관이 설치되어야 하고, 그것을 위한 법적인 근거가 마련될 필요가 있을 것이다.

그런데 자료 보관, 전시만큼 중요한 일은 지금까지 진실위를 비롯한 과거 청산 기구에 몸담으면서 직접 조사 활동을 수행했던 조사관들이 자신의 경험과 식견을 계속 발휘해서 추가 조사나 사료 관리, 정리 작업에 종사할 수 있도록 하는 것이다. 이 조사관들은 국내 다른 어떤 연구 인력도 대신할 수 없는 소중한 경험과 전문성을 갖고 있으나 진실위 종료 이후 완전히 흩어지고 말았다. 국방부, 경찰, 검찰 등 각급 기관도 자체의 사료 관리를 체계화해야 하고, 그 일에 이들 조사관의 전문성을 활용하여 조직의 역사 기록을 정리해야 한다.

4. 미래를 위한 '과거' 청산

진실위를 비롯한 한국의 모든 과거사 관련 위원회의 입법 취지와 목표는 주로 진상 규명과 피해자 명예회복에 초점을 두고 있었다. 따라서 가해자의 범죄성을 입증하여 검찰에 기소를 의뢰하는 등의 처벌을 통한 정의의 수립이 법에는 포함되지 않았다. 가해자, 명령권자에 대한 불처벌 관행이 계속되고 국가보안법 등 인권 침해 여지가 있는 법이 폐지되지 않으며 수사 정보 기관의 월권과 탈법이 지속되는 이유는, 한반도가 여전히 분단 상태에 있고 안보 위기가 상존하고 있기 때문이다. 그러나 이명박 정부 시기에 불법 민간인 사찰 등 각종 인권 침해 사건이 재연된 점을 볼 때, 이러한 모든 조치들이 과연 유사 인권 침해 사건의 재발을 막는 안전 장치의 역할을 했는지 심각한 의문을 제기하지 않을 수 없다. 한국전쟁기 노근리 사건을 비롯한 미군의 범죄 행위가 단죄되지 않음으로써 지난 60여 년간 미군 범죄가 계속되고 있다. 국정원·기무사 등 공안 기관의 월권과 탈법이 엄격하게 단죄되고 관련자들이 처벌을 받지 않음으로써 지금까지 관행의 이름으로 인권 침해가 계속되고 있다. 이런 사실들은 진실을 통한 정의 수립의 무력함을 웅변적으로 말해준다. 역사적 단죄와 책임 규명, 그리고 사법적 처벌 없이 진실 규명만을 통한 과거 청산으로는 과거의 잘못을 바로잡아 미래의 민주주의와 인권을 실현하기에 현실적으로 많은 한계가 있음을 새삼 확인할 수 있다.

당장 사법적 처벌이 어렵다면, 과거 인권 침해를 자행했던 가해 기관의 전면 개혁, 관련 법률의 개폐가 무엇보다 중요하다. 그리고 반인륜 범죄의 공소 시효, 보상 및 배상 의무의 소멸 시효를 폐지하는 것도 중요한 과제다. 군·경찰 조직이 인권 친화적인 기구로 재탄생해야 하며, 반인권적인 제반 법규(형법 등)와 행정 조치의 개혁도 이루어져야 한다.

그런데 가해자 불처벌의 관행은 안보 위기에 의해 정당화되고 있기 때문에 한반도의 평화 체제 수립과 과거 청산을 통한 정의 수립 문제는 깊이 연관되어 있다. 미군에 의한 피해 해결이 특히 그러하다. 한국전쟁 중 미군을 비롯한 국제연합군의 불법 행위 책임 문제를 다루기 위해 한국과 미국, 기타 관련국과 국제협정 체결을 고려할 수 있다는 주장도 있지만,[24] 그 역시 남북 관계, 한미 관계가 현재 상태에 머물고 있는 한 쉽지 않을 것이다.

또한 지금까지처럼 국가가 미진한 과거사 청산 작업을 주도해나간다면 관료들의 행정 편의주의에 의해 그 취지와 대의가 굴절될 가능성이 크고, 그 역사적 성격 규정도 변질되거나 사건의 의미가 국가 이데올로기에 포섭될 위험성이 있다. 그래서 정부 주도의 사업은 당사자인 유족과 시민사회의 참여에 의해 보완되는 것이 바람직하다. 한국전쟁 민간인 학살 사건 역시 중앙정부나 지방자치단체 차원에서 위령 공간 설치, 재단 설립 등을 추진해야 마땅하지만, 유족들이나 시민사회도 정부에만 의존하는 태도를 견지해서는 안 될 것이다. 정부가 시작하지 않더라도 유족이나 시민단체 주도로 진행할 수 있는 사업은 수없이 많다. 이런 사업들을 통해 이웃이나 지역사회는 물론 모든 사회구성원들이 해당 사건을 충분히 인지하고 공감할 때, 유족들도 진정으로 명예를 회복할 수 있다.

현재 민주화운동기념사업회가 추진하고 있는 민주화 기념관이나 민족문제연구소가 주도하는 시민 역사관도 인권 박물관의 성격을 갖도록 해서, 일본 제국주의의 폭력, 친일파나 독재 부역자들의 죄상, 국가의 인권 침해 사건에 대한 국민들의 감수성을 높이는 데 기여할 수 있도록 해야 할 것이다.

한편 민·관이 협력해서 추진해야 할 가장 중요한 사업은 '화해 사업'이다. 노무현 전 대통령이 제주 4·3사건 및 울산 보도연맹 사건 유족들에게 각각 정부 대표로서 공식 사과한 적이 있지만, 아직 국방부·경찰청·국정원·기무사 등 과거 인권 침해의 전력이 있는 기관들은 제대로 사과하지 않았다. 원칙적으로는 관련 정부 기관의 공식·공개 사과가 선행되어야 화해 사업이 시작될 수 있다. 또한 정부의 공식 사과와 별도로 정부는 민간 주도로 진행되는 마을 단위, 지역 단위의 화해 사업을 적절히 지원하되, 민간이 스스로 주도권을 갖고 진행할 수 있는 환경을 만들어주어야 한다. 지역 차원의 화해는 학살 혹은 공권력의 인권 침해로 인해 파괴된 지역 공동체를 복원한다는 의미를 갖고 있다.

쿤데라는 "기억하는 것은 투쟁하는 것이다"라고 말했다. 공식 기억은 지배자의 역사 해석으로 채색되어 있으며, 실제 민중들이 겪은 고통과 배치되는 해석인 경우가 많다. 과거 청산의 이상과 목적은 권력에 의해 삭제되고 억압된 기억을 부활시킴으로써 '공감의 공동체'를 만드는 것이다. 공권력의 잘못된 행사가 당사자에게만 피해를 남긴 것이 아니라 사회 전체를 도덕적으로 오염시켰고, 그로 인해 사회의 정상적인 가동이 어려워졌다면, 모든 구성원은 그 사건을 기억해야 할 의무를 갖고 있다. 사회구성원의 공감과 공동체성 복원을 위해서는 새롭게 확인된 진실을 교과서에 수록하여 후세대들에게 알려야 한다. 굴절 왜곡된 기억의 재생과 억울한 피해자에 대한 공감은 바로 지금과 미래의 사회를 어떻게 만들어갈 것인지의 문제다.

◆ **김동춘** ◆
성공회대 교수이며, 전 진실화해위원회 상임위원이다. 정치사회학, 역사사회학을 전공했다. 저서로는 『전쟁과 사회』, 『1997년 이후 한국사회의 성찰』 등 다수가 있다.

역사갈등

동아시아 평화를 위협하는 역사갈등

역사박물관
역사교육
남북역사교류
과거사규명

역사갈등

매장문화재
국가기록관리

한일 역사 갈등의 해결 과정에서 무엇보다 동북아, 나아가 동아시아 평화 공동체 건설이라는 장기적 전망이 우선적으로 고려되어야 한다. 일본의 아시아 침략이라는 과거사가 아시아 평화를 파괴하고 식민주의의 역사를 가능하게 만든 가장 직접적인 원인이었다는 점을 상기한다면, 과거 청산에 기반한 역사 갈등 해소가 동북아 평화 공동체 건설의 매개체가 되어야 한다는 당위를 버릴 수는 없을 것이다.

1. 역사 갈등이란?

2000년대 들어 한·중·일 간에는 과거사를 둘러싼 끊임없는 마찰이 빚어지고 있다. 한국과 일본 사이에서는 주로 식민지 경험에 대한 역사 인식의 차이 때문에 갈등이 빚어지고 있으며, 한국과 중국 사이에서는 주로 고구려와 발해 등의 역사적 소유권을 둘러싼 갈등이 진행 중이다. 중국과 일본 사이에서도 난징 학살 등 일제 침략기의 역사 인식을 둘러싼 논쟁이 전개되고 있다.

한·중·일의 역사 분쟁과 별개로, 한국은 같은 민족인 조선민주주의인민공화국(이하 북조선)과 합의하기 힘든 역사 인식의 차이를 가지고 있다. 이는 통일 과정에서 반드시 해결해야 할 잠재적인 역사 갈등이다. 또 한국은 베트남전쟁에 참여하면서 민간인 학살 등의 전쟁 범죄와 관련됨으로써 잠재적인 역사 갈등의 씨앗도 품게 되었다. 이 문제는 베트남의 경제 성장과 민주화 과정에서 추후 불거질 가능성이 높다. 미국과도 한국전쟁 시기 민간인 학살 등의 문제를 둘러싼 역사 갈등이 재발할 가능성이 있다. 특히 이 문제는 통일 과정에서 한·미 양국뿐 아니라 북조선을 포함한 3국 간 갈등으로 확대될 가능성이 크다.

이처럼 한국은 주변국들과의 표면적인, 또는 잠재적인 역사 갈등으로부터 자유롭지 못한 상황이다. 그런데 이러한 역사 갈등은 각국의 미래, 또는 동북아시아(넓게는 동아시아)의 정세 변화 등과 밀접하게 연관되어 있기 때문에, 언제든지 국가 간 분쟁으로 발전할 가능성이 높다는 데 문제의 심각성이 있다.

역사 갈등은 그 형태 면에서 '논쟁'과 '분쟁'을 포괄하는 개념이다. 그런데 논쟁은 말과 글을 통한 이론적 다툼의 성격을 가진다. 역사 사실에 대한 인식 차이, 역사적 해석에 관한 학문적 견해 차이에서 비롯된 논쟁은 오히려 공동의 역사 인식, 또는 상호 이해의 역사 인식을 위해 반드시 거쳐야 할 과정이기도 하다. 반면 분쟁은 외교적 충돌이나 제재는 물론 무력 충돌까지 포함하는 물리적 성격을 지니고 있기 때문에, 한국에 실질적인 위협 요소가 될 수 있다. 결국 우리가 문제 삼을 역사 갈등은 국가적·정치적 이해관계에서 비롯된 편향된 역사 인식 간의 충돌과 분쟁으로 국한시킬 필요가 있는 것이다.

한국의 국가 간 역사 갈등이란, 한국과 역사적 관련이 있는 국가와 한국 사이에서 정치적 이유나 국가적 이해관계 때문에 발생한 역사 인식의 차이와 그로 인해 일어난 제반 분쟁을 의미한다. 주변국은 중국·일본·북조선·베트남을 포괄하며, 잠재적으로는 러시아나 몽골, 미국 등도 포함된다. 그리고 갈등은 논쟁과 분쟁을 포괄한 개념이지만, 이 글에서는 중심적으로 분쟁을 의미한다.

한국의 국가 간 역사 갈등은 범위가 매우 포괄적인 개념이다. 그중에서도 가장 핵심적인 현안은 일본과의 역사 갈등일 것이다. 한일 역사 갈등의 해결 방안을 모색하는 것은 외교 현안의 해결이라는 면에서도 중요하지만, 장기적인 국가 간 역사 갈등 해결의 시금석을 마련한다는 의미에서도 중요하다. 그렇기 때문에 한일 역사 갈등의 해결책은 장기적인 전망 속에서 조망되어야 하며, 국가 전략 차원에서 검토되어야 한다. 이 글에서는 그런 관점을 가지고 한일 역사 갈등의 현주소를 점검하고 중장기적 해법을 모색해보기로 하겠다.

2. 한일 역사 갈등, 어떻게 볼 것인가

한일 역사 갈등이란 한일 관계의 역사와 관련된 모든 갈등을 포괄적으로 일컫는 개념이다. 여기에는 강제 동원 피해자, 일본군 '위안부', 원폭 피해자, B·C급 전범, 사할린 억류 한인, 재일 조선인 등 각종 식민과 전쟁 피해자 문제가 포함된다. 약탈 문화재 문제, 미불 임금 등 각종 재산상 피해 문제도 마찬가지다. 임나일본부, 임진왜란, 한일 강제병합 등 한국사 및 한일 관계에 대한 역사 인식의 차이, 러일전쟁 중에 일방적으로 시마네현에 영유권을 편입시키는 바람에 발생한 독도 문제와 동해 표기 문제, 그리고 이들 모든 역사 갈등에 대한 교과서 기술 문제까지도 포함하는 개념이라고 볼 수 있다.

이 문제들은 매우 다양하고, 복잡하게 얽혀 있을 뿐 아니라 양국 정부의 입장 또한 명확하게 차이가 난다. 또 양국 국민의 감정적 대립도 적지 않기 때문에 신중하면서도 객관적인 접근이 필요하다.

한일 역사 갈등의 원인과 배경

한일 역사 갈등의 배경을 이해하기 위해서는 먼저 이것이 국제 전략 차원에서, 또 일본의 미래 전략 차원에서 제기되었다는 점을 이해할 필요가 있다. 한일 역사 갈등은 주로 일본 우익의 아시아 패권 전략에서 출발했다. 즉 일본의 우익들이 아시아에서의 패권을 되찾기 위해 중국과 본격적인 경쟁 체제에 돌입하면서 그 방편으로 역사 문제를 활용하여 역사를 왜곡한 것이 출발점이 되었던 것이다.

그런데 일본 우익이 이런 전략을 세우게 된 데는 몇 가지 이유가 있었다. 첫째는 미국의 대아시아 정책의 변화, 즉 중동 중시와 아시아에서 역할 분담 전략이었다. 둘째 요인은 중국의 부상이었다. 중국이 G2로 급격히 부상함에 따라 일본도 대아시아 패권 전략을 강화해야 한다고 인식하게 된 것이다. 셋째로 한반도 남북 관계의 진전 속에서 남북 통일 이후를 위한 전략 수립의 필요성이 제기되었다. 넷째로 한국의 민주화와 경제적 부상에 따른 동아시아에서의 역할 증대도 일본 우익을 자극한 또 하나의 요인이었다고 할 수 있다.

한편, 한일 역사 갈등은 냉전의 해체와 더불어 급격히 불거졌다는 점도 고려할 필요가 있다. 한일기본협정 체결 과정에서 양국의 역사 갈등이 있었지만, 미·소 냉전의 영향으로 올바른 과거 청산을 해내지 못하고 미해결 과제를 남겨둔 채 성급히 국교를 정상화했던 과거를 되돌아봐야 한다. 냉전이 해체되면서 한·미·일 공조 체제 속에 숨겨져 있던 일본과의 과거사가 드러나기 시작하고, 피해자들이 보이기 시작했다. 이념의 벽을 허물고 나니 북한과 중국, 나아가 일본의 피해자들마저 전혀 다를 바 없는, 국가와 이념의 희생자였음이 드러나게 되었던 것이다. 또한 그들이 냉전의 억압 속에 이중의 피해자가 되어 있었음을 자각하게 되었다.

또한, 한일 역사 갈등은 한국과 일본의 민주화, 경제 발전 등 사회 발전과 밀접한 연관을 가지고 있음에도 유의해야 한다. 한국의 경우 독재 정권 아래서는 일제 식민 피해자나 전쟁 피해자들에 대한 보상은 물론이고 그 실상 파악조차 제대로 되지 못했다. 이들 피해자들의 권리 회복은 인권에 대한 인식과 밀접하게 연관되어 있었기 때문이다. 일본군 '위안부'를 '민족의 수치'로만 생각하는 등의 '독립운동 절대주의적' 역사 인식도 피해자들에 대한 인식 전환을 가로막은 요인이었다.

다행히 한국의 민주화 과정에서 성장한 인권과 평화에 대한 개념이 이들 피해자들에 대한 인식의 전환을 가능하게 했다. 그런데 우리보다 한발 앞서 인권과 평화라는 보편적 가치를 먼저 인식한 일본인들은 한국의 피해자들을 지원하기 시작했다. 이처럼 한일 간 과거사 청산은 두 나라의 인권의식, 평화의식과 밀접하게 연관되어 있다. 이는 한일 역사 갈등의 해결 역시 양국 간 과거청산을 통한 보편적 가치 실현을 통해 가능해진다는 것을 시사해준다.[01]

갈등 해결의 기본 방향 : 아시아 평화 공동체를 위하여

이상과 같은 배경을 인식한 바탕 위에서 역사 갈등을 해결하기 위해 다음과 같은 관점들이 필요하다. 먼저 한일 역사 갈등은 한국의 미래 전략, 한반도 통일 이후의 전략과 밀접한 연관 속에서 검토되어야 한다. 일본 우익이 한반도 주변 정세를 중요시하듯이, 한국의 입장에서 어떤 미래 전략을 가지고 역사 문제를 바라볼 것인가는 매우 중요한 문제이다. 한반도 통일은 한·미·일 공조 체제의 변화와 그에 따른 대미·대일·대중 관계의 변화를 초래할 것이다. 그 과정에서 역사 갈등의 해결 방향은 한반도 통일 이후 동북아시아, 나아가 동아시아에서의 한국의 역할과 밀접한 연관을 가질 수밖에 없다. 침략과 식민의 역사를 어떻게 이해할 것인지의 문제는 가해국 일본이나 여러 피해국과의 미래 관계를 어떻게 설정할 것인가의 문제로 이해될 수 있기 때문이다.

두 번째로 역사 갈등이 냉전 해체와 연결되어 있다는 점과 관련하여, 중장기적 측면에서 북조선과의 공조 속에서 역사 갈등 해결을 고민할 필요가 있다. 일제 식민 지배와 전쟁 과정에서 자행된 일본의 범죄 행위에 대한 대응 차원의 공조를 넘어서, 독도 문제, 동해 표기 문제 등과의 연관성도 심도 있게 검토하고 공조 방향을 설정해야 한다. 이때, 북조선과의 공조는 조일 수교와 일본의 대북조선 과거 청산 방식과도 밀접한 연관 관계를 맺고 있음을 유의해야 할 것이다.

세 번째로, 중국과의 공조라는 관점에서 접근할 필요가 있다. 일제 침략 과정에서 발생한 범죄 행위의 피해자라는 공통점을 대일 과거사 청산 과정에서 어떻게 공유하고, 어디까지 공조해나갈 수 있을지에 대한 고민이 이루어져야 한다. 중국과도 역사 갈등과 영유권 갈등의 소지를 가지고 있는 한국 입장에서는 쉽지 않은 과제이다.

네 번째로, 한일 역사 갈등의 해결 과정에서 무엇보다 동북아, 나아가 동아시아 평화 공동체 건설이라는 장기적 전망이 우선적으로 고려되어야 한다. 일본의 아시아 침략이라는 과거사가 아시아 평화를 파괴하고 식민주의의 역사를 가능하게 만든 가장 직접적인 원인이었다는 점을 상기한다면, 과거 청산에 기반한 역사 갈등 해소가 동북아 평화 공동체 건설의 매개체가 되어야 한다는 당위를 버릴 수는 없을 것이다.

마지막으로 한일 역사 갈등의 해소는 양국의 민주주의와 평화·인권의 발전 정도와 밀접히 연관되어 있다는 점에서, 또한 그것은 양국 내부의 과거사 청산 문제와 뗄 수 없는 관계에 있다는 점에서, 스스로의 민주화와 과거 청산, 그리고 그것에 대한 기억의 문제를 해결해나가는 과정과 연결시키려는 자기성찰적 관점이 중요하다. 이런 관점은 한국의 경우 베트남과의 역사 갈등 해결에도 좋은 밑거름이 될 수 있을 것이다.

3. 한일 역사 갈등의 현주소

한일 간에는 수많은 역사 갈등 요인이 존재한다. 이미 국제 문제가 된 일본군 '위안부' 문제를 비롯해 강제 동원 피해자 문제, 교과서 역사 왜곡 문제, 문화재 문제 등 일일이 나열하기도 벅찰 정도이다. 그러다 보니 각각의 문제를 해결하려는 시도도 세분화되고, 각각의 문제를 다루는 단체들도 수없이 생겨났다. 이들 단체는 한국뿐 아니라 일본에서도 많은 활동을 전개하고 있다. 그나마 한국에는 각각의 문제를 다루는 단체들이 적은 편이지만, 일본의 경우는 지역마다 다양한 형태의 운동들이 전개되다 보니 그 숫자도 천여 개에 가까운 것으로 알려져 있다.

한일 간 역사 갈등을 해결하기 위한 각종 단체들은 길게는 40여 년, 짧게는 10여 년의 역사를 가지고 있다. 예를 들어 강제 동원의 경우 한일협정 직후부터 현재까지 각종 단체들이 다양한 활동을 전개해왔고, 일본의 교과서 문제에 대응하는 단체인 '아시아평화와역사교육연대'는 2012년 현재 11년째 운동을 전개하고 있다. 한일 간 역사 갈등과 관련하여 가장 대중적이고 국제적인 운동을 전개해온 '한국정신대문제대책협의회'의 활동은 2010년으로 20년을 맞았다. 이 단체가 일본군 '위안부' 문제 해결을 요구하며 1992년 1월 처음 시작했던 수요시위도 2011년 12월에 1,000회를 맞았다. 정부 차원에서 동북아 역사 문제에 대한 대응 기구로 설립한 동북아역사재단은 2012년 현재 창립 6주년을 맞고 있다.

그런데 다양한 문제들을 놓고 다양한 성격의 단체들이 오랫동안 활동을 전개해오면서도, 한일 간 역사 문제 전반을 종합적으로 평가해본 경험은 풍부하지 못한 것이 사실이다. 각 단체들의 운동 방식에도 한일 간에 차이가 있고, 국내 단체들 간에도 적지 않은 차이가 있다. 또 많은 연구자들이 각종 운동에 직접 참여하고 있지만, 여러 가지 이유로 운동에 대한 자기비판이나 총체적 점검의 목소리를 내기 쉽지 않다.

한일 과거사 문제가 개별화되고, 원폭 피해자 문제 등 특정 주제를 제외하면 제한적인 해결책조차 쉽게 제시되지 못하는 데는, 한일기본조약 부속협정인 '재산 및 청구권에 관한 문제의 해결 및 경제 협력에 관한 협정' 제2조 1항이 가장 큰 걸림돌이었다. 이 조항의 내용은 "양 체약국은 양 체약국 및 그 국민(법인을 포함함)의 재산, 권리 및 이익과 양 체약국 및 그 국민 간의 청구권에 관한 문제가 1951년 9월 8일에 샌프란시스코시에서 서명된 일본국과의 평화조약 제4조 (a)에 규정된 것을 포함하여 완전히 그리고 최종적으로 해결되었음을 확인한다"라는 것이었다. 물론 좀 더 근원적으로는 "1910년 8월 22일 및 그 이전에 대한제국과 대일본제국 간에 체결된 모든 조약 및 협정이 이미 무효임을 확인한다"는 제2조에 대한 해석 차이 때문이라고 할 수 있다.

그동안 일본 국내외에서 제기된 피해자들의 각종 소송에 대해, 일본 측은 한일기본조약을 주요 근거로 일본의 법적 책임이 없다는 주장을 전개해왔다. 그런데 한국 정부는 일본 정부의 주장을 수용하지 않으면서도 적극적인 해결 움직임을 보이지 않았다. 여기에는 일본과의 관계를 경제 중심의 '미래 지향적' 방향으로 설정하고자 했던 역대 정부의 태도가 가장 큰 영향을 미쳤다.

다만 이명박 전 대통령의 태도 변화와 재판부의 새로운 판결이 한일 역사 갈등에 새로운 기류를 형성하면서 한국 정부의 입장이 불투명해졌다. 이런 변화가 어떤 해결책으로 연결될지는 아직 추정하기 힘들지만, 한일 역사 갈등 해결의 새로운 국면이 열리고 있는 것은 분명하다. 이런 상황에서 한일 간의 역사 현안을 총체적으로 점검하고 해결 방안을 모색하는 일은 더 이상 미룰 수 없는 시급한 일이 되고 있다.

현재까지 한국과 일본 간에 제기되고 해결이 모색된 주요 역사 현안을 간략히 정리해보면 〈표 1〉과 같다. 〈표 1〉에서 보이는 바와 같이 일본군 '위안부' 문제나 강제 동원 등 대부분은 한일협정에 대한 인식 차이가 문제 해결의 가장 큰 걸림돌이다. 특히 일본군 '위안부' 문제에 대해서는 일본 정부가 국가의 책임을 일부 인정했으면서도 법적인 책임은 질 수 없다는 입장을 고수하고 있다. 강제 동원 문제도 "모든 청구권이 해결되었다"는 문구의 해석을 둘러싸고 한일 간 갈등이 지속되고 있다. 이들 문제에 대한 일본 측 자료가 충분히 공개되지 않았다는 점도 공통의 과제로 남아 있다. 사할린 한인 문제의 경우에도 한국 정부는 한일협정에서 논의되지 않았다는 입장인 반면, 일본 측은 해결된 과제로 인식한다. 그밖에 군인·군속, B·C급 전범 문제도 한일협정에 대한 해석이 걸림돌이 되고 있다.

유골 반환 문제는 인도적인 차원에서 접근해야 할 사안이기 때문에 일본 정부가 비교적 협조적인 태도를 보이고 있다. 그렇지만 한일 양국의 성과주의에 얽매인 성급한 일처리로 인해 북조선의 반발을 불러일으킨 대표적인 사례가 되어버렸다. 일본은 북조선 유족들의 입국조차 저지하고 있는 형편이고, 한국은 북조선 출신 희생자들의 유골이 섞인 유골함을 인수해 옴으로써 해결하기 힘든 과제를 만들고 말았다. 이 문제는 남·북·일의 공동 협의가 절실한 대표적인 사례가 되었다. 재일 조선인의 문제 또한 일본 내 인권 문제인 동시에 남·북·일이 관련된 문제이기도 하다.

최근에는 문화재 문제가 새롭게 주목받고 있다. 조선 왕실 의궤가 한국으로 돌아오는 등 일부 진전이 있었지만, 이 역시 국가와 개인이 얽혀 있어 인식의 전환을 동반한 대승적인 해결책을 내놓기 전에는 해결이 어려운 상황이다. 야

〈표 1〉 한·일 역사 갈등의 주요 현안

	기존 해결책	피해자 및 관련 단체 주요 요구 사항	한일 간 쟁점 및 현안	대안 모색
일본군 '위안부'	·한국 정부 피해자 보조금 지급 ·일본 정부 민간 기금인 '평화를 위한 아시아 국민기금'을 통해 일부 보상	·일본군 '위안부' 범죄 인정 ·진상 규명 ·국회 결의를 통한 사죄 ·역사 교과서 기록 ·법적 배상 등	·일본의 사과와 법적 보상 방법 ·국민기금의 수용 여부 '한국 정부의 부작위' 위헌 결정	·자료공개와 일본의 사죄 ·일본의 입법을 통한 보상 ·새로운 한일조약 체결을 통한 문제 해결
강제 동원	·한일협정에 따른 1차 보상(75년 30만원) ·일제하강제동원피해진상규명위원회: 국외강제동원희생자 등 지원심의위원회 설치 ·위원회 활동에 따른 2차 보상	·일본 정부의 관련 자료 공개 ·강제 동원에 따른 피해 보상(국가 및 개별 기업)	·한일기본조약으로 인한 일본 정부 책임 소멸 여부 ·국가 책임 시효 만료 여부 ·양국 정부, 기업들의 출연(2+2)에 의한 재단 설립	·자료 공개 ·한일 정부 민간 합동 재단 설립
사할린 한인	·1945. 8. 15 이전 출생자 영주 귀국 및 생활 지원	·유해 귀환 ·1945. 8. 15. 이후 출생자에 대해 피해자 인정 ·현행 지원법 국적 조항에 따른 차별 철폐 ·사할린 거주 한인 지원	·한일기본조약에 따른 책임 소멸 여부	·일본 정부의 책임 규명 및 보상 ·한국 정부의 지원 확대
군인·군속, B·C급 전범	–	·부당하게 B·C 급 전범으로 처벌된 사람들의 명예회복 및 보상	·한일기본조약에 따른 책임 소멸 여부	·부당하게 처벌된 사람들에 대한 명예회복 및 보상
유골 반환	·1948년 1차 유골 반환 ·2008년 이후 2011년까지 4차례 423위 봉환	·유해 반환 및 추도 시설 건립	·북조선 출신자 유골 반환: 합골 또는 확인 불가 유골 일부 포함 ·(전쟁 기간 북조선 내의 일본인 유해 반환 제의)	·남북 공동 유골 반환 기구 및 위령 공간 설치 ·(일본인 유해 반환 : 북조선과의 공조 필요)

야스쿠니	·일부 정치인 야스쿠니 참배 자제	·한국인 합사 취소 ·정치인 참배 금지	·정교 분리 ·별도 국가 추도 시설	·한인 합사 취소 ·정치인 참배 금지 약속
재일 조선인 지위	·영주권 보장	·참정권, 교육권 등 생활권 보장	·재일 조선인의 참정권, 교육권 등이 특권이라는 우익들의 주장과 반대	·참정권, 교육권 등 생활권 보장
문화재 반환	·북관대첩비 반환 ·조선 왕실 의궤 반환	·추가 반환	·한일기본조약 체결 시 해결 ·개인 재산에 대한 국가 개입 불가	·소유권 이전(국가 소유는 전부, 민간은 희망자) 후 공동 활용 방안 모색
독도 영유권	·한국의 실효 지배	·한국의 영유권 인정	·샌프란시스코 강화조약 관련 조항 견해차 ·기존 역사 사실에 대한 견해차	·교과서 기술 삭제 ·한국의 영유권 인정 ·일본 어민의 어업 문제 협의
동해 표기	–	·동해 표기	·동해 및 일본해 표기 시점 및 보편적 명칭 등에 관한 견해차	·병기 또는 제3의 명칭 모색
교과서 역사 왜곡	·한일역사공동연구위원회 설치(2002. 5~2010. 3월 1, 2기 활동)	·교과서 역사 왜곡 시정 ·한일역사공동연구위원회 재개 ·독도 기술 삭제	·내정 간섭 ·교과서 내용에 대한 직접 연구 및 의견 제출 여부	·독도 기술 삭제, 일본군 '위안부' 기술 부활 등 교과서 기술 개선 ·한일역사공동연구위원회 상설화 ·공통 부교재 및 공통 교재 작성

스쿠니 합사 문제는 식민과 전쟁 피해자 문제임에도 일본 정부가 종교적 문제로 치부하고 있는 상황이다.

야스쿠니 참배 문제, 그리고 교과서 역사 왜곡 문제 등은 모두 역사 인식과 깊이 관련된 것들이다. 역사 인식의 문제는 상대적으로 연구와 대화의 과정을 통해 해결의 가능성을 높여갈 수 있지만, 정치적 상황에 따라 돌발적으로 경색되는 한일 관계로 인해 대화가 지속적으로 진행되지 못하는 상황이 문제이다. 독도와 동해 표기 문제는 일본의 경우 영토 문제로, 한국의 경우 역사 문제로 인식하고 있어 해결이 어렵다. 이것은 가장 민감한 문제로 한일 양국이 절대 양보할 수 없는 사안이기도 하다. 그렇기 때문에 다른 어떤 문제보다도 인식의 전환과 포괄적 협상의 과정에서 해결책이 모색되어야 할 것이다.

이처럼 한일 간의 현안들은 한일협정에 대한 기본적인 재검토와 인식의 합치 노력을 필요로 하는 경우가 많다. 또한 역사 인식의 공유를 통해 해결해나갈 수 있는 사안들도 있다. 또 남·북·일이 서로 머리를 맞대야 해결책을 찾을 수 있는 문제들도 있다. 이 문제들은 현재 각각 해결책을 모색하고 있는 상황이다. 물론 그런 노력이 적지 않은 결실을 맺었고 현재에도 해결책이 모색되고 있다는 점에서 계속될 필요가 있다. 그런데 좀 더 빠른 해결과 좀 더 근원적인 해결을 위해서는 포괄적 접근을 통한 인식의 전환과 협상이 필요하다.

4. 한일 역사 갈등과 동북아 정세

앞에서 이미 언급했듯이 한일 간 역사 갈등 해결에 가장 큰 걸림돌이 되는 것은 1965년 한일기본조약의 청구권 관련과 식민지 지배의 불법성 여부에 대한 인식 차이다. 그동안 '위안부'나 강제 동원 피해자들이 일본 정부나 기업을 상대로 소송을 제기할 때마다 일본 법원이 내세운 기각 이유가 바로 이 조항이었다. 심지어 미국 법원에서도 이 조항을 내세워 '위안부'들의 소송을 패소 결정한 바 있다. 이에 대해 한국 정부는 일본 측의 해석과 의견이 다르다는 점을 밝히긴 했지만, 소송 과정에서 그 태도를 분명히 하지 않았을 뿐 아니라 피해자들을 지원하지 않았다는 비판을 받았다.

이런 상황이 반복되면서, 일본군 '위안부' 피해자들 중 일부가 2006년 7월 5일 한국의 헌법재판소에 헌법소원을 제기했다. 이에 대해 2011년 8월 30일 헌법재판소는 "청구인(일본군 위안부 피해자)들이 일본에 대해 가지는 일본군 위안부로서의 배상 청구권이 '대한민국과 일본 간의 재산 및 청구권에 관한 문제의 해결과 경제 협력에 관한 협정'(이하 한일협정) 제2조 제1항에 의해 소멸되었는지 여부에 관한 한·일 양국 간 해석상 분쟁을 위 협정 제3조가 정한 절차에 따라 해결하지 아니하고 있는 피청구인(외교통상부 장관)의 부작위는 위헌임을 확인한다"는 결정을 내렸다.[02]

이 결정은 2005년 1월 한일회담 관련 문서 일부를 공개한 뒤, '한일회담 문서 공개 민·관 공동위원회'를 설치하고 심사 과정을 통해 같은 해 8월 전체 문서를 공개하면서 정부가 한일협정에 관한 양국 간 의견 차이가 있음을 거듭 확인하고도 적절한 행위를 취하지 않은 것은 위헌이라는 판단이었다.

기존 한국 정부의 입장은 두 가지 정도로 요약된다. 그 하나는 '1965년 청구권 협정에 의해 법적 책임이 종결되었다는 일본과 소모적인 법적 논쟁을 벌이기보다는 고령의 피해자에 대한 실질적 지원이 중요하다는 관점에서 우리 정부가 피해자 구제 조치를 취하며, 이런 도덕적 우위의 관점에서 일본 측에는 물질적 배상을 요구하지 않는다는 입장을 견지해온 것'이다.[03]

두 번째는 "일본군 '위안부' 문제에 관한 일본 정부의 법적 책임은 남아 있으나, 소모적인 법적 논쟁을 방지하기 위해 외교 협상을 하지 않는다"는 것이었다.[04] 일본에게 법적 책임은 남아 있지만 그 이행을 요구하지 않고, 피해자에 대한 구제 책임을 대신 지겠다는 한국 정부의 이런 태도는, 김영삼 정권 이래 역대 정부가 대동소이하게 취해온 태도였다. 그런데 문제는 이런 태도가 자칫 "국가와 민간 차원을 포함한 모든 청구권 문제가 해결되었다"는 일본 정부의 입장을 암묵적으로 인정하는 것처럼 비칠 우려가 있다는 점이다. 헌법재판소의 결정은 그런 한국 정부의 입장이 국민의 기본권을 침해하고 있다는 경종을 울렸다.[05]

한편 한·일 정부는 중국이 아시아 패권국, 아시아의 맹주로 부상하고 있는 상황을 공동 대응으로 타개해나가려는 의도를 노골적으로 드러내고 있다. 이는 한·일 양국이 과거 반공산주의 연대를 유지하던 것에서, 2000년대 이후 한일 연대를 기본으로 한 경제 협력체 구상으로 그 방향을 전환하고 있음을 의미한다. 다만 그것이 여의치 않은 상황에서 한국과 일본은 독자적인 경제적 영향력 확대를 위해 노력하고 있는 것이다. 한국과 일본은 모두 동아시아 경제 공동체를 지지하고 있지만, 실제로 두 나라는 미국을 매개로 서로 다른 공동체를 꿈꾸고 있다. 게다가 한국은 미국과의 FTA 체결에 이어 중국과의 FTA 협상을 일본과의 협상에 앞서 개시함으로써 줄타기 외교를 하고 있다. 이명박 정권 시기 정부는 일본과의 경쟁에서 미국·중국과의 경제 협력 관계 우선이라는 카드를 내놓았다. 한국 정부의 경제 우선 전략은 일본과 '불필요한' 마찰을 일으킬 수 있는 역사 갈등 문제를 가급적 테이블 위에 올려놓고 싶지 않은 주제로 만들어가고 있다.

물론 일본 정부는 한일 역사 갈등 문제가 표면화되는 것을 한국 정부보다 더 싫어한다. 그럼에도 최근 독도 문제는 땅에 떨어진 정권의 지지도를 다시 끌어올리는 유용한 수단으로 변질되어버렸다. 그만큼 일본의 경제적 위기의식이 정부나 국민 모두에게 광범하게 깊어지고 있음을 반증하는 부분이다. 일본의 경제가 회복되고 국민의 절대적인 지지를 획득한 정권이 출현하지 않는 이상, 당분간 한일 역사 갈등은 정치적 도구로 활용되는 한계를 벗어나기 힘들어 보인다.

한국 정부 입장에서도 독도 문제의 정치적 활용이라는 유혹은 상존하고 있다. 그리고 헌법재판소의 위헌 판결을 무시할 수 있는 입장도 아니다. 결국 이명박 정권은 대일 외교에서 이 문제를 거론하는 입장으로 선회했다. 헌법재판소의 판결 이후 한국 외교부는 일본 외무성에 이 문제에 대한 협상을 요청했지만, 일본 정부는 단호히 거절했다. 2011년 12월 18일 이명박 대통령은 한일 정상회담의 상당부분을 '위안부' 문제의 해결을 촉구하는 발언으로 채웠다. 그러나 당시 노다 요시히코野田佳彦 일본 총리는 "위안부 문제에 대한 일본 정부의 법적 입장을 아실 것", "우리도 인도주의적 배려로 협력해왔고, 앞으로도 인도주의적 견지에서 지혜를 낼 것"이라는 발언으로 피해 갔다.

독도 문제에 관해서도 전혀 새로운 분위기가 형성되고 있다. 2006년 4월 25일 노무현 대통령은 특별 연설을 통해 독도 문제를 영토 문제가 아닌 역사 청산의 문제로 인식하고 있음을 천명했다. 또한 독도 문제에 대한 단호한 대처를 강한 어조로 선언했다.[06] 이후 이명박 정권은 독도 문제를 비롯한 대일 정책에서 유화 기조를 유지했지만,[07] 2012년 8월 한국 대통령으로서는 처음으로 독도를 방문함으로써 한일 관계를 일대 혼란에 빠트렸다. 이후 한국 정부의 대일 과거사 정책이 어떻게 변화할지는 아직 두고 볼 일이지만, 외교 라인의 반대와 협의 과정에서의 외교 라인 배제 등의 사실이 확인되고 있고, 관계 전문가들의 우려와 경고가 잇따르고 있다는 측면에서 '돌출 외교'라는 평가를 피하기 어려워 보인다. 실제로 독도 방문 이후 정부의 행보는 오락가락했고, 일본의 강경 대응에도 거의 무대책에 가까운 태도를 보였다는 점에서 일관된 정책을 기대하기 힘든 상황이다.

하지만 한국의 돌출 외교에 의한 현재의 혼란된 상황이 양국의 역사 갈등 현안들에 관한 정책 일반의 기조를 흔들 가능성은 그다지 크지 않다. 여전히 한·일 두 나라는 중국 견제라는 공동의 목표를 위해 제한적인 연합 전략을 모색할 수밖에 없을 것으로 보이기 때문이다. 두 나라는 장기적으로 한·중·일 경제 공동체를 모색하면서 그 속에서의 주도권 확보를 위해 노력할 것이다. 그런데 중국과 일본에 비해 절대적인 열세에 놓여 있는 한국으로서는 경제 우선의 협상만으로는 새로운 동북아 질서의 주도자가 되는 것은 불가능에 가깝다.

5. 역사 갈등 해결을 위한 포괄적 해법

급변하는 동북아 정세는 한국의 경제 우선 전략의 전면 재검토를 요구하고 있다. 게다가 한국과 북조선의 대치로 인해 동해는 물론이고 서해의 긴장까지 높아가고 있는 상황이다. 2010년부터 급격히 고조된 긴장 관계는 급기야 미군과 러시아군까지 서해상에서 훈련을 전개하는 상황을 만들어내기에 이르렀다. 제주도의 해군 기지 건설을 바라보는 중국과 일본의 시선도 따갑다. 이러한 상황에서 한국이 역사 갈등 해결을 새로운 동북아 질서 구축의 중요한 원칙으로 내세우는 전략을 적극적으로 고민해야 할 필요성을 절감하게 된다.

중국의 경우 수교 과정에서 일본의 배상 책임을 묻지 않는 대신 일본의 사죄를 명백히 하고 명문화했다. 반면에 한국은 수교 과정에서 식민지에 대한 사과조차 명문화시키지 못했고, 개인 배상은 실종된 것이나 마찬가지인 상황이다. 북조선은 한국의 전철을 따라갈 가능성이 매우 높다. 과거의 식민 지배와 전쟁 과정의 잘못에 대한 명백한 사과가 없다는 것은, 갈등과 긴장 관계가 지속될 가능성이 높다는 것을 의미한다.

동북아 지역 평화 질서의 재편은 새로운 국가 관계를 전제하는 것이고, 그것은 양자 간 협정과 다자 간 협정이 동시에 진행되어야 함을 의미한다. 과거사 정리에 대한 공감대 없는 새로운 질서에 대한 합의는 사상누각이 될 공산이 크다. 침략과 전쟁, 제국주의와 식민주의 같은 과거의 잘못이 재발하지 않도록 하기 위해 과거의 피해 국가들이 가해국보다 더 큰 무력을 보유해야 한다는 논리가 힘을 얻는다면, 그것은 또 다른 불행의 씨앗이 될 가능성이 크다. 장기적으로 동북아시아에서 남·북·중·일 간의 군사 협력체까지 전망할 수 있다고 할 때, 과거사 정리는 더욱 시급한 문제가 아닐 수 없다.[08]

한국의 입장에서는 남북 간 정전협정의 평화협정으로의 전환이라는 과제와 동시에 일본과의 '신협정'에 대한 고민이 절대적으로 필요하다. 일본과의 신협정에는 과거사에 대한 명확한 사과와 청산의 방법 등이 담겨야 할 것이고, 동북아 평화 질서 구축을 위한 양국의 의지가 담겨 있어야 할 것이다.

그런데 이런 국면은 현재 상황으로서는 요원하다. 한국 내 일부에서 한일기본조약의 폐기와 새로운 협정 체결을 주장하는 세력이 등장한 것은 그나마 다행한 일이다. 그러나 여전히 국회의원들이나 정당들, 그리고 새롭게 정권을 차지한 박근혜 정권조차 국내 정치 현안이 아닌 외교 문제나 한·중·일 관계, 동아시아 문제 등을 거론하는 경우를 찾아보기 어렵다. 아직 정치적으로 그럴만한 분위기가 조성되지 않았기 때문일 것이다. 이명박 정권의 강경 대일 정책이 새로운 정권을 맞아 획기적인 정책 전환으로 이어진다면 바람직하겠지만, 그런 전향적인 조짐은 아직 보이지 않는다.

이처럼 상황이 그다지 좋지 않지만, 중장기적으로 한일 역사 갈등을 해결하고 한일 관계를 재구축하는 일을 더 이상 미룰 수는 없다. 문제 해결을 위한 국내용, 국외용(한일 간) 대응 방안을 적극 모색해야 한다. 먼저 현재의 한일기본조약이 지닌 한계를 인식하고 이를 극복할 한일 신협정 체결을 중장기적 목표로 설정하고, 그 실현 방법을 고민하는 것이 필요하다.

역사 갈등이 애초에 국가 간 이해관계의 충돌에서 발생했고 국가의 본질상 그 이해관계를 포기할 수 없다는 점을 생각한다면, 문제 해결의 첫 단추는 역시 민간 차원에서 채울 수밖에 없을 것이다. 민간 전문가들을 중심으로 한일 과거사 문제와 미래 문제를 포괄적으로 다룰 위원회(가칭 '한일 신시대위원회')를 만들 필요가 있다. 이 위원회는 한일 역사 갈등의 해결 방안을 모색하고 미래 전략을 고민하는 것을 목적으로 해야 한다. 그리고 궁극적으로 한일 신협정의 초안을 만들어내는 것을 그 활동 목표로 삼을 필요가 있다.

위원회는 한·일 연구자들을 중심으로 한 민간 전문가들이 주도해야 한다. 양국 정부의 역할은 이 기구의 활동을 최대한 보장하는 여건을 만드는 것이다.

이 기구는 광범한 분과 기구를 두어 각종 현안들이 모두 논의될 수 있도록 해야 한다. 이 기구가 논의할 수 있는 범위가 제한되어서는 안 될 것이다. 교과서 문제는 물론이고 독도 문제 또한 포함되어야 한다. 기구의 활동 연한도 단기적으로 제한되어서는 안 된다. 장기적인 안목을 가지고 충분한 협의를 진행할 수 있는 기간이 법적으로 보장될 필요가 있다. 이 기구는 한일 신협정의 초안을 공개하고 공청회 등 여론 수렴 과정을 거쳐 최종적으로 정부 간 협정 체결을 이끌어내면 활동을 종료한다.

한일 신시대위원회 합의 내용의 실천은 별도의 한일 공동 재단 설립을 통해 실행할 수 있을 것이다. 이 기구는 양국 정부의 합의에 의해 설치될 수 있겠지만, 현재 한·일 간에 논의되고 있는 정부·기업 합동기금 출연에 의한 재단 설립을 좀 더 포괄적인 차원에서 추진하는 것도 한 방법이 될 것이다. 이 기구는 가칭 '한일 공동 동아시아 평화재단'으로 명명할 수 있을 것이다. 이 기구는 우선 한일 공동의 자료 공개와 수집, 진상 조사, 배상 대책 마련, 공동의 기념 사업, 교육 사업 등을 실천할 수 있다. 이를 수행하기 위한 조직으로는 양국 공동 이사회와 각 분과별 공동 운영위원회를 설치해 활동을 총괄하고, 그 산하에 양국 독자의 분과들을 설치하여 운영할 수 있을 것이다. 이 내용을 간략히 정리해보면 〈표 2〉와 같다.[09]

한편, 양국 정부 차원의 문제 해결은 시간이 매우 오래 걸리는 일이고 실현 과정에서 예기치 못한 상황들이 발생해 문제 해결을 어렵게 할 수도 있다. 그렇다고 국내외에 산재한 일제 식민 피해자와 전쟁 피해자들의 고통을 외면할 수는 없다. 한국 정부 독자의 해결 노력이 절대적으로 필요하다. 이를 위해서는 현재 정부가 진행하고 있는 각종 해결 노력들에 대한 정책적 총점검이 필

〈표 2〉 한일 역사 갈등 해소를 위한 공동 기구

한일 신시대위원회

설립 목적	한일 역사 갈등 해결 방안, 미래 전략 모색
활동 목표	한일 신협정 초안 제시
구성	한일 민간 전문가를 위주로 하고, 정부 관련자는 필요한 경우 제한적 참여. 양국 정부의 행정 지원
조직	사안별 분과위원회 설치

한일 공동 동아시아 평화재단

설립 목적	한일 신시대위원회의 합의 사항을 실천 (양국의 각 위원회는 각각의 나라에 설치. 활동은 상호 합의)
구성	한일 민간 전문가를 위주로 하고, 정부 관련자도 일부 참여. 양국 정부의 행정 지원
조직	양국 공동조사위원회, 공동연구위원회(사안별로 세부 분과 설치) 장기적으로는 조사와 연구에 기반한 공동 피해보상위원회 설치
기능	조사, 연구, 교육
재정	양국 정부, 양국의 관련 기업 출연금

요하다. 이는 외교 정책, 현행 법률, 각종 단체와 기구 현황 등을 포괄한 검토를 의미한다. 이를 통해 기구와 단체의 통폐합, 예산의 재배정 등을 진행할 수 있을 것이다.

그런데 현재 한국 정부에는 이런 역사정책을 총괄적으로 진행할 수 있는 단위가 불분명하다. 한일 역사 현안은 단순하게 대일 관계에만 영향을 미치는 문제가 아니다. 국내에서 제기된 각종 역사 현안들과 밀접한 연관을 가질 수밖에 없다. 남북 역사 연합의 문제가 그러하고, 강제 동원 문제·친일 문제 등을 다루는 기구들의 활동과 직접 연관되어 있다. 또한 한국의 과거사 청산 기구 활동과도 무관하지 않다.[10]

우선적으로 이 사업들을 총괄하고 일관적이며 실현 가능한 정책을 수립할 수 있는 기구가 필요하다. 예를 들어 대통령 직속의 역사정책자문위원회 또는 역사정책수석 같은 기구를 신설한다면 역사정책을 좀 더 원활하게 추진해나갈 수 있을 것이다. 다만 이 기구는 특정 정권의 입장을 일방적으로 대변하는 기구가 아니라, 관련 전문가들의 역사정책 자문을 구하고 관계자들 간의 의사 소통을 지원할 수 있는 기구가 되어야 할 것이다. 민간 위주 활동을 보장한다는 전제하에, 이 기구는 관계 기관 협의는 물론이고 한일 신시대위원회와 공동 재단의 설립, 국내 관련 기구에 대한 의견 수렴과 지원 등을 수행할 수 있을 것이다. 한일 문제, 또는 한국의 역사 갈등 문제를 남북, 나아가 동아시아 미래 전략 차원에서 접근하기 위해서는 반드시 필요한 기구라고 할 수 있다. 다만 이 기구는 정권의 정치적 영향력에 민감할 수밖에 없기 때문에 신중한 접근이 필요하다.[11]

두 번째로, 한일 역사 갈등 문제를 직접적으로 해결해나갈 기구의 재정비가 필요하다. 현재는 동북아역사재단이 주로 이 업무를 수행하면서, 한국학중앙연구원 등의 관계 기관이 협조하고 있다. 단기적으로는 국무총리실 산하 '태평양전쟁 전후 국외 강제 동원 희생자 지원위원회'의 후속 기구 설립이 논의되고 있다. 그런데 이들 기구의 역할이나 성과 등에 대한 점검의 목소리가 작지 않고, 총괄적인 후속 작업에 대한 요구가 크다는 점에서 이들 기구에 대한 점검과 새로운 통합 기구의 설립에 대한 논의를 진행할 필요가 있다.

새로운 통합 기구(가칭 동아시아 평화재단)는 한일 역사 갈등으로 인해 피해 보상이 지연되고 있는 피해자들에 대한 진상 규명과 보상, 한일 교과서 문제 대응, 기념과 교육 사업 등을 주요 업무로 한다. 연구와 정책 제안 등의 기능은 재단 내의 연구소 운영 등을 통해 수행할 수 있을 것이다. 이 기구의 활동 방

〈표 3〉 한일 역사 갈등 해결을 위한 국내 지원 기구 설립안

명칭	동아시아 평화재단
설립 목적	한일 역사 갈등을 해결하기 위한 양국 공동의 재단 설립 이전에 관련 연구, 피해자 실태 조사, 주제별 현황 조사, 정책 생산, 교육 등을 담당할 복합 재단 (한일 공동 재단 설립 이후에는 기능 축소, 대부분의 기능은 공동 재단으로 이관)
조직	한국학중앙연구원, 동북아재단 등의 관련 기능 검토 및 재편을 통한 분과 설치
기타 유의사항	한국의 과거사 문제 조사, 연구 및 교육 기능을 가지는 재단과는 별도 설립. 다만 공동의 교육 기능 등은 역사정책을 총괄하는 대통령 산하 기구(역사정책자문위원회 또는 역사정책수석 등) 및 관련 기구에서 업무 조정

향은 기본적으로 그동안 피해자 구제에 소홀했던 국가의 임무를 수행하는 데 우선적 목표를 둘 필요가 있다. 일본에 대한 배상 요구가 선행되는 것이 아니라, 한국 정부가 우선적으로 피해를 구제하고 일본과의 협상에 따라 차후에 일본에 대해 국가가 피해자를 대신해 보상을 요구하는 '선지원 후청산' 정책을 시행하는 기구로서의 위상이다. 그리고 독자적인 교육과 기념 사업을 추진해야 한다. 이 기구의 내용을 간략히 정리해보면 〈표 3〉과 같다.

청와대 역사정책자문위원회 또는 역사정책수석 등의 기구를 신설하고 동아시아 평화재단을 설립한다면, 현재 공원화가 추진되고 있는 용산 미군 기지와 같은 곳에 대규모 동아시아 평화공원과 위령 시설 등을 추진하는 것도 가능하다. 용산 기지는 청일전쟁 시기부터 현재까지 외국 군대의 주둔지로서 식민과 전쟁 피해자들의 위령 공간으로 가장 상징적인 장소가 될 수 있다. 그러한 역사의 현장을 동아시아 평화를 생각하는 미래의 공간으로 만든다면, 한일 역사 갈등뿐 아니라 국내외 역사 갈등 해결의 모범적 사례가 될 것이다.

한일 양국에 새 정권이 출범했지만, 한일 역사 갈등의 해결 기미는 보이지

않고 있다. 독도 분쟁은 한국 정부가 동의하지 않는 이상 국제사법재판소에 갈 수 없다는 안일한 대응이나, 대일 적대 감정을 부추기고 정치적 이득을 얻으려는 몰역사적 행위는 결국 국익에 어긋나는 행위가 될 것이다. 나아가 세계인으로부터 인정받아야 할 보편성과도 어긋나는 행위임이 드러나고 말 것이다. 한일 역사 갈등과 관련된 역사정책 제안이 새롭게 출범하는 정권에게 좀 더 적극적인 역사 갈등 해결책을 고민하는 데 작은 도움이 되기를 바란다. 또한 관련 연구자들과 활동가들이 더 폭넓고 본원적인 대응을 모색해보는 계기가 되기를 기대한다.

◆ 이신철 ◆
성균관대학교 동아시아역사연구소 연구교수로 재직 중이다. 남북한 현대사를 전공했고, 현재는 남북 관계와 함께 한일 역사 논쟁과 동아시아 평화 공동체 문제에 관심을 가지고 있다. 대표 저서로 『한일 근현대 역사 논쟁』, 『북한 민족주의운동 연구』가 있다. lsc8392@hanmail.net

역사박물관
역사교육
남북역사교류
과거사규명
역사갈등
매장문화재
국가기록관리

매장문화재

개발의 장애물로 전락한 매장문화재

매장 문화재와 환경은 공통점도 있지만 결정적인 차이가 있다. 환경은 긴 시간이 흐르면 복원될 수도 있으나 매장 문화재는 한 번 사라지면 그것으로 끝이다. 이명박 정부 시기 강행된 4대강 사업과 관련하여 매장 문화재의 대란은 없었다. 하지만 밖으로 드러나지 않은 문제점도 적지 않았다. 공사 일정에 맞춘 속도전식 발굴 조사, 대규모 유적이 나타났을 때 조사를 회피하여 유적 위에 흙을 덮고 공사를 강행한 것 등이다. 4대강 사업에 투입된 경비 중 8조 원을 회수하기 위해 추진되는 친수 구역 개발이 매장 문화재에 대재앙이 되지 않도록 지금부터라도 눈을 부릅떠야 한다.

1. 매장 문화재 수난 시대

이명박 정권의 출범과 함께 'Business Friendly', 혹은 '기업 프렌들리'라는 구호가 등장했다. 풀어 쓰자면 '기업하기 좋은 환경 만들기' 정도로 이해된다. 장기 침체에 빠진 경제를 살리기 위한 정책 구호인 만큼 그 자체를 문제시할 생각은 없다. 다만 이 구호가 우리 사회 곳곳에 퍼져나가면서 야기한 문제 중 한 가지만 언급하고자 한다. 친기업 환경 조성 정책으로 야기된 문제점은 노동자의 고용 악화, 부패 만연, 국가적 위신 추락, 환경과 생태계 파괴 등 여러 부문에 걸쳐 있지만, 상대적으로 주목받지 못한 분야가 문화재, 특히 지상에 모습을 드러내지 않고 지하에 묻혀 있는 매장 문화재 분야이다.

'기업 프렌들리'라는 구호에 담겨 있는 핵심적인 가치는 돈이 최고의 선이며 돈과 다른 가치가 충돌할 경우 돈이 우선한다는 것이다. 전통·역사·문화는 돈이 되지 않을 경우, 혹은 돈이 되는 개발에 방해가 될 경우 제거 대상으로 전락한다.

실제로 이명박 대통령이 자신의 임기 중 생산한 수많은 말 중에서 전통이니 역사니 하는 단어는 들어본 적이 없다. 아무리 생각해봐도 김윤옥 여사의 '한식 세계화' 사업을 제외하면 이 정부 동안 문화니 전통이니 하는 가치는 모두 휴지통에 들어간 것 같다. 한식 세계화 사업이 안고 있는 문제를 다룰 겨를과 능력이 없는 필자로서는 그나마 이 사업이 이 정권의 유일한 문화 사업 아닌가 판단될 정도이다.

우리는 출신 성분에 결격 사유가 있다고 스스로 판단한 통치자가 자신의 이미지를 포장하기 위해 문예 부흥을 꾀한 경우를 역사에서 자주 볼 수 있다. 중국의 당태종과 청의 강희제가 동진의 서성 왕희지의 명작 난정서蘭亭序를 높이 평가하고 그 가치를 높이기 위한 작업을 자신의 치적으로 만든 것이 대표적인 예이다.

우리 역사에서도 마찬가지이다. 대한민국 수립 이후 공보나 관광, 체육과 뭉뚱그려 취급받던 문화 업무를 전담하는 문화부를 만든 것은 아이러니컬하게도 군사 정권의 끝물인 6공 때였다. 노태우 정권은 '문화입국'이라는 구호를 들고 나오면서 1990년 정부 정책을 홍보하는 공보처와 분리하여 문화부를 신설하는 등 다양한 문화 진흥 정책을 펼쳤다.[01] 그 결과 전두환 5공 정권의 '체육입국'과 차별성을 꾀할 수 있었다.

우리 사회에는 토목과 건축에 종사하는 집단에 대한 편견이 존재하여 '토건족'이라는 비칭이 사용되고 있는 것이 현실이다. 우리 경제에서 토목과 건축 분야가 차지하는 비중과 그들의 업적을 고려할 때, 이런 표현이 내포하고 있는 비아냥거림에 대해 필자는 동의하지 않는다. 유적 조사 현장에서 토목과 건축 분야에 종사하는 사람들의 땀과 희생을 자주 보았기 때문이다. 세간의 부정적인 평가를 불식시키기 위해서라도 토목과 건축 현장에서 평생을 보낸 성골 '토건족' 출신 대통령의 입에서 문화, 특히 매장 문화재에 대한 언급이 단 한 번이라도 나왔으면 하는 생각을 해본 적이 있다. 토목과 건축에 종사하는 집단은 숙명적으로 매장 문화재 파괴에 근접해 있는 직업군이기 때문이다. 하지만 필자의 소박한 바람은 끝내 이루어지지 못했다.

MB는 임기 중 역사, 문화, 전통이라는 단어를 한 번도 거론하지 않은 유일한(?) 대통령 아닐까 싶다. 이런 대통령의 임기 중에 매장 문화재가 받은 수난의 정도는 짐작할 수 있을 것이다. 이 글은 그 수난의 내용을 점검해보고 앞으로 동일한 잘못이 반복되지 않도록 바라는 마음에서 쓰여졌다. 매장 문화재에 관련된 법령이나 절차, 그리고 실제는 매우 복잡하고 전문적인 분야이기 때문에 대표적인 문제점에 대해서만 거론하고자 한다.

2. 발굴 조사와 관련된 제도의 개악

발굴 조사 최소화, 위기에 처한 매장 문화재

2011년에 개정된 매장 문화재 관련 규정에[02] 의하면 조선 후기의 경작유구, 일반가옥, 회곽묘, 삼가마, 자연도랑 및 자연수혈(동굴), 구석기시대 고토양층, 일제강점기 이후의 모든 매장 문화재는 발굴 대상에서 제외된다(〈표 1〉 참조). 위의 유적들을 발굴하지 않는다는 것은 원상태로 보존한다는 뜻이 아니라 각종 공사 현장에서 발굴 조사 없이 파괴한다는 의미이다.

이 규정을 만든 문화재청의 담당 공무원이 고고학에 대한 기초 지식을 제대로 갖추었는지 의심된다. 그 이유는 다음과 같다. 우선 구석기시대 유적 중 많은 수가 동굴에서 발견된 점을 주목해야 한다. 구석기시대 사람들이 인공적인 토목 행위를 통해 동굴을 팠을 리는 없고, 자연적으로 생긴 동굴에 들어가 살게 되면서 유적이 형성되었을 것이다. 고등학교 국사 교과서에 나오는 상원 검은모루동굴이 여기에 해당한다. 개정된 규정에 의하면 이런 유적은 발굴 대상에서 제외되며, 북경원인으로 유명한 중국의 저우커우뎬周口店 동굴도 발굴해서는 안 된다. 자연동굴에 인공이 가해지지 않았다는 것이 그 이유이지만, 구석기시대 원시인들에게 인공적인 시설물을 만들 것을 요구할 수는 없다. 앞으

〈표 1〉 새로 개정된 발굴 조사 실시 기준

<table>
<tr><th colspan="4" rowspan="3">구분</th><th colspan="10">공사 유형</th></tr>
<tr><th rowspan="2">굴착
·
절토</th><th colspan="2">성토</th><th rowspan="2">영구·
준영구
시설물</th><th rowspan="2">댐
제방
도로
철도</th><th rowspan="2">임시
공작물
설치</th><th rowspan="2">관로
매설,
전주
설치</th><th rowspan="2">농지
개량
(성토)</th><th rowspan="2">단기
적치
(성토)</th><th rowspan="2">성토
후
공원
조성</th></tr>
<tr><th>2m
이상</th><th>2m
이하</th></tr>
<tr><td rowspan="12">시대 및 유적 종류</td><td colspan="3">선사시대부터
고려시대까지</td><td>☆</td><td>☆</td><td>△</td><td>☆</td><td>☆</td><td>□</td><td>□</td><td>△</td><td>△</td><td>□</td></tr>
<tr><td rowspan="10">조선시대</td><td rowspan="5">전기</td><td>경작유구
(논, 밭)</td><td>○</td><td>○</td><td>△</td><td>○</td><td>○</td><td>□</td><td>□</td><td>△</td><td>△</td><td>□</td></tr>
<tr><td>일반가옥
(민가)</td><td>○</td><td>○</td><td>△</td><td>○</td><td>○</td><td>□</td><td>□</td><td>△</td><td>△</td><td>□</td></tr>
<tr><td>토광묘
(민묘)</td><td>☆</td><td>☆</td><td>△</td><td>☆</td><td>☆</td><td>□</td><td>□</td><td>△</td><td>△</td><td>□</td></tr>
<tr><td>회곽묘</td><td>○</td><td>○</td><td>△</td><td>○</td><td>○</td><td>□</td><td>□</td><td>×</td><td>×</td><td>×</td></tr>
<tr><td>삼가마</td><td>○</td><td>○</td><td>△</td><td>○</td><td>○</td><td>□</td><td>□</td><td>△</td><td>△</td><td>□</td></tr>
<tr><td rowspan="5">후기</td><td>경작유구
(논, 밭)</td><td>×</td><td>×</td><td>×</td><td>×</td><td>×</td><td>×</td><td>×</td><td>×</td><td>×</td><td>×</td></tr>
<tr><td>일반가옥
(민가)</td><td>○</td><td>○</td><td>×</td><td>○</td><td>○</td><td>△</td><td>×</td><td>×</td><td>×</td><td>×</td></tr>
<tr><td>토광묘
(민묘)</td><td>☆</td><td>☆</td><td>△</td><td>☆</td><td>☆</td><td>□</td><td>×</td><td>×</td><td>×</td><td>×</td></tr>
<tr><td>회곽묘</td><td>○</td><td>○</td><td>△</td><td>○</td><td>○</td><td>×</td><td>×</td><td>×</td><td>×</td><td>×</td></tr>
<tr><td>삼가마</td><td>×</td><td>×</td><td>×</td><td>×</td><td>×</td><td>×</td><td>×</td><td>×</td><td>×</td><td>×</td></tr>
<tr><td colspan="3">일제강점기 이후</td><td>×</td><td>×</td><td>×</td><td>×</td><td>×</td><td>×</td><td>×</td><td>×</td><td>×</td><td>×</td></tr>
<tr><td rowspan="3">유구 유형</td><td colspan="3">자연수혈
(구멍 포함)</td><td>×</td><td>×</td><td>×</td><td>×</td><td>×</td><td>×</td><td>×</td><td>×</td><td>×</td><td>×</td></tr>
<tr><td colspan="3">자연도랑</td><td>×</td><td>×</td><td>×</td><td>×</td><td>×</td><td>×</td><td>×</td><td>×</td><td>×</td><td>×</td></tr>
<tr><td colspan="3">단순 유물 포함층
(고토양층 포함)</td><td>○</td><td>×</td><td>×</td><td>○</td><td>○</td><td>×</td><td>□</td><td>×</td><td>×</td><td>×</td></tr>
</table>

범례 : ☆ 발굴, ○ 선별 발굴, △ 발굴 유예, □ 입회 조사, × 발굴 제외

로 구석기시대의 동굴 유적을 조사하면 규정을 어기는 셈이니 구석기 고고학의 존재 자체가 위협받게 되었다.

이른바 자연도랑(수로)을 발굴 대상에서 제외한 것도 문제가 심각하다. 청동기시대 이후 농업의 중요성이 커지면서 자연도랑을 막아서 농사에 활용하는 수리시설, 즉 보洑가 만들어지기 시작한다. 나무를 다듬어 만든 절굿공이가 나와 유명해진 안동의 저전리 유적, 한반도 최초의 부엽 공법이[03] 확인된 보성 조성리 유적은 다 자연도랑에 약간의 인공을 가한 형태이다. 자연도랑을 모두 조사할 필요는 없지만 인공이 가해진 수리 시설이 조사 대상에서 제외되는 것은 막아야 한다.

청동기시대부터 삼국시대에 걸쳐 크게 유행한 물의 제사는 대개 자연도랑에서 이루어졌다. 경산의 임당동이나 화성의 송산동에서는 자연도랑에 토기나 원반형 토제품과 같은 제기를 투척한 제사 유적이 발견되었다. 일본에서는 사람의 얼굴을 그린 토기를 강에 떠내려 보내서 액운을 제거하려는 제사가 크게 유행하기도 했다. 자연도랑을 막아서 목재를 보관해두는 저목장으로 사용하던 시설이 논산 오강리에서 발견된 적도 있다. 앞으로 이런 유적을 발굴하면 범법자가 된다.

이렇듯 어처구니없는 일이 벌어지게 된 데는 문화재청의 그릇된 행정을 막지 못한 고고학계의 책임이 일차적이지만, 전체 역사학계의 무관심도 한몫했다. 뒤늦게나마 고고학 및 한국사 관련 학회들이 공동으로 주최한 심포지엄이 2011년 4월 19일 열렸지만, 단발성으로 끝나고 더 이상 의미 있는 조치로 이어지지 못했다. 일각에서는 발굴 조사 실시 기준 개악은 오로지 고고학계에 관련될 뿐이고 역사학계와는 무관하다는 시각조차 존재하는 것 같다.

하지만 조선 후기의 생산 유적, 주거, 무덤이 최소한의 발굴 조사도 거치지 못하고 송두리째 파괴된다는 사실을 알고도 이런 무관심이 이어질까? 조선 후기 이후의 경작유구를 발굴 조사 대상에서 제외한 문화재청의 논리는 "조선 후기 경작지는 현재의 경작지와 동일해서 발굴 조사를 하더라도 더 이상 학술적인 정보를 얻을 수 없고 면적이 넓어서 많은 경비가 소요되어 개발 주체에게 불이익을 주기 때문에 발굴 조사 대상에서 제외했다"는 것이다.

과연 경작유구에 대한 더 이상의 조사가 필요 없을 정도로 조선 후기 농업기술사 연구가 진전되었는가? 농업사 연구자들의 답은 한결같이 "아니다"이다. 문화재청의 논리는 조선 후기에 속하는 논밭은 조사하면 안 되고 조선 전기 이전의 논은 조사해야 한다고 하지만, 조선 전기와 후기의 경계는 어떻게 구분할까? 논과 밭은 쟁기 자국, 소와 사람의 발자국, 논둑, 고랑과 이랑 같은 흔적을 남길 뿐 많은 유물이 발견되는 경우는 없다. 따라서 조사가 진행되는 도중은 물론이고 조사가 완료된 뒤에도 그 시기를 정확히 모르는 경우가 많다. 조선 전기에 만들어져서 조선 후기까지 사용된 논밭은 조사의 대상인가 파괴의 대상인가? 이런 어처구니없는 규정이 만들어진 데 대해 조선시대 농업사 연구자는 분노를 금치 못하고 있다.[04]

〈표 2〉에서 보듯이, 현재 대부분의 발굴은 개발에 수반되는 구제 발굴의 형태로 진행되는데 그 비용은 개발 행위로 인해 이익을 보는 개발 주체가 전액 부담한다. 만약 이들의 의뢰를 받고 조선 전기로 예상된 논밭을 발굴했는데 조사가 종료된 결과 조선 전기가 아니라 후기로 판명되면 개발 주체는 그동안 부담한 수억 원의 비용과 수개월의 기간에 대해 인내할 수 있을까? 법률적인 소송이 줄줄이 이어질 것이다.

〈표 2〉 최근의 문화재 발굴 조사 현황(문화재청 홈페이지 통계정보 2012년 3월 현재)

		2004	2005	2006	2007	2008	2009	2010	2011
발굴 조사	계	999	1,152	1,300	1,259	1,382	1,705	1,627	1,258
	순수 학술 발굴	30	12	23	37	30	41	32	52
	정비 목적 학술 발굴	102	104	70	74	99	90	116	98
	구제 발굴	867	1,036	1,207	1,148	1,250	1,574	1,479	1,108

출처: 김낙중, 「매장 문화재 발굴 조사 전문 기관 등록 및 취소 업무의 지자체 이양의 문제점」, 매장 문화재 관련 업무의 지방 이양에 대한 학회 공청회, 2012.

발굴 기관 입장에서는 공연한 소송에 시달리느니 차라리 분쟁의 소지를 피하기 위해서라도 조선 전기로 추정되는 논과 밭은 조사하지 않으려 할 것이다. 만약 발굴 착수 이전의 예상과 달리 조선 후기의 논밭임이 밝혀진다면 법률적 소송을 피하기 위해 조사 결과를 미공개하거나 조작하려는 유혹에 빠질 것이다.

일반적으로 경작지의 입지 조건은 고대나 현대나 큰 차이가 없기 때문에 조선 후기 논밭 아래에는 조선 중기, 전기, 고려, 통일신라, 삼국시대, 청동기시대 논밭이 줄줄이 이어지는 경우가 많다. 조선 후기 유적이라고 조사를 안 하면 그 아래에 위치한 유적도 모두 조사 없이 파괴된다.

조선시대 회곽묘에 대한 발굴 금지도 문제가 심각하다. 회곽묘는 조선 후기에 많이 만들어졌는데, 전기의 무덤과 공존하면서 공동묘지를 이루는 경우가 많다. 그런데 파보지 않고서는 그 무덤이 전기인지 후기인지 알 방법이 없다. 전기로 판단하고 조사했는데 후기로 판명되면 역시 불법 행위를 자행한 꼴이 된다.

그리고 조선시대 회곽묘는 과연 학술적인 가치가 없을까? 회곽묘는 땅을 파서 구덩이를 만들고 모래와 석회를 섞어 단단하게 만든 회곽을 넣고 그 안에 시신을 모신 목관을 안치하는 무덤이다. 모래와 석회에 물을 부음으로써 화학적인 변화를 일으킨 획기적인 묘제로서 지금의 콘크리트에 버금갈 정도의 강도를 지녔기 때문에 도굴의 피해를 입지 않고 인골이 완벽하게 남아 있는 경우가 많다. 심지어는 피부와 두발이 온전히 남은 상태의 미라와 복식, 한글 서찰이 발견되기도 한다. 이렇듯 고난도의 과학이 활용되고 귀중한 자료가 들어 있는 무덤이 어째서 조사 대상이 되지 못하는 것인지 이해할 수 없다.

개정된 규정에서는 조선 후기 이후의 삼가마는 전면 발굴 금지이다. 그런데 왜 하필 삼가마만 특기했는지 알 수 없다. 조선 후기의 철기 생산 시설, 기와나 벽돌가마, 석회가마는 조사 대상인가 아닌가? 이 규정에 따르면 정조 연간에 화성을 축조하기 위해 만든 벽돌가마나 기와가마가 발견되더라도 조사를 해야 할지 조사 없이 곧바로 파괴해야 할지 우왕좌왕할 것이다. 개악된 발굴조사 실시 기준에 대한 준열한 비판은 이미 이루어진 바 있다.[05]

그렇다면 왜 이런 어처구니없는 일이 벌어졌을까? 그것은 '기업 프렌들리'라는 구호가 초래한 비극이자 희극이다. '기업하기 좋은 환경 만들기'가 매장 문화재 업무와 관련해서는 발굴 조사의 건수, 기간과 면적을 줄임으로써 비용을 절감하려는 노력으로 나타난 것이다. 한마디로 정권의 구호를 문화재청이 충실히 따르기 위해 발생한 무리수인 것이다. 물론 이러한 변화의 주역은 문화재청이 아니라 청와대, 개발 담당 부처, 지방자치단체, 전경련, 그리고 각종 민원이었을 것이다. 문화재청 담당자의 입에서 나온 "고고학계를 제외한 외부의 요구가 저희들이 상상하는 이상으로 굉장히 강하고 훨씬 더 거대하다"는 고백에서[06] 그간의 고충을 읽을 수 있다.

관련 학계와 건전한 양식을 가진 시민단체가 문화재청이 잘못된 판단을 내리지 않도록 추동하고 감시해야 했지만, 현실은 그렇지 못했다. 게다가 고고학자 출신이면서 국립중앙박물관장을 지낸 당시 한국고고학회 회장이 문화재청장이 되면서 문화재청의 오류를 지적하는 학계의 목소리는 잦아들었다. 문화재청의 전횡을 막을 저항이 줄어들게 된 것은 매장 문화재를 위해서는 비극이었다.

그나마 다행인 것은 문화재청에서 스스로의 잘못을 시인했는지 2012년 3월에 규정을 일부 개정하고 한국고고학회에 "발굴 조사 실시 기준 보완을 위한 연구 용역"을 발주하여 2012년 12월 14일 한국고고학회 주최로 공청회가 개최된 점이다. 최종 보고회가 2013년 1월 28일 개최되었는데 학계의 의견이 어느 정도 반영될지 지켜볼 일이다.

고양이에게 생선 맡기기? 발굴 허가권 지방 이양

이명박 정권 시기 추진된 문화재 정책 중, 앞으로 본격적인 힘겨루기가 예상되는 것이 '발굴 허가 및 관련 업무의 지방 이양'이다. 2011년 6월 대통령 소속 지방분권촉진위원회에서는 현재 중앙정부의 권한으로 되어 있는 매장 문화재의 발굴 허가권과 관리권을 전국의 지방자치단체로 이관하는 것을 추진했지만, 한국고고학회를 비롯한 총 11개 관련 학회의 강력한 반발에 부딪혀 일단 보류되었다.[07] 그러나 이관 작업이 재추진될 것으로 예상되면서 이에 대한 학계의 저항이 성명서 발표와 공청회 개최로[08] 이어졌다.

지방분권이라는 시대적 추세에 맞춰 많은 업무가 중앙에서 지방으로 이양되는 것은 당연하다. 하지만 결코 중앙정부가 놓아서는 안 될 중요한 임무도 있다. 국방이나 외교 등 국민 전체에 관련된 업무가 그것인데, 매장 문화재도 마찬가지이다. 왜냐하면 각종 문화재는 특정 개인이나 지방의 소유물이 아니라 민족 공동의 재산이기 때문이다. 우리가 선조들로부터 물려받았듯이 우리 세대도 문화재를 잘 관리하여 다음 세대에게 물려줄 의무가 있다. 이런 까닭에 북한 학계에서 사용하는 '문화유산'이라는 표현에 우리도 별 거부감 없이 동의하는 것이다.

그런데 지자체장의 입장에서는 해당 지역 문화재의 보존·관리라는 임무 못지않게, 아니 더 중요하게 인식되는 임무가 있다. 그것은 지역 개발을 통해 지역 주민의 경제를 보다 윤택하게 하고 복지를 향상시키는 것이다. 문화재의 보존·관리라는 책무와 지역 개발이라는 목표가 상충할 경우, 그들이 선택할 정책이 어떤 형태를 취할지는 분명하다.

특히 선거를 앞둔 지자체의 장이 문화재의 보존 임무를 위해 지역 주민의 재산권 행사를 제한하는 모습을 상상이나 할 수 있을까? 문화재가 지역 주민의 개발 행위에 장애물로 인식되어 민원이 발생하고 문화재 보호가 소홀히 처리된 경우는 일일이 열거하기 어려울 정도이다.

대통령 소속 지방분권촉진위원회는 문화재의 관리만이 아니라 매장 문화재를 발굴 조사하는 기관의 등록 및 취소권도 지자체로 이관하려 하고 있다. 2009년 현재 전국에서 전개되는 발굴 조사 전체 건수의 90% 정도가 발굴 조사 전문 기관에 의해 이루어지고 있다(〈표 3〉 참조). 대학 발굴이 소규모인 점을 감안하면 전문 기관이 전체 조사 면적의 95% 이상을 담당하고 있다고 추정된

〈표 3〉 발굴 조사 담당 기관별 분포

	2005	2006	2007	2008	2009	계
국공립 기관	34(3.4)	40(4.2)	37(4.2)	43(4.2)	38(3.5)	182(3.7)
사립 기관	6(0.6)	15(1.6)	31(3.5)	17(1.7)	1(0.1)	70(1.4)
대학 기관	166(17.2)	83(8.7)	70(7.9)	72(7.1)	75(6.9)	466(9.5)
재단법인	770(79)	812(85.5)	751(84.5)	887(87)	977(89.6)	4,197(85.4)
계	976	950	889	1,019	1,091	4,915

* 표의 숫자는 건수이며, ( )는 연간 수행 비율을 의미함.
* 출처: 윤광진, 「매장 문화재 조사 연구의 경향과 의미」, 『한국고고학저널 2009』, 국립문화재연구소, 2010, 8쪽.

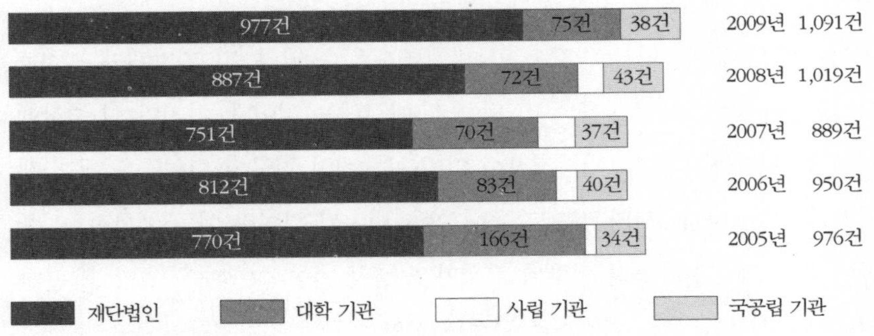

다. 그런데 이러한 전문 기관의 등록 및 취소권이 지자체의 장에게 귀속되면 어떤 문제가 발생할까?

발굴 조사 과정에서 그 유적의 가치를 가장 먼저 인식하게 되는 것은 조사 기관이다. 조사 기관이 유적의 보존 여부를 결정하는 것은 아니지만, 발굴 조사된 유적의 가치 평가 과정에 조사 기관의 생사 여탈권을 장악한 지자체장의 입김이 작용할 경우 이 유적이 보존될 가능성은 매우 희박해진다. 조사할 면적과 조사에 소요되는 기간의 축소는 개발 주체로서는 매우 바라는 바이며, 발굴 전문 기관이 이를 추진하는 지자체에 저항하기는 쉽지 않다. 충분한 조사

면적, 비용, 기간을 확보하지 못하고 이루어지는 발굴 조사는 졸속이 될 운명에 처한다.

결국 매장 문화재의 보존과 관리라는 책무는 지자체장에게는 어울리지 않는 권한인 셈이다. 동일한 가치로 평가받는 매장 문화재를 A라는 지방에서는 보존하고 B라는 지방에서는 전면 파괴해버리는 일이 전개될 것이다. 그럴 경우 중앙정부가 관여하는 장치는 어떻게 마련될 수 있을까? 지자체장의 판단에 의해 민족 공동 재산의 운명이 결정되어서는 안 될 것이다.

여기에 대해서는 다음과 같은 반론이 제기될 수 있다. 각 지자체마다 전문가들로 구성된 심의 기구를 두면 되는 것 아니냐는 것이다. 하지만 이 주장에는 심각한 결함이 있다. 지자체장이 임명하는 심의 기구의 위원들은 대개 개인적인 친분, 지역에서의 명망도 등에 의해 위촉될 것이며 이들의 선정 및 활동에 지역 개발업자들의 전방위 로비가 발생할 가능성은 매우 높다. 충분한 전문성을 갖추지 못한 위원들로 구성된 심의 기구는 지자체장의 들러리 역할 이상을 하기 어려울 것이다.

따라서 중앙정부 권한의 지방 이양이라는 좋은 구호는 적어도 문화재에 관해서는 밝은 면보다 어두운 면이 많을 것이 분명하다. 이명박 정부 시기에는 다행스럽게도 시행 보류되었지만, 박근혜 정부 시기에도 반드시 저지해야 할 정책인 것이다.

밀실에 갇힌 문화유산

발굴 조사에서 얻어진 정보는 국민 모두의 것이다. 발굴을 담당한 개인이나 기관이 자료와 정보를 독점하는 행위는 있을 수 없다. 지하에 매장된 유한한,

그리고 민족 공동의 귀중한 자산을 경제적인 이득을 위해 지상에 노출시킨 행위는 분명한 파괴 행위이며, 값비싼 대가를 치르고 얻은 현장의 모습을 국민에게 공개하지 않는 행위는 지탄받아 마땅하다.

따라서 모든 발굴 현장은 공개가 원칙이다. 발굴 조사가 이루어지는 동안 크고 작은 도움을 주었거나 불편을 감수해야 했던 지역 주민들에게도 발굴 현장을 볼 수 있는 권리가 주어져야 한다. 이웃 일본에서 "고고학은 주(시)민과 함께"라는 구호가 크게 호응을 얻은 이유가 여기에 있다.

고고학이나 역사학을 공부하는 연구자들에게 조사가 진행된 현장의 공개는 더더욱 필요하다. 그가 원로학자이건 학부에서 갓 공부를 시작한 대학생이건, 그들의 현장 견학은 반드시 보장되어야 한다. 문화재청의 입장도 현장 공개를 권장하는 것이라고 알고 있다.

그런데 이명박 정부 들어 발굴 현장 공개가 급감했다. 전국 어디에서 어떤 발굴 조사가 이루어지고 어떤 유물이 출토되었는지, 조사가 완료된 뒤 유적이 완전히 파괴되어 지도에서 사라진 것은 아닌지 여부를 알기가 너무 어려워졌다. 발굴 조사가 비공개로 진행되고 비공개로 완료되었기 때문이다.

유적의 학술적·문화재적 가치 평가 및 파괴 결정이 점점 밀실로 들어가고 있다. 지도위원회의가 전면 폐지되었기 때문이다. 종전에는 모든 발굴 조사 말미에 해당 분야의 전문가가 복수로 참여하여 유적의 성격 및 가치를 평가하는 지도위원회의가 의무 조항이었다. 하지만 몇몇 지도위원의 겹치기 출연, 지도위원회의에 소요되는 비용을 개발 주체에게 부담시키는 제도의 부당성 등을 핑계로 이 제도가 전격 폐지된 것이다.

물론 지도위원을 감당할 정도의 경륜과 학식을 갖춘 연구자가 많지 않은 현실에서, 몇몇 원로급 위원들이 전국의 수많은 유적에 겹치기 출연하는 부작용은 존재했다. 한번 지도위원회의를 개최할 때마다 백만 원 안팎의 비용이 소요되는 것도 사실이다.

하지만 지도위원회의에는 이러한 역기능을 훨씬 능가하는 순기능이 존재했다. 애초에 계획했던 발굴 기간을 넘길 수밖에 없을 정도로 중요한 유적이 나올 경우, 불가피하게 기간과 면적, 비용이 확대될 수밖에 없다. 최초 계획 수립 당시 왜 정확히 소요 기간과 비용을 산정하지 못했냐는 비판이 나올 수도 있지만, 지하에 존재하는 매장 문화재의 양을 정확히 추정할 방법은 없다. 한 길 물속은 알아도 한 치 사람 속은 모른다지만, 한 치 사람 속은 알아도 반 치 땅 밑을 알 수 없는 것이 발굴장의 현실이다.

지도위원회의는 조사 기관과 개발 주체의 대립을 조정하고 완화하는 순기능을 담당했다. 아울러 지도위원회의를 통해 유적의 가치 및 성격이 공개되고 일반 연구자들이나 주민이 현장에 접근하는 기회가 마련되었다. 지도위원회의가 폐지되면서 조사 착수 당시의 기간과 면적이 변동될 가능성은 사라졌다. 이는 예상치 못한 유적과 유물이 새로 발견되더라도 애초에 정해진 기간과 비용 범위 내에서 '반드시' 조사를 완료해야 한다는 의미이다. 결국 졸속 발굴의 위험성이 급증한다. 일반 연구자들과 주민의 입장에서는 발굴 현장에 접근할 기회가 원천봉쇄되어버렸다.

문화재청은 유적의 학술적 가치를 판단하기 곤란할 경우 발굴 기관이 자비를 들여 학술회의를 개최하라고 했지만, 이는 의무 조항이 아니기 때문에 발굴 기관이 학술회의를 개최하는 경우는 매우 드물다.

이제 유적의 중요도 평가, 보존 여부에 대한 판단이라는 과중한 부담이 오로지 문화재청에 부과되었다. 이에 부담을 느낀 문화재청은 전문가검토회의라는 제도를 신설하여 필요할 경우 발굴 현장에 '전문가'라는 사람을 파견한다. 하지만 이들은 대개 문화재청 소속의 지방 문화재연구소 직원, 문화재청 퇴직자, 그리고 문화재청과 긴밀히 연결된 자들로서 유적의 성격에 관계없는 비전공자가 위촉되는 경우가 비일비재하여 낙하산 논쟁을 야기했다. 그 결과 전문연구자들 사이에서는 문화재청이 위촉하는 검토위원을 거부하는 경우가 속출하고, 그 빈자리를 소수의 인사들이 독점하면서 본연의 직무를 소홀히 하고 검토위원을 주업으로 삼아버린 '관변 교수'가 등장하기에 이르렀다. 너무나 많은 권력을 한 손에 움켜쥔 문화재청으로서는 조사 기관과 학계에 위세를 부릴 수 있는 조건이 형성됨과 동시에 과도한 부담을 혼자 짊어져야 하는 당혹스런 현실이 전개된 것이다.

국내 발굴 조사의 절대다수를 담당하는 전문 기관의 입장에서는 발굴 조사와 관련된 모든 권한을 움켜쥔 문화재청 앞에서 절대 약자가 될 수밖에 없다. 이들 기관은 조사 면적과 기간 등 모든 분야에 걸쳐 문화재청의 가이드라인을 충실히 따를 것이다. 발굴 조사에 관련된 권한을 지방에 넘기는 것도 안 될 일이지만, 문화재청이 무소불위의 권한을 갖는 것도 부당하다. 매장 문화재의 발굴 조사는 고도의 전문성을 필요로 하며, 유적의 보존은 막대한 비용이 소요됨과 동시에 미래의 후손들을 위한 행위라는 점에서 전문가 집단의 신중한 협의 하에서 결정되고 진행되어야지, 행정 편의적으로 이루어질 일이 아니다.

3. 매장 문화재의 가치에 대한 몰인식

기능으로 전락한 발굴 조사

2011년 개정된 새로운 매장 문화재 관련 법규에 의해 발굴 조사에 종사하는 조사원들의 자격 기준이 변경되었다(〈표 4〉 참조). 발굴 조사단의 구성은 단장, 책임조사원, 조사원, 준조사원(조사보조원), 보조원으로 이루어지는데 그중 가장 문제가 되는 것은 발굴 조사의 핵심 인력인 책임조사원과 조사원의 자격이다. 이에 대해서는 이미 심층 분석이 이루어진 바 있기 때문에[09] 이 글에서는 핵심적인 문제만 간단히 언급하고자 한다.

발굴 조사단의 전 과정을 책임지는 책임조사원은 문화재 관련 학과의[10] 학사학위 취득자이면서 9년 이상의 발굴 조사 경력을 갖추거나, 매장 문화재 전공[11] 석사학위 이상의 취득자이고 6년 이상의 발굴 조사 경력을 갖춰야 한다. 이때의 6년은 학부를 졸업한 뒤 오로지 발굴 조사에 종사한 일수로 365일×6년=2,190일, 9년은 365일×9년=3,285일을 의미하며 문서화된 근거 자료를 제출해야 한다.

문화재 관련 학과를 졸업한 대학 교원은 석사학위 소지자이건 박사학위 소지자이건 학부 졸업 후 3,285일을 발굴 현장에 종사했음을 증명하지 않으면 책임조사원의 자격을 부여받을 수 없다. 매장 문화재 전공으로 분류된 학과를 졸업하지 않은 까닭에 엄청난 불이익을 받게 되는 셈인데, 이 기준을 적용할 경우 문화재 관련 학과 출신이건, 매장 문화재 전공 출신이건, 대학에 자리 잡은 고고학 교수 대부분이 책임조사원 자격을 상실하게 된다. 새로 부임할 신진 교수 중 이 조건을 충족시킬 수 있는 자도 거의 없다. 이로써 대학은 고고

〈표 4〉 새로 개정된 조사원 자격 기준

구분	자격 기준
조사단장	·해당 발굴 조사 기관의 장일 것 ·'고등교육법' 제2조에 따른 학교 또는 제29조에 따른 대학원에서 문화재 관련 학과의 부교수 이상인 사람일 것 ·국가 또는 지방자치단체의 기관의 경우에는 5년 이상의 매장 문화재 관련 실무 경력을 갖춘 학예연구관일 것 ·책임조사원으로서 5년 이상 매장 문화재 관련 실무 경력을 갖춘 사람일 것
책임조사원	·국가 또는 지방자치단체의 기관의 경우에는 2년 이상의 발굴 조사 경력을 갖춘 사람으로서 매장 문화재 전공 학예연구관일 것 ·국가 또는 지방자치단체의 기관의 경우에는 5년 이상의 발굴 조사 경력을 갖춘 사람으로서 매장 문화재 전공 학예연구사일 것 ·매장 문화재 전공 석사학위 이상 취득자이고 6년 이상의 발굴 조사 경력을 갖춘 사람일 것 ·문화재 관련 학과의 학사학위 취득자이고 9년 이상의 발굴 조사 경력을 갖춘 사람일 것
조사원	·국가 또는 지방자치단체의 기관의 경우에는 2년 이상의 발굴 조사 경력을 갖춘 사람으로서 매장 문화재 전공 학예연구사일 것 ·문화재 관련 학과의 학사학위 이상 취득자이고 6년 이상의 발굴 조사 경력을 갖춘 사람일 것 ·준조사원 3년 이상의 발굴 조사 경력을 갖춘 사람일 것
준조사원	·국가 또는 지방자치단체의 기관의 경우에는 매장 문화재 전공 학예연구사일 것 ·문화재 관련 학과의 학사학위 이상 취득자이고 3년 이상의 매장 문화재 관련 실무 경력을 갖춘 사람일 것 ·보조원 3년 이상의 매장 문화재 관련 실무 경력을 갖춘 사람일 것
보조원	·문화재 관련 학과의 학사, 석사 또는 박사학위를 취득한 사람일 것 ·전문 학사학위 이상 취득자이고 1년 이상의 매장 문화재 관련 실무 경력을 갖춘 사람일 것 ·고등학교 졸업 후 3년 이상의 매장 문화재 관련 실무 경력을 갖춘 사람일 것
보존과학 연구원	·보존 관련 학과의 학사, 석사 또는 박사학위를 취득한 사람일 것 ·고등학교 졸업 후 3년 이상의 보존 처리 실무 경력을 갖춘 사람일 것 ·문화재수리기능자(보존처리공) 이상의 자격증을 소지한 사람일 것

학 발굴 조사에서 원천적으로 밀려나게 되었다.

반면 매장 문화재 전공으로 분류된 학과를 졸업하고[12] 국가 또는 지방자치단체의 매장 문화재 학예연구관이 되면 2년, 즉 730일만 발굴 현장에 종사하면 책임조사원이 된다. 그런데 국가 또는 지방자치단체의 매장 문화재 학예연구관이란 실상 문화재청 학예연구관, 그리고 문화재청 산하 국립문화재연구소 학예연구관이다.[13] 결국 이 규정을 만든 주체가 누구인지를 짐작케 하는 대목이다. 특정 집단을 유리하게 하기 위한 억지가 너무도 자명하여 어설픈 위인설관爲人設官에 쓴 웃음이 나올 뿐이다.

새 규정의 또 하나 특징은 조사원 자격 기준의 완화 및 학력 차별 철폐를 강조하고 있는 점이다. 전체적으로 석사학위나 박사학위에 가산점을 부여하지 않는 것처럼 되어 있지만, 모든 자격 기준 중에서 유독 매장 문화재 전공자에 대해서만 석사학위 취득에 가산점을 둔 것을 볼 때 학력 차별 철폐라는 구호는 허구이다.

학력 차별이 철폐되는 것은 바람직하지만 이것이 전문성의 철폐를 의미하는 것은 아니다. 문제는 학력이 아닌 능력인데, 발굴 조사는 고도의 전문성을 갖춘 인력이 담당해야 하며 그 인력이 양성되는 곳은 대학이다. 하지만 현행 규정에 의하면 대학에서 문화재 관련 학과 졸업생이 석사학위, 박사학위를 받는 것은 조사원 자격의 상승에 아무런 도움을 주지 못한다.

자격 기준을 상승시키는 가장 효과적인 방법은 고등학교 졸업 후 발굴장에서 최대한 많은 시간을 보내는 것이다. 매장 문화재 관련 전문 교육을 받거나 연구 활동을 하지 않아도 시간만 지나면 저절로 조사원이 될 수 있다. 발굴장에서 어떤 역할을 했는지, 학문적인 성취를 이루었는지는 불문하고 오로지 몇 년을 발굴장에서 보냈는지, 엄밀히 말하자면 서류상 발굴단에 몇 번 이름을 올렸는지가 유일한 기준이 되어버렸다.

학력 차별 철폐라는 허울을 쓴 이러한 개악은 매장 문화재 조사를 학문적 행위로 인정하지 않고 단순 기능으로 간주한 데서 비롯된 것이다. 세계 어느 곳에서도 볼 수 없는 기이한 조항임에 틀림없다.

앞에서도 잠깐 언급했지만 학력 차별 철폐라는 구호의 뒤편에는 출신 학과에 대한 차별이 현저하다. 문화재 관련 학과로 분류된 학과를 졸업한 연구자는 매장 문화재 전공으로 분류된 학과 졸업생에 비해 엄청난 불이익을 당하게 된 것이다. 쉽게 말하자면 사학과에서 고고학을 전공한 연구자에 비해 인류학과에서 고고학과 무관한 문화인류학을 전공하거나 고고미술사학과에서 서양 근대회화를 전공한 졸업생이 월등한 혜택을 받게 된 것이다.

이런 차별은 인접 학문 간의 학제 간 연구를 넘어 융합 연구로 가는 최근의 추세에 완전히 역행하는 것이다. 창녕의 한 무덤에서 출토된 인골을 대상으로 고고학, 유전학, 생화학, 법의학, 해부학, 물리학, 조형학의 학제 간 융합 연구를[14] 시도한 기관이 다름 아닌 문화재청 산하 연구소임을 고려한다면, 출신 학과에 대한 차별은 문화재청 정책의 자기부정이다.

성이나 고분, 제방과 같은 거대 토목 구조물을 물리학, 토목공학, 수문학 전공자들과 함께 머리를 맞대고 연구하는 광경도 흔히 볼 수 있는 것이 최근 고고학의 동향이다. 이런 추세에 역행하여 몇몇 학과 출신만 우대하는 이와 같은 법령은 학력 차별 철폐라는 구호를 무색하게 만들며 스스로 모순에 빠지는 결과를 낳고 있다.

개발 vs 보존, 문화재청은 누구 편?

문화재청이 학계의 반대에도 불구하고 '발굴 조사 실시 기준'이란 것을 만들어 조선 후기 이후 유적에 대한 조사를 금지시킨 근본적인 이유는, 개발 주체의 부담을 덜어주기 위함이었다. 문화재청의 담당 학예연구관은 다음과 같이 말했다.

> (…) 이러한 규정을 제정, 적용함으로써 학계는 (a) 다소 무분별하게 진행되어온 소모성 발굴에서 벗어나 보다 심도 있고 충실한 조사와 연구로 (b) 고대 우리 역사와 문화를 규명하는 데 주력함과 동시에, (c) 발굴에 소요되는 사회적 비용을 절감함으로써 온 국민의 재산권을 보장하는 측면에 기여하고자 하는 취지에서 비롯된 것입니다.[15]

(a)와 (b)를 종합하여 이해하면 조선 후기 이후의 유적 발굴은 소모성 발굴이며 이 조사를 줄임으로써 "고대"의 역사와 문화를 규명하는 데 주력할 수 있다는 논리이다. 고고학이 고대의 역사와 문화를 규명하는 데 주력해야 한다는 논리는 대학의 고고학개론 수업에서도 나올 수 없는 그릇된 논리이다. 선사고고학, 중세고고학, 근대고고학 등 고고학의 학문적 범주는 산업화의 진전과 더불어 끝없이 확장되고 있기 때문이다.

여기에서 특히 문제를 삼고자 하는 것은 (c)이다. 이 부분이야말로 문화재청의 그릇된 인식을 집약적으로 보여주고 있다. "온 국민의 재산권을 보장"한다는 것은 개발 주체의 재산권을 보장한다는 이야기이다. 그들도 대한민국 국민인 이상 문화재청은 국민인 그들의 이해를 위해 존재한다는 궤변이다. 개발 주체도 국민인 것은 사실이지만 자신의 사적인 이익을 위해 민족 전체의[16] 공공재인 매장 문화재를 파괴하려는 입장에 서 있는 그들을 문화재청이 보호하는 것이 과연 정당한 행정일까? 그들의 재산권 보장은 개발 주무 부서인 국토

해양부에서[17] 맡으면 되는 것이고, 문화재청은 그들에게 맞서는 것이 고유 임무이다. 문화재청 홈페이지에 자랑스럽게 나와 있는 문화유산헌장에는 "문화유산은 (…) 선조들이 우리에게 물려준 그대로 우리도 후손에게 온전하게 물려줄 것을 다짐"하면서 "주위 환경과 함께 무분별한 개발로부터 보호되어야 한다"고 되어 있다. 아무리 찾아도 문화재청의 고유 업무가 개발 주체의 재산권 행사 보장이라는 구절은 없다. 자연 환경 및 생활 환경의 보전이 환경부 최고의 가치이듯이, 문화재의 보존이 문화재청의 최고 가치여야 한다. 때로는 개발 부처와 충돌을 일으키기도 하고 갈등도 생길 수 있다. 이는 당연한 일이고 그런 갈등을 조정하라고 총리실에 국무 조정 기능을 둔 것 아닌가?

〈표 5〉에서 보듯이 꾸준히 지속되던 발굴 조사 건수 및 비용은 2009년을 기점으로 급격히 하락하고 있다. 특히 개악된 문화재 법령이 발동된 2011년도의

〈표 5〉 지표·발굴 조사 건수 및 비용 현황

연도별	지표 조사		발굴 조사		계	
	건수	비용(억 원)	건수	비용(억 원)	건수	비용(억 원)
2005	1,510	108	972(180)	1,647	2,662	1,755
2006	1,382	120	947(353)	2,148	2,682	2,268
2007	1,530	114	876(383)	2,182	2,789	2,296
2008	1,534	181	941(441)	3,309	2,916	3,490
2009	1,449	203	1,093(612)	5,092	3,154	5,295
2010	1,464	136	1,092(535)	3,218	3,091	3,354
2011	1,221	85	903(355)	1,745	2,479	1,830
2012. 6	688	40	555(163)	924	1,406	964
계	10,778	987	7,379(3,022)	20,265	21,179	21,252

* ( ) 안은 발굴 변경 허가 건수임
* 출처: 문화재청, 『주요업무 통계자료집』, 2012, 46쪽.

발굴 조사 비용은 그 전해의 절반 수준에 불과하다. 앞으로 더 줄어들 것이 확실해 보인다.

발굴 건수가 줄었다는 이야기는 개발 행위가 줄어들어 파괴될 운명에 처할 수밖에 없는 매장 문화재에 숨통이 트였다는 조짐으로 해석될 만하다. 그런데 과연 그럴까? 4대강 사업에만 22조 원이라는 천문학적인 돈이 투입되는 토건국 대한민국에서 그런 일이 가능할까? 〈표 6〉에서 보듯이 2008년 이후 출토 유물 국고 귀속 수량은 급등하고 있다. 그 배경에는 각급 조사 기관에 분산되어 있던 매장 문화재의 국고 귀속 업무가 본격화된 점도 있겠지만, 다른 한편 지하에서 발굴된 유물의 양이 급증했음을 암시하기도 한다. 발굴 조사된 유물의 양이 급증하는 반면 비용은 급감하는 모순된 수치는 무엇을 보여주는가? 충분한 비용과 기간을 갖추지 못한 졸속 발굴이 늘어나고 있음을 반영한다.

유적 보존 의지의 실종

자주 듣는 말 중의 하나가 유적 때문에 개발이 중지되어 망했다는 한탄이다. 하지만 이런 일은 좀처럼 일어나지 않는다. 〈표 7〉에서[18] 보듯 발굴 조사

〈표 6〉 출토 유물 국고 귀속 현황

연도	2002	2003	2004	2005	2006	2007
수량(점)	32,069	22,935	68,126	22,671	9,698	22,772
연도	2008	2009	2010	2011	2012. 6	계
수량(점)	146,280	127,088	159,025	143,803	115,426	869,893

* 출처: 문화재청, 『주요업무 통계자료집』, 2012, 46쪽.

〈표 7〉 1986년 이후 발굴 조사 후 보존 조치 현황

구분	86~96	1997	1998	1999	2000	2001	2002	2003
원형 보존	10	6	6	12	17	20	38	31
이전 복원	10	1	5	8	15	15	29	21
합계	20	7	11	20	32	35	67	52
보존 비율	2%	3%	5%	6%	9%	7%	11%	7%
구분	**2004**	**2005**	**2006**	**2007**	**2008**	**2009**	**2010**	**합계**
원형 보존	44	34	17	15	26	9	2	287
이전 복원	29	16	10	17	40	20	13	249
합계	73	50	27	32	66	29	15	536
보존 비율	7%	4%	2%	3%	5%	2%	3%	

가 완료된 뒤 보존되는 유적의 수는 2009년 이후 급감했다. 이전 복원이 근근이 두 자리 수를 유지하고 있지만 원래의 위치를 떠나서 전혀 다른 환경에 부분적으로 이전하게 되는 이전 복원은 진정한 의미의 보존이라고 할 수 없다.

2009년 전체 발굴 건수는 1,093건으로서 사상 최고를 이루었지만 원형 보존은 단 9건, 1,092건의 발굴 조사가 이루어진 2010년에는 단 2건 이루어졌다는 사실에 주목해야 한다. 1999년 이후 꾸준히 두 자리 수를 기록하던 원형 보존은 2002~2005년 사이에는 30~40건에 달했지만 그 후 발굴 건수와 면적의 급증에도 불구하고 급감했다. 이명박 정권 들어 '기업 프렌들리'의 구호 속에서 수많은 유적이 파괴되었음을 증명한다.

유적이 있을 줄 모르고 공사에 착수했다는 핑계는 이제 더 이상 통하지 않는다. 그런 사태를 방지하기 위하여 문화재청의 주도 아래 시군 단위별로 문화재 분포 지도가 만들어졌으며 문화재 공간정보서비스(Heritage Geographic Information Service)를 실시하고 있다. 이것만이 아니다. 공사가 실시되기 전에

지표 조사, 표본 조사, 시굴 조사, 입회 조사 등 많은 장치가 있기 때문에 본격적인 발굴이 실시될 즈음이면 이미 대규모 유적이 존재하는지 여부는 판명된 상태이다.

따라서 대규모 유적에 대한 발굴 조사는 조사가 완료된 뒤 공사를 강행할 수 있다는 개발 주체의 자신감 없이는 좀처럼 이루어지기 어렵다. 일단 발굴 조사가 실시되면 수억 원의 자금과 수개월의 기간이 소요되는 만큼, 개발 주체의 입장에서는 매장 문화재가 돌파할 장애물, 혹은 제거해야 할 쓰레기로 간주되는 것이다. 이러한 움직임에 극히 드물게 브레이크가 걸리는데, 그럴 경우 유적이 원형보존된다. 2010년에 단 2건 이루어진 유적 보존이 그런 과정을 거친 것이다.

발굴 조사 이후 압도적 다수의 유적이 보존되지 못하고 소멸되는 데는 문화재위원회의 무기력도 한몫을 담당했다. 문화재의 보존, 관리 및 활용에 관한 사항을 조사·심의하는 최고 기관인 문화재위원회의 위상은 문화재청의 위력이 높아짐에 반비례하여 급격히 하락했다. 매장 문화재 관련 사항을 조사·심의하는 매장문화재 분과위원회는 14인 중 5인이 비전공자로 채워졌으며 문화재청의 정책과 충돌하는 장면은 좀처럼 보기 어려워졌다.

사태가 이렇게 흘러간 데는 언론도 그 책임을 면할 수 없다. 이명박 정부 시기 매장 문화재에 관련된 보도는 급감했다. 예전에 비해 유적 조사가 줄어서가 아니다. 전국 곳곳에서 중요 발견이 이어졌지만 언론은 발굴 성과를 언급하는 데 매우 인색해졌다. 개발과 보존이라는 가치가 충돌하는 현장에 대한 기사도 사라졌다. 물증은 없지만 개발에 장애가 될, 혹은 그럴 위험성(?)이 있는 매장 문화재의 보도를 자제하라는 데스크의 가이드라인이 작동한 것은 아닌가 하는 의혹이 생긴다.

지도위원회의 폐지, 언론의 보도 인색 등으로 인해 매장 문화재의 조사 성과와 보존 여부는 비공개된 밀실에서 논의되기에 이르렀다. 학계의 최일선에서 활동하는 연구자들조차 전국적으로 어디가 조사되었는지, 무엇이 출토되었는지 알 수 없는 상황에서, 귀중한 매장 문화재는 박물관 수장고에 처박혀 그 가치를 평가받지 못하게 되었다.

이러한 위기는 고고학계만의 위기가 아니다. 고고학이 학문으로서 존속할 수 있는지 여부도 본질에서 벗어난 논의이다. 매장 문화재를 바라보는 시선의 변화는 고고학만이 아니라 전체 역사학계, 나아가 우리 사회 전체의 문제이다. 유한하면서 민족 공동의 재산인 매장 문화재가 제대로 된 최소한의 대접도 받지 못하고 파괴되고 사장되는 참혹한 현실에 대한 항의를 이기적인 밥그릇 싸움으로 비하하고 호도하는 오해는 속히 없어져야 한다.

2007년의 검찰 수사를 통해 발굴을 둘러싼 고고학계의 비리가 폭로되면서 전체 고고학자들이 예비 범죄자쯤으로 인식되었던 적이 있었다. 2011년에 감사원이 4년 전의 검찰 수사를 연상시키는 감사를 진행하게 된 배경에 대해서도 의구심을 버릴 수 없다. 지도위원회의를 타깃으로 삼은 이 감사는 특정 위원이 지나치게 많은 회의에 참석했는지, 국립대 교수가 출장 신청서를 작성했는지 여부를 가리는 수준에서 전개되었다. 감사 결과 문제가 된 사안은 드러나지 않았지만, 그 직후 지도위원회의를 폐지하는 데 큰 역할을 한 것은 분명해 보인다. 감사원의 감사가 고고학계의 입을 봉쇄하기 위해 추진된 것이 아니길 바랄 뿐이다.

4. 매장 문화재, '잃어버린 5년'을 만회하라

이명박 대통령의 취임식(2008. 2. 25)을 며칠 앞둔 2008년 2월 10일 남대문이 불탔다. 서울 한복판에서 벌어진 일이었고 국보 1호라는 상징성도 컸기 때문에 국민의 비통함은 이루 말할 수 없었다.

하지만 전국 곳곳에서 6천 년 전의 신석기시대 마을, 2,600년 전의 청동기시대 마을이 통째로 파괴되는 데는 아무도 비통해하지 않았다. 정확히 말하자면 국민들이 모르는 사이에 벌어진 일들이다. 매장 문화재의 발굴 성과가 주민들에게 공유되었다면 있을 수 없는 일이었다. 매장 문화재는 국민 모두의 재산이다. "고고학은 시민과 함께"라는 구호가 정당함을 새삼 절감한다.

필자는 전국 곳곳의 매장 문화재를 모두 보호하자는 이상론자가 아니다. 압도적 다수의 유적이 파괴될 수밖에 없는 현실을 인식하고, 또 인정하고 있다. 하지만 파괴하더라도 최소한의 대접은 해주자는 것이다. 적절한 기간과 비용을 들인 충분한 조사, 그리고 충실한 기록(사진과 도면, 원고)을 남겨주는 것이 사라지는 유적에 대한 최소한의 대접이라는 생각에는 변함이 없다.

매장 문화재와 환경은 공통점도 있지만 결정적인 차이가 있다. 환경은 긴 시간이 흐르면 복원될 수도 있으나 매장 문화재는 한번 사라지면 그것으로 끝이다. 이명박 정부 시기 강행된 4대강 사업과 관련하여 매장 문화재의 대란은 없었다. 아니 정확히 말하자면 없었던 것으로 '정리'되었다. 그 이유에 대해서는 별도의 검토가 필요한데, 일단 중요한 매장 문화재가 큰 하천변보다는 지류와 소하천에 집중되어 있는 점, 사전 지표 조사로 인해 매장 문화재 집중 분포지역을 피하여 공사가 이루어진 것이 중요한 이유일 것이다.

하지만 밖으로 드러나지 않은 문제점도 적지 않았다. 공사 일정에 맞춘 속도전식의 발굴 조사, 대규모 유적이 나타났을 때 조사를 회피하여 유적 위에 흙을 덮고 공사를 강행한 것 등이다. 문제는, 사회 일반은 물론이고 학계조차 정확한 실상을 파악하지 못하고 있다는 점이다. 앞으로 4대강 사업의 공과를 논할 때 매장 문화재에 대한 검토가 반드시 진행되어야 할 것이다. 4대강 사업에 투입된 경비 중 8조 원을 회수하기 위해 추진되는 친수 구역 개발이 매장 문화재에 대재앙이 되지 않도록 지금부터라도 눈을 부릅떠야 한다.

2011년에 개정된 매장 문화재 관련 법규는 너무도 많은 문제점을 지니고 있다. 발굴 조사 실시 기준은 즉각 폐지, 조사원 자격 기준은 대폭 수정이 정답이다.

아울러 매장 문화재를 다루는 고고학계를 보는 부정적인 시각이 변화되어야 한다. 개인적인 비리를 학계 전체의 문제로 침소봉대했던 과거의 움직임이 '개발하기 좋은 환경 만들기'를 목적으로 했다는 의구심은 여전히 남아 있다. 이는 개발 주체들에 의해 언제든지 매장 문화재에 대한 공격이 재발할 수 있다는 의미이기도 하다.

현재 벌어지고 있는 발굴 물량의 덤핑 수주와 발굴 수준 하락은 개인의 문제 이전에 제도적인 결함에서 야기된 것이다. 적정한 발굴 경비 산정을 위해 만들어진 품셈 기준이 이제는 발굴 경비의 상한으로 인식되면서 적정 조사비의 70% 이하 선에서 수주가 이루어지는 어처구니없는 일이 벌어지고 있다. 부족한 조사 기간과 비용은 곧 부실한 발굴로 귀결될 수밖에 없다. 발굴 기관의 자정 노력과 함께 관련 부처의 엄정한 관리 감독이 필요한 부분이다. 매장 문화재를 둘러싼 환경이 건강하게 재정비된 뒤 국민 모두의 따뜻한 관심 속에서 민족 공동의 재산인 매장 문화재 조사에 남북 학계가 함께 나서는 모습을 그려본다.

◆ **권오영** ◆
한신대학교 한국사학과에 재직하고 있다. 한국 고대사 및 역사고고학을 전공했으며, 최근에는 동서문명 교섭사에 관심을 지니고 있다. 1999년부터 백제 왕성인 풍납토성 발굴 조사를 주도했으며, 현재 실크로드를 통한 동서 문명사 연구를 위해 4년째 아제르바이잔의 고대 왕성 발굴 조사에 참여하고 있다. 대표 논저로 『동아시아 문명교류사의 빛, 무령왕릉』, 『삼국시대 사람들은 어떻게 살았을까?』(공저), 『문답으로 엮은 한국 고대사 산책』(공저) 등이 있다. koy1108@hanmail.net

국가기록관리

기록이 없는 나라, 기록을 없애는 나라

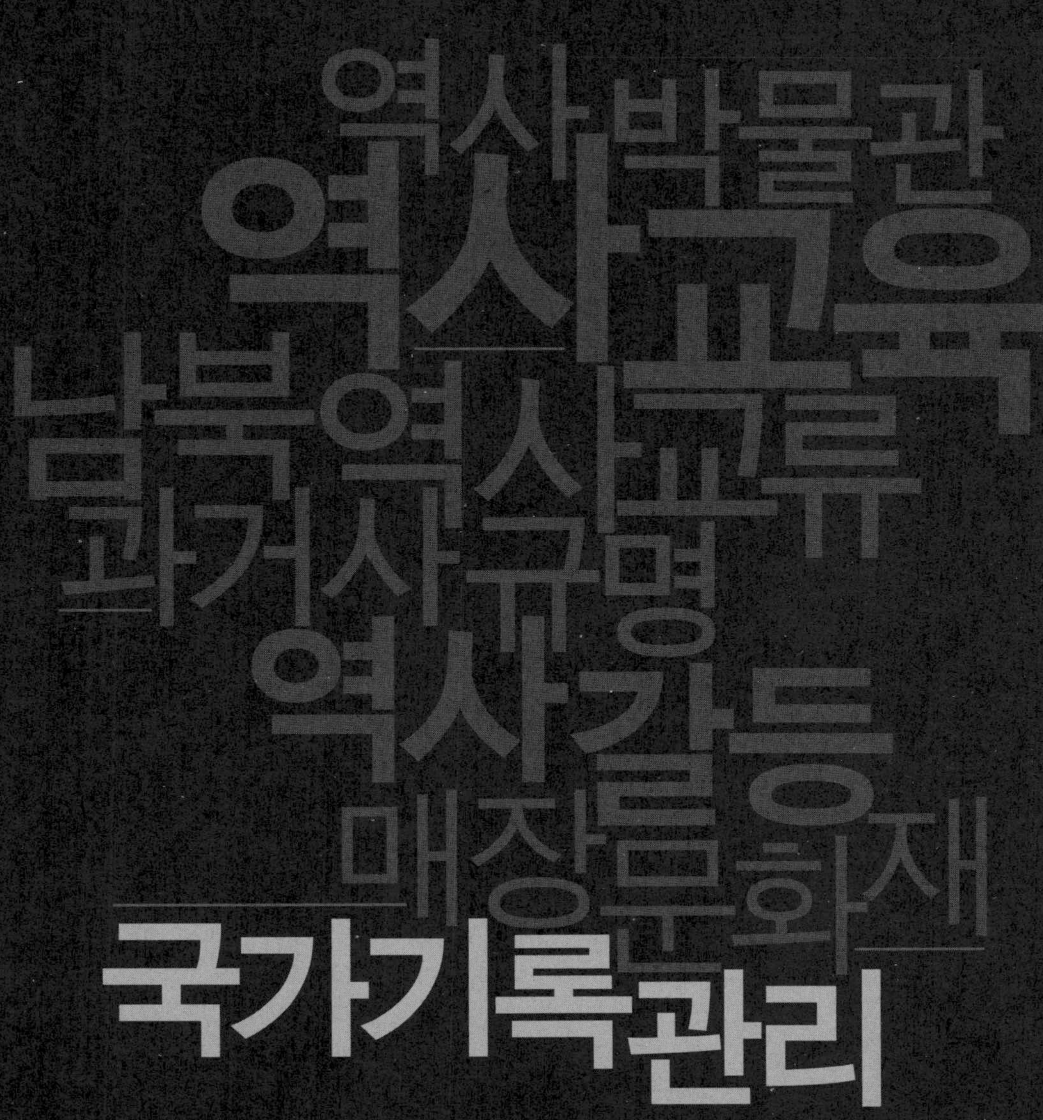

그나마 지방자치단체장은 기록 관리에 대한 최소한의 규정이라도 있지만, 국회의원 기록 관리에 대해서는 아무런 제도적 장치가 없다. 특히 재선에 실패한 의원(실)은 아무런 문제의식 없이 임기 종료 직전에 의원회관 지하에 있는 파쇄기로는 부족해 전문 출장 파쇄 업체들까지 동원하여 기록을 폐기한다. 폐기 대상에는 정부 부처가 제출한 자료들과 일명 '찌라시'로 불리는 각종 정보 보고 문건, 인사 기록, 상임위 관련 작업 문건, 회계장부 등이 망라돼 있다고 한다.

1. 생산하지 않고, 관리하지 않고, 공개하지 않는

국가 기록 관리는 1999년 「공공 기관의 기록물 관리에 관한 법률」(이하 '기록관리법')이 제정되면서 비로소 형성되었다. 법 제정 이전에는 기록 관리라기보다는 사무 처리 하위의 문서 행정이었다.[01] 1960, 70년대에는 '문서 효율화 정책'이나 '충무 제방 사업' 등을 시행하면서 보존 기간을 최하로 하거나, 영구 보존을 하더라도 마이크로 필름 촬영 후 원본을 폐기하기도 했다. 보존 시설이 없어 경산 조폐창에서 조선총독부 기록을 보존하기도 했고, 아이러니하게도 1984년의 부산 서고 건축에는 기록의 원본을 폐기하면서 발생한 수입이 투여되기도 했다. 이런 상황을 극복하기 위해 정부와 학계, 시민단체의 노력이 있었고, 결국 1999년 기록관리법이 제정되었다.[02] 기록관리법은 애초에 추진했던 국가 전반을 아우르는 국가기록관리법이 되지도 못했고, 국립기록청을 설립하지도 못했지만, 이는 사무 처리에 종속된 문서 행정 차원에 불과했던 기록 관리를 극복하는 첫걸음이 되었다.

기록관리법을 제정했지만 국가 기록 관리는 획기적으로 변화하지 않았다. '생산하지 않고, 관리하지 않으며, 공개하지 않는' 관행이 여전히 지속되었다. 제도는 마련했으나 공공 기관에서는 구체적으로 실현되지 않았다. 이런 상황을 가리켜 언론은 '기록이 없는 나라'라고 했다.[03] 이를 극복하기 위해 2004년 하반기부터 국가 기록 관리 혁신이 추진되었다. 참여정부는 국가 기록 관리 체계를 재구성하고 각급 공공 기관의 기록 관리를 정상화하기 위한 '국가 기록 관리 혁신 로드맵'을 수립했으며, 그에 따라 실행 방안을 마련하고 혁신을 추진했다. 참여정부의 기록 관리 혁신은 대통령비서실, 국가기록원, 그리고 정부혁신지방분권위원회가 협력하여 이루어낸 성과였다. 특히 정부혁신지방분권위원회는 '굿 거버넌스Good governance'의 훌륭한 틀로 작동했다.

기록 관리 혁신 추진의 의미는 국가 기록 관리의 '정상화'이다. 그리고 성과의 핵심은 업무 관리 시스템 도입 등 기록 생산 체계의 혁신과 '굿 거버넌스' 기제로서 기록의 역할 확보, 그리고 그 주체로 기록 관리 전문가를 임용·배치했다는 것이다.[04] 그러나 혁신을 지속하기 위한 토대를 구축하지는 못했다. 국가기록원이 질적·양적으로 성장했으나 독립성과 전문성을 확보한 안정적 국가 기록 관리 체계 구축을 위한 조직 혁신은 미흡했다.[05] 결국 이러한 미진함이 이명박 정부 수립 이후 지금까지 겨우 정상화의 길로 들어선 국가 기록 관리의 위기를 불러왔다.

2. 국가 기록, 위기를 맞다

정쟁의 도구가 된 대통령 기록

'대통령 기록 유출 논란'은 정권 인계 인수 과정에서 청와대가 민감한 기록을 폐기했다는 언론 보도로 시작되었다. 당시 언론에서는 40만 명의 인사 자료가 유출되었다거나, 북핵 기밀 문건이 청와대에는 없는데 봉하마을에는 있다거나, 노무현 대통령의 사저에서 청와대를 해킹한다는 등, 사실이 아니거나 확인되지 않은 보도를 쏟아냈다. 청와대는 참여정부 대통령비서실이 넘긴 인계인수 시스템에서 대통령 기록의 이관·인계·퇴임 후 활용 등의 내용을 담은 보고서를 발견한 뒤 이를 근거로 국가기록원과 함께 반환을 요구했다.[06] 이에 노무현 대통령 측에서 대통령기록관에 하드디스크와 백업디스켓을 반환했으나, 2008년 7월 24일 국가기록원이 참여정부 시절 청와대 비서관과 행정관 등 10명을 대통령기록관리법 위반 혐의로 고발했다. 이 논란은 노무현 대통령이 서거한 이후인 2009년 10월 29일 불기소 결정으로 종결되었지만, 국가 기록 관리의 역사에서 큰 오점이 되었다.[07]

논란의 핵심은 참여정부의 대통령비서실과 몇 개의 대통령 자문 기관에서 활용했던 업무 관리 시스템(e지원시스템)을 복제하는 방법으로 사본을 제작해 노무현 대통령의 사저로 가져간 것이 불법 유출이냐, 아니면 열람권 확보를 위한 불가피한 조치였냐는 것이다. 노무현 대통령 측은 "진본 전자 기록은 이미 국가기록원에 이관했으며, 열람 시스템이 갖추어지지 않아 e지원시스템을 복사했으며, 이것은 정당한 열람권의 행사"라고 주장했다. 이에 대해 국가기록원 등 정부는 "자료가 밖에 있는 것 자체가 위법"이라고 맞섰다.

처음에는 기록 유출이라고 언론에 대서특필되었다가 원본과 진본은 이미 이관했다는 것이 밝혀진 뒤 사본 제작이 법률상 열람에 해당되느냐 여부가 논란이 되었다. 이 논란에 대해 법제처 법령해석심의위원회 1차 회의에서는 다수의 심의위원들이 "사본 제작도 열람에 포함된다"고 했으나, 2차 회의에서는 '관행'에 따라 심의위원들을 전원 교체한 뒤 "사본 제작은 열람에 포함되지 않는다"고 결론내렸다.[08]

기록 관리의 차원에서 전직 대통령의 열람은 대통령 기록 접근에 대한 권한(accessibility)을 포괄적으로 인정하는 기록 정보 서비스의 영역이다. 따라서 정쟁의 도구가 아닌 기록 관리 문제로 접근해야 할 사안이었다. 애초에 이 문제는 노무현 대통령 측에서 사본을 반환하고, 국가기록원에서는 봉하마을에서도 접근이 가능하도록 온라인 열람 체계 구축에 대한 전망과 구체적인 계획을 제시하는 선에서 마무리될 수 있었다. 그러나 사본을 반환했음에도 국가기록원이 관련자들을 고발함으로써, 가장 많은 기록을 남긴 대통령과 그 비서들이 기록 문제로 검찰 조사를 받는 아이러니한 상황이 벌어지게 되었다.

'대통령 기록 유출 논란'은 국가 기록 관리 체제의 운영에 암울함을 안겨주는 '사건'이었다. 국정의 가장 핵심이 되는 대통령 기록이 앞으로는 잘 생산되지도 않고, 제대로 관리되지도 않으며, 불법적으로 멸실되고, 이관되지 않는 상황이 올지 모른다는 어두운 전망을 하게 되었다. 더욱 심각한 것은 국가기록원 독립성의 치명적인 훼손이다. 국가기록원은 노무현 대통령 측을 고발하면서 청와대와 "긴밀하게 협의"하는 등 "중립성을 지키지 못하고 권력의 명령에 복종"해버렸다.[09] 역설적이게도 '대통령 기록 유출 논란'은 우리 국가 기록 관리 체제의 가장 시급한 과제가 국가기록원의 독립성 확보라는 것을 환기시켜주었다.

국가기록원의 관료주의 심화와 전문성 훼손

이명박 정부는 기록 관리에도 실용을 강조했다. 그러나 이것은 참여정부 시기 국가 기록 관리 혁신의 성과를 퇴행시키는 결과를 낳았다. 이명박 정부는 위원회 정비라는 명목으로 가장 먼저 총리 소속으로 되어 있던 국가기록관리위원회를 행정안전부 소속으로 바꾸는 위상 낮추기를 시도했으며, 유사 기능이라는 이유로 대통령기록관리위원회를 폐지하는 등 국가 기록 관리의 거버넌스 체계를 흔들었다. 국가기록관리위원회는 시민 영역이 국가 기록 관리 정책의 수립·심의·집행에 대한 검토 및 평가에 참여하도록 하기 위해서, 대통령기록관리위원회는 대통령 기록 관리의 독립성을 보완하기 위해서 구성된 것이었다. 그러나 정부는 이런 의미는 외면한 채 단지 '실용적'으로 기구를 축소하고자 했다.

또 국가기록원의 관료 체계가 더욱 심화되었다. 행정안전부는 정부 조직 개편 과정에서 과장급 이상 관료들을 대대적으로 국가기록원에 배치하여, 어렵게 배치한 전문직의 팀장급 실무 책임자들을 다시 과원으로 낮추었다. 또 2009년 2월에는 대통령 기록 관리 정책을 입안하고 참여정부 대통령 기록의 이관을 담당하는 등 대통령 기록 분야의 전문성을 갖추고 있던 직원 대부분을 다른 부서로 옮기고 별정직 공무원은 면직시켰다. 이것은 전임 정권과의 연결 고리를 끊겠다는 의지에서 행한 것이고, 대통령 기록 관리의 전문성을 도외시하는 정치 논리와 관료적 발상에 따른 인사 정책의 발로였다.

국가기록원은 현재 3부 12과 3관(1관 5과) 1센터로 구성되어 있다. 현원 326명 중 전문직이라 할 수 있는 직원은 총146명[연구직 103명(학예 38명, 기록 42명, 공업 19명, 보건 3명), 사서 43명]으로서 직원 구성으로 볼 때는 부족하나마 전문 기관의 구색을 갖추고 있다. 그러나 과장급 이상 간부 25명 중 전문직은 3명(학예연구관 2명, 사서 1명)에 불과하고, 그나마 국장급 이상의 고위 공무원 6명 중에는 단 한 명도 없다. 국가기록원이 중앙 기록 관리 기관임에도 불구하고 정책을 결정하거나 실무를 책임지는 간부의 대부분이 행정 관료인 것은 기록 정보 서비스를 전담하는 전문 기관으로 역할하는 데 걸림돌이 되고 있다.

이런 조직 구성 때문에, 중앙 기록 관리 기관임에도 기록 관리와 관련 없는 관료적 논리가 우선하는 결정이 내려지는 일도 생긴다. 예를 들어 공공기록관리법에 의한 중앙 기록 관리 기관의 보존 서고가 2008년 성남에 건축되었는데, 국가기록원의 본원이 대전에 있다는 이유로 외교·통일·국방·검찰·경찰·국가정보원·군기관 등 특수기록관 기록은 여전히 대전 서고에 보존 중이다.

성장과 실용의 이름으로, 기록 관리의 퇴행!

국가기록원은 2009년 9월 "전자 기록 관리 체제로의 전환, 기록 유산의 국가 브랜드화 요구 등의 환경 변화와 정부의 선진화를 통한 세계 일류 국가 구현 시책에 발맞춰 국가 기록 관리의 신성장 동력을 확보"할 것을 목적으로 '기록 관리 선진화 전략'을 채택했다.[10] 사실 국가 기록 관리는 참여정부 시절에 마련한 국가 기록 관리 혁신 로드맵을 차근차근 실천하는 것으로 '선진적' 발전을 이루어낼 수 있었다. 그러나 국가기록원은 새로울 것도 없고 오히려 퇴행적인 전략을 내세웠다. 이 전략의 문제점은 성장주의 담론을 무비판적으로 수용한 것이다. 예를 들어 국제 기록 엑스포 개최로 연인원 25만 명의 고용 효과를 가져올 수 있다는 등, 국가 기록 관리 정책을 고용 유발과 같은 연관성이 없는 이슈로 전락시켰다. 또 피상적인 진단으로 민주적 가치 지향의 기록 관리 전략을 드러내지 못했다.[11]

이런 인식은 기록 관리를 행정 규제의 대상으로 삼는 것으로 연결되었다. 국무총리실은 2009년 하반기부터 기록 폐기의 엄밀한 절차와 기록 관리 전문가의 학력 자격 요건이 규제에 해당된다며 이를 시정하겠다고 나섰다. 그 내용은 5년 이하의 보존 기간인 기록을 외부 전문가의 심의 없이 폐기할 수 있도록 한다거나, 해당 기관의 기록관으로 이관된 기록 중 비공개 대상 기록의 공개 여부 검토 조항을 삭제하자는 것이다. 또 각급 기관에 배치될 기록 관리 전문가의 자격을 석사학위에서 학사학위 소지자로 낮추어야 한다고 했다. 기록을 폐기할 때 외부 전문가의 심의를 없앤다는 것도 문제지만, 보존 기간 5년 이하의 기록은 중요하지 않다는 발상도 이해할 수 없다. 또 기관의 기록관에서 비공개로 설정된 것을 공개할 것인지 다시 검토하는 과정을 생략하는 것도 문제다. 비공개 재분류는 국민의 알권리를 위해 공개를 활성화하는 기본적인 절차이다. 그런데 이것이 지나친 업무 과중을 발생시키는 규제라는 것이다. 시민단체나 학계의 반대에 부딪혀 이 사안들은 철회되었다.

기록 관리 전문가의 자격을 고학력으로 정한 것은 전문성 구현을 위한 불가피한 조치였다. 정부에서는 유사 직렬인 학예연구직과 편사연구직도 해당 학문의 전공이 자격 기준이라며 형평성을 주장했다. 그러나 이들 연구직은 수십 년 동안 석사학위 이상의 전문성이 아니면 해당 연구와 직무를 수행할 수 없다는 사회적 합의가 만들어졌지만, 기록 관리는 그렇지 않다. 대다수 공공 기관은 기록 관리가 전문 영역이 아니며 전문성도 필요 없다고 생각한다. 이런 인식 상태에서 전문성 구현을 위한 최소한의 장치를 없애는 것에 대한 문제제기가 있었다.

기록 관리 전문가 문제의 본질은 공공기록관리법령에서 2011년 말 모든 공공 기관에 기록 관리 전문가를 임용·배치하도록 정했음에도 불구하고 실현되지 못하고 있다는 것이다. 기록 관리 전문가를 임용·배치한 기관이 666개 대상 기관(법인, 공사·공단, 국공립대학 등 기타 공공 기관 제외)에 335명(2011년 말 현재)에 불과하다. 또 기록 관리 전문가의 직무 범위도 명확치 않으며, 많은 공공 기관은 계약직으로 기록 관리 전문가를 임용하고 있다. 국가적 차원에서 기록 관리 전문가의 '직무 역량과 기능(competency & skill)'을 규정하고 있지도 못하고, 일부 대학원에서 기록의 분류 아닌 도서 분류를 강의하는 파행적인 교육이 지속되고 있다. 이런 본질을 외면하고 단지 학력 기준만 낮추려 하는 것은 매우 근시안적인 기록 관리 정책이다.

불법적으로 폐기하고 생산은 게을리

기록관리법 시행 이후 이전까지의 불법적인 폐기 관행이 많이 줄어들었지만, 이명박 정부 시기를 거치며 다시 늘어났다. 기록관리법에 따르면 기록을 폐기하기 위해서는 해당 공공 기관의 기록 관리 전문가의 폐기 심사와 외부 민간위원이 참여한 기록평가심의회의 심의를 거쳐야 한다. 그러나 이런 절차를 거치지 않고 무단 폐기한 사례가 있었다. 예를 들어 광주광역시는 정당한 절차를 거치지 않고 무려 13,769건의 기록을 폐기했다.

문제는 정치·사회적으로 민감한 문제와 관련한 기록이 의도적으로 무단 폐기되었다는 것이다. 예를 들어 서울경찰청은 용산 참사 관련 기록 일부를 폐기했으며, 교육과학기술부는 상지대 옛 재단의 복귀를 결정한 사학분쟁조정위원회의 속기록을 폐기했다.

가장 심각한 문제는 불법 행위를 감추기 위해 기록을 폐기한 경우이다. 대표적으로는 국무총리실 공직윤리지원관실에서 민간인 사찰의 증거가 되는 전자 기록을 다시 복구할 수 없도록 폐기한 일이다. 이것은 민주주의의 근간을 훼손하는 초유의 사건이었다. IMF 관련 기록을 폐기하여 국가 위기 발생의 책임 소재를 따질 수 없었던 일이나, 기록이 없어서 과거사 진상 규명 활동이 벽에 부딪쳤던 일들이 먼 과거의 일이 아니었던 것이다.

국가는 국민에게 설명 책임(accountability)을 수행할 의무가 있다. 이를 위해서 국가는 공공 행위의 증거를 남겨야 한다. 그런데 국가가 나서서 불법 행위

〈표 1〉 참여정부 대통령비서실과 이명박 정부 대통령실의 기록 생산 현황

단위: 건/점

		전자 기록		비전자 기록			합계
		전자 문서 등	시청각 기록 (사진, 동영상)	종이 기록	선물 및 박물류	시청각	
이명박 정부	2008	35,390	80,258	4,915	86		
	2009	48,815	86,781	1,427	140	202	
	2010	51,534	87,210	2,028	208	160	
	소계	84,205	167,039	6,342	226	202	257,812
참여정부	2003. 3~ 2008. 2	479,376	689,209	217,895	1,036	2,815	2,040,449

* 참여정부의 대통령 기록 이관에 대해서는 국가기록원 대통령기록관, 「대통령 기록물 이관 현황」, 2008. 7을 참고. 이명박 정부의 기록 생산 현황은 청와대 홈페이지(http://www.president.go.kr/kr/community/information/board_list.php) 참고. 한편, 홈페이지 웹기록(참여정부 청와대 브리핑은 597,207건), 간행물은 통계에서 제외했다.

를 저지르고, 책임을 회피하기 위해 기록 폐기라는 또 다른 불법 행위를 한 것은 민주 국가에서는 있을 수 없는 일이다.

한편 이명박 정부 시기에 기록의 생산 관리도 부실해졌다. 특히 정책 결정 관련 기록이 체계적으로 남겨졌는지 의문이다. 예를 들어 대통령 기록의 생산 현황을 볼 때, 이전 정권과 확연한 차이가 있었다. 〈표 1〉은 참여정부 대통령 비서실과 이명박 정부 대통령실의 기록 생산 현황을 정리한 것이다.

〈표 1〉을 보면, 비록 3년간의 통계이기는 하지만 이명박 정부 청와대의 기록 생산이 상대적으로 부진했음을 알 수 있다. 물론 각 정권의 업무 관행에 따라 기록의 수량 차이는 존재할 수 있다. 그러나 조금 자세히 분석해보면 심각한 문제가 있음이 확인된다. 먼저 전자 문서의 생산 수량을 볼 때, 이명박 정

부 대통령실은 업무 관리 시스템(위민시스템)을 통해 정책 관련 기록을 만들어 보고하는 체계가 아닌 것으로 보인다. 그렇다고 정책 관련 보고 기록이 종이 기록으로 생산되었다고 보기도 힘들다. 〈표 1〉을 보면 3년 동안 생산한 종이 기록이 8,300여 건에 불과하다. 대부분의 종이 기록을 민정수석실, 사회통합 수석실, 또는 총무기획관실에서 생산한 것으로 되어 있는데, 아마도 이는 직접 생산한 것이 아니라 대부분 접수한 민원 기록이거나 서무 행정 기록일 가능성이 많다.

청와대의 정책 관련 기록 생산의 부진은 정부 부처에도 직접적인 영향을 준다. 대부분의 기록은 전자 기록을 생산하는 시스템 체계 안에 있겠지만, 정책 결정과 관련된 보고는 대면 보고로 이루어지고, 이때 종이로 작성된 보고서는 등록되지 않고 멸실되었을 가능성이 있다. 이것은 어렵게 마련한 전자 기록 생산 체계를 무너뜨리는 것이다.

3. 국가 기록 관리 정상화를 위하여

국가기록원의 위상 강화와 독립성 제고

우리나라에서 국가 기록 관리를 통할하는 중앙 기록 관리 기관은 국가기록원이다. 국가기록원은 1969년에 정부기록보존소가 설립된 이후 '국가 보존 기록관(National Archives)'의 역할을 해왔다. 지금은 3부 12과 3관(1관 5과) 1센터에 정원은 338명(현원 326명)의 규모를 갖고 있다.[12] 비록 행정안전부의 소속 기관이지만 규모나 정원 면에서 결코 작은 조직이 아니다. 그러나 국가 기록 관리를 통할하기에는 위상이 낮다는 의견이 기록관리법을 제정하던 당시부터 있었다. 당시에는 국립기록청 건립을 추진했지만, IMF 환란 직후 출범했던 국민의 정부는 작은 정부를 내세웠기 때문에 실현되기 어려웠다. 또 참여정부 시기에는 국가 기록 관리 혁신을 추진하면서 독립 행정위원회 조직안과 국립기록청 설립안을 논의했지만 성과를 이루어내지는 못했다.[13]

그러나 국가 기록 관리 통할 기관 문제는 국가 기록 관리 발전을 위해 풀어야 할 가장 중요한 과제이다. 현재는 국가 기록 관리 체제에서 거버넌스 원리가 작동하고 있는지, 국가기록원이 독립성과 전문성을 갖춘 진정한 국가 기록 정보 서비스 기관인지, 현재의 업무·기능으로 진정한 국가 보존 기록관의 역할을 수행할 수 있는지 등에 대한 문제제기로 발전했다.

조직 위상의 문제에 대해서는 국가기록관리위원회(가칭) 같은 행정위원회를 구성하자는 것과, 국가기록원을 국가기록청(또는 처)으로 승격하자는 방안이 제시되어 있다. 먼저, 국가기록관리위원회안은 기관의 독립성과 전문성을 확보하고 굿 거버넌스를 지향하며 국가 기록 관리 정책을 총괄하게 하자는 것이다. 이 방안은 조직의 독립성 측면이나, 입법부와 사법부 등을 포괄하는 전 국가적 차원에서 기록 관리 정책을 추진하는 데 유리하다는 강점이 있다. 반면 조직의 실현 가능성이 높지 않고, 조직되었다고 하더라도 안정성이나 예산 확보 및 집행 차원에서 불리하다.

둘째, 국가기록청 설립 방안은 국가 기록 관리의 총괄 및 집행 기관으로서 국가기록원을 강화하여 기록 관리에 대한 실무 역량을 확대하자는 것이다. 집행 기능이 강화되기 때문에 기록 문화의 확산과 장기적 발전에는 행정위원회보다 오히려 유리하다는 강점이 있다. 또 조직의 안정성이 높고, 예산 확보와

집행이 상대적으로 용이하다. 그러나 독립성과 전문성 구현에는 약점이 있는, 여전한 관료 중심의 행정 기관이 되거나 정치 논리에 영향을 받는 조직이 될 가능성이 크다. 기존에는 행정위원회를 구성하자는 것이 학계 대다수의 입장이었으나, 국가기록청이 된다 하더라도 거버넌스 구조를 확고하게 갖춘다면 독립성을 충분히 구현할 수 있다는 견해가 힘을 얻어가고 있다.

국가 기록 관리 통할 기관의 위상 격상 문제의 본질은 독립성과 전문성 확보이다. 기관의 위상을 격상한다고 독립성이 확보되지는 않는다. 캐나다(문화부), 호주(정보통신예술부), 프랑스(문화부), 독일(총리실) 등의 국가 기록 관리 통할 기관은 독립 기관으로서의 위상을 갖고 있지 않지만, 독립성이나 전문성이 없다고 하지는 않는다. 미국과 중국 같은 나라들처럼 독립 기관이 되어야 국가 기록 관리가 잘된다고 할 수도 없다.

독립성은 전문성이 전제되어야 한다. 이는 현 체제에서도 충분히 가능하다. 우선 국가기록원장을 전문가로 임용하는 것을 고려해야 한다. 그동안 정부기록보존소 이후 현재까지 국가기록원장은 모두 관료였다. 역대 기관장 중에 기록 관리 발전을 위해 의미 있는 일을 한 사람은, 기록관리법을 만드는 데 역할한 단 한 명(김선영, 재임 기간 1996. 3. 07~2000. 2. 8)밖에 없다. 그저 은퇴를 준비하거나 더 좋은 보직을 위해 거쳐 가는, 또는 조직 보위 논리를 지키려는 관료들뿐이었다. 임기도 짧아 기록관리법 시행 이후 역대 기관장 평균 재임 기간이 평균 1년도 되지 않는다.[14]

또 국가기록원의 실무 책임자들을 점차 전문가로 교체해서, 전문가 중심 실무 체제로 변화해야 한다. 이를 위해서는 과장급 보직자를 복수 직급으로 정한 것을 개정해야 한다. 예를 들어 국가기록원의 사회기록관리과장은 "부이사관·서기관·기술서기관·학예연구관·기록연구관·공업연구관 또는 보건연구관으로 보한다"는 식으로 되어 있는 것은 문제다. 이런 복수 직급 상태에서는 전문직이 실무 책임자가 되기 어렵다. 국가기록원 내의 전문직들도 전문성 확보를 위해 노력해야 한다. 현재 한국기록전문가협회에는 국가기록원의 전문직은 거의 가입되어 있지 않다. 이는 세계적으로 유례가 없는 현상이고 매우 부끄러운 일이다. 이런 상태에서 국가기록원의 위상을 논의하는 것은 부질없는 일일 수도 있다. 선진국의 경우에서 보듯이, 중앙 기록 관리 기관의 권위는 예외 없이 정치적 중립성, 행정적 독립성, 기록 관리 전문성, 문화유산 기구로서의 선도성, 대국민 서비스 중심주의 기록 정보 공개에서 나온다.[15] 이는 전문성 제도화와 거버넌스를 통한 지속적 쇄신으로 구현된다.

지방에도 기록 관리 기관을

기록관리법 시행 이후 중앙 행정 기관 등 정부 차원에서는 비록 초입 단계지만 발전이 거듭되고 있다. 그러나 지방 기록 관리는 여전히 답보 상태를 면치 못하고 있다. 학계는 일찍부터 지방 기록 관리 기관을 설립해야 한다고 주장했다. 하지만 공공기록관리법에 특별시, 광역시·도, 특별자치도에 반드시 영구 기록 관리 기관을 설립·운영하도록 정해놓았음에도, 아직 단 한 곳도 지방 기록 관리 기관을 설립하지 못하고 있다. 대전, 경기도, 충청남도, 제주도 등이 지방 기록 관리 기관 설립을 추진했지만 실패했다. 다만 최근 서울시가 '서울기록원' 추진을 위해 전담 부서를 설치하기로 했다.[16] 만약 이것이 차질 없이 진행된다면 최초의 지방 기록 관리 기관이 될 것이다.

지방 기록 관리 기관을 설립하지 못하고 있는 것은 조직과 시설·인력 구성에 어려움을 겪기 때문이다. 영구 기록 관리 기관을 건립하기 위해서는 많은 예산이 소요된다. 재정 형편이 좋지 못한 지방의 경우 천억 원 이상이 소요되는 건립 사업을 추진하는 것은 무리가 있다. 따라서 정부의 지원이 없다면 사실 추진하기 어려운 과제이다. 인력 구성도 마찬가지이다. 총액 인건비 제도 하에서 인력을 운영하는 지방자치단체는 영구 기록 관리 기관의 조건에 부합하는 기록 관리 전문가의 임용·배치가 쉽지 않다. 이런 이유 때문에 지방 기록 관리 기관을 고려했던 지방자치단체도 계획만 세우고 아직 추진하지 못하고 있다. 이런 상황이라면 정부의 건립 전면 지원, 운영을 위한 지방교부금 지급, 인력 순증 방안 마련 등의 획기적인 계기가 없으면 지방 기록 관리 기관 설립은 요원하다.

따라서 발상의 전환이 필요하다. 먼저, 건물 신축 방식의 지방 기록 관리 기관 설립 추진을 재고해야 한다. 영구 기록 관리 기관이므로 일정한 기준에 따른 시설이 필요하기는 하지만, 이것이 없다고 역할을 하지 못하는 것은 아니다. 해당 지방자치단체의 업무과 기능을 재조정하고, 당장은 필수 인력을 배치하는 것으로도 충분히 영구 기록 관리 기관의 역할을 할 수 있다. 지방의 역사 문화 관련 기구나 도서관 등과의 연계, 협력을 통해 라키비움Larchiveum의 형태로 지방 기록 관리 기관을 설립할 수도 있다.[17] 물론 이를 위한 조직·예산·인력 차원의 지원을 법령에 명시하는 것도 필요하다.

둘째, 보다 중요한 것은 지방 기록 관리를 어떻게 할 것인지 논리를 정립하는 것이다. 이것은 지방 기록의 개념과 범주를 재설정하는 데서 시작되어야 한다. 이를 위해서는 지방 행정 체계와 지방자치단체의 업무와 기능 분석이 선행되어야 한다. 이 분석의 결과로 반드시 생산·관리되어야 할 기록의 범주가 설정될 것이다. 뿐만 아니라 지방의 역사·문화 관련 기록을 관리하고 이를 시민들에게 서비스할 수 있는 체계를 갖추어야 한다. 이렇게 할 때만이 지방 기록 관리의 목적인 기록 관리를 통한 소통의 제고와 지역 기록 문화 역량의 강화를 이루어낼 수 있다.

삶의 질 향상을 위한 민간 기록 문화 확산 지원

기록 문화의 확산을 위해서는 민간 차원에서 일상 수준으로 기록 관리가 활성화되어야 한다. 최근 마을 등 커뮤니티 아카이브나 일상 아카이브에 대한 관심이 높아지는 것도 이런 흐름을 반영한다.[18] 현재 민간 차원의 기록 관리는 개인적인 열정으로 기록을 모으거나 개인 박물관을 운영하는 방식으로 이루어지고 있다.

공공기록관리법에도 민간 기록 관리에 대한 조항이 있는데, 국가적으로 보존할 가치가 있는 기록을 국가가 지정하여 체계적 관리가 이루어지도록 정해 놓았다. 현재 국가 지정 기록으로 지정된 것은 유진오의 제헌헌법 초고, 미군정 민정장관(안재홍) 문서, 이승만 대통령 관련 문서(약 15만 쪽), 조선말 큰사전 편찬 원고, 도산 안창호 관련 미주 국민회 기록(약 만 7천여 건), 새마을운동 관련 기록(3,015권) 등 6종이다. 국가기록원에서 보존과 관리 실태를 점검하고 마이크로 필름 촬영과 보존 용품을 지원했다. 또 국가기록원에서는 내 고장 역사 찾기, 총 184명의 민간 기록조사위원의 구성·운영, 국민 대상 기록 기증 캠페인, 주요 사건에 대한 민간 구술 채록 등의 사업을 추진했다. 이런 사업을 통해 국가기록원은 1999년 이후 지난해까지 총 176,910점의 기록을 수집했다.[19]

그러나 이런 사업은 민간 분야의 기록 관리 활성화를 통한 기록 문화의 확산보다는 기록 수집에 중점을 둔 것이었다. 내 고장 역사 찾기 사업의 경우 42,438건의 기록을 발굴했지만, 희망 근로 사업의 일환으로 추진된 일회적 이벤트였다.

다만 '기록사랑마을' 같은 사업은 더욱 확장할 필요가 있다. 국가기록원은 2008년부터 민간 소장 중요 기록의 보호와 기록 문화의 중요성에 대한 인식 확산을 위하여 기록사랑마을 지정 및 지원 사업을 실시했다. 강원도 정선의 안경다리마을과 함백역, 경기도 파주의 파주마을, 서귀포시의 안성마을, 포항시의 덕동마을, 보성군의 강골마을 등 총 다섯 곳을 기록사랑마을로 선정했다. 이렇게 선정된 기록사랑마을에는 마을 전시관을 조성하거나 기록의 보존 처리 및 복제, 마을 지원을 위한 MOU 체결 등의 지원 사업을 벌였다. 이 사업이 국가기록원이 수행했던 일련의 민간 기록 관리 지원과 다른 것은, 기록 수집이 목표가 아니라 민간과 협력하는 기록 문화 확산을 지향했다는 점이다. 국가 차원의 민간 기록 문화 활성화는 기록 수집이 목표의 전부가 되어서는 안 된다. 민간 스스로 기록하고 이를 활용해 삶의 질을 향상시킬 수 있도록 지원하는 방향이어야 한다. 예를 들어 서울시가 정력적으로 추진하는 '마을 만들기'는 '마을 기록 만들기'가 기본이 되어야 한다. 민간의 기록 문화 확산은 정부나 지방자치단체가 주도하는 일회성 이벤트가 아닌 성숙한 문화로 안착하도록 꾸준히 추진되어야 한다. 정부는 이런 인식을 토대로 기록 문화가 확산되도록 제도적 기반을 마련해야 한다.[20]

기록 생산 통제 범위의 확대 : "회의를 했으면 기록을 남겨라!"

기록의 가장 적극적인 수집 방법은 반드시 생산되어야 할 기록을 정하고 이를 관리하는 것이다. 공공기록관리법도 생산 의무 조항을 정하거나 공식 문서 외에 업무 관련 메모, 일정 및 대화록 등을 등록해 관리하도록 하고 있다.[21] 그러나 이 조항들이 잘 지켜지지는 않는다. 대표적인 것이 회의록이다.

회의록은 정책의 입안이나 경과에서 가장 중요한 기록이다. 논의의 결과가 아닌 과정까지 남겨야 한다는 측면에서 가장 철저한 관리가 필요한 기록이다. 그러나 회의록의 생산 현황은 참담한 수준이다. 대표적으로 국무회의 회의록은 사실상 회의록이라 보기 어렵다. 보도에 의하면 한미 FTA 국무회의 의결 회의록은 "이견없음"이 전부라고 한다.[22] 최근 논란이 된 '한일군사정보보호협정'의 의결도 마찬가지다.

이런 상황은 "회의는 있으나 기록은 남기지 않는다"는 불편한 '관행' 때문이기도 하지만, 회의록에 대한 규정이 미흡한 이유도 있다. 공공기록관리법령에는 회의록을 작성할 때 발언 내용이 아닌 요지만 기록하도록 하고 있다. 논의 내용이나 발언자를 기록하지 않고 의결만 기록해도 되도록 했다. 또 국가기록원장이 반드시 속기록이나 녹음 기록을 남겨야 하는 회의를 지정하도록 하고 있으나 겨우 42개만 지정되었으며, 국무회의 같은 주요 회의는 거기에 포함되지 않았다.

혹자는 회의록을 제대로 남겨야 한다고 강조하면 발언자가 자유롭게 발언할 수 없다거나 과도한 정치적 공방을 발생시킬 우려가 있다며 반대한다. 이것은 공무를 수행하고 책임은 지지 않겠다는 발상이다. 국민에게 정부의 일을 설명하지 않겠다는 것으로서, 정부를 불신하게 만든다. 미국의 '회의공개법(The Government in the Sunshine Act)'(1976) 제정이 워터게이트 사건으로 정부에 대한 국민의 불신이 커졌을 때 이를 해소하기 위한 것이었음을 상기할 필요가 있다.

그러므로, 공공기록관리법령에 회의록 작성의 항목 중 '발언 요지'를 발언자를 포함한 '발언 내용'으로 바꿔야 하고, 속기록과 녹음 기록을 남겨야 하는 대상 회의를 확대해야 한다.

또한 기록의 생산 통제 범위에 반드시 이메일도 포함되어야 한다. 법령에 의하면 이메일은 관리 대상이 아니다. 이메일을 관리해야 한다는 주장이 있었으나, 사적인 용도로도 쓰이기 때문에 공공 기록이 아니라는 이유로 획득 대상 기록에서 제외되어 있는 상태이다. 그러나 이메일은 이미 업무 관련 주요 소통 수단 중 하나이다.

2009년 2월 용산 참사가 사회적 이슈가 되었을 때, 청와대에서 경찰청에 이메일을 보내 "용산 사태를 통해 촛불 시위를 확산하려는 반정부 단체에 대응하기 위해 군포 연쇄 살인 사건을 활용하라"라는 업무 지시를 내렸던 사실이 밝혀졌다.[23] 이 사건은 여론 조작이라며 사회적 이슈가 되었지만 공식적인 기록이 아닌 수단으로 업무 소통을 한 것도 큰 문제라는 지적이 있었다.

그런데 이메일을 통한 업무 연락은 특별한 일이 아니다. 공문서로 작성하기에는 완성도가 떨어지거나 참고 자료를 교환하는 경우 등, 대내외적으로 이메일은 이미 중요한 업무 소통 수단이다. 단순 업무 연락이 아니라 지시, 지시사항 전달, 보고 등 매우 중요한 결정이 이메일을 통해 이루어지거나 전달되기도 한다.

이메일을 기록으로 관리하기 위해서는 법령에 관리 대상으로 명확히 정해야 한다. 또 업무 소통은 반드시 기관 메일 계정이나 공무원 계정(korea.kr)으로 하도록 강제한다면 기록으로 획득하는 데 기술적 어려움은 없을 것이다.

선출직 공무원 관련 기록 관리 체계화

국가 기록 관리에서 가장 큰 사각 지대는 선출직 공무원 관련 분야이다. 특히 지방자치단체장과 국회의원의 기록 관리는 집중적인 관심이 필요한 영역이다. 최근 서울시는 기록의 중요성과 행정의 투명성을 확보하기 위해 시장 집무실에서 이루어지는 회의나 면담 내용을 모두 기록하는 '사관제'를 도입했다고 한다.[24] 공공기록관리법령에는 지방자치단체장의 방문자 명단과 면담록 등은 반드시 기록으로 등록하여 관리하도록 하고 있다.[25] 그런데 이것이 '사관제'라는 표현으로 특별한 일이 된 것은 법령을 지키는 경우가 없었기 때문이다. 따라서 법령을 준수하면 해결될 일이다.

지방자치단체장이 정치인이기 때문에 면담 중에는 정치 활동과 같은 개인 영역이 있다. 그러므로 직무 관련성 여부를 명확히 분류할 필요가 있다. 대통령 기록처럼 직무 관련 기록과 개인 기록의 분류를 법령으로 정하는 것도 방법이다. 또 자치단체장 기록의 범주를 설정하고, 관리 방법과 절차 및 공개에 대한 사항을 제도화해야 한다. 대통령 기록의 경우 법령으로 정하지는 않았으나 대통령 말씀록(발언록) 관련 관리 절차가 있다.[26]

그나마 지방자치단체장은 기록 관리에 대한 최소한의 규정이라도 있지만, 국회의원 기록 관리에 대해서는 아무런 제도적 장치가 없다. 국회의원과 관련된 기록은 국회사무처 등의 국회 소속 기관에서 수집한 기록이 아니면 관리할 수 없는 상황이다. 특히 재선에 실패한 의원(실)은 아무런 문제의식 없이 임기 종료 직전에 의원회관 지하에 있는 파쇄기로는 부족해 전문 출장 파쇄 업체들까지 동원하여 기록을 폐기한다. 폐기 대상에는 정부 부처가 제출한 자료들과 일명 '찌라시'로 불리는 각종 정보 보고 문건, 인사 기록, 상임위 관련 작업 문

건, 회계장부 등이 망라돼 있다고 한다.[27]

대부분 국회의원실에서 생산되는 국회의원의 기록은 명백히 국가 기록임에도 의정 활동의 증거보다는 개인 정보로 간주되었으며, 국회 기록의 범주로 관리하기 위해 국회기록보존소에 이관하는 규정조차 없었다. 이렇듯 국회의원 기록 관리를 위한 별도의 법령이 존재하지도 않고 공공기록관리법에 관련 조항도 없다. 물론 국회의원실의 업무 절차가 정형화되어 있지 않아 일정한 분류 체계를 갖추기 어려워 짐작만할 뿐 구체적으로 어떤 기록이 어떤 형태로 존재하는지 확인하기 어렵다는 한계가 있다.

공공기록관리법에 국회의원실에서 반드시 생산·기록되고 국회기록보존소에 이관되어야 할 대상을 정할 필요가 있다. 또 국회의원실의 업무를 최소한이라도 정형화하여 그에 따른 업무 기능별 분류 체계를 갖추도록 해야 한다. 미국 상원에서 「Records Management Manual for Members」라는 의원실 기록 관리 매뉴얼을 제작 배포하여 활용한 것처럼, 우리도 국가기록원이나 국회기록보존소에서 매뉴얼을 작성해 활용할 필요가 있다. 아마도 국회의원(실)은 보안이나 수시 활용을 요구할 가능성이 많을 텐데, 국회의장 직속이나 국회도서관 소속으로 '의원기록정보센터' 같은 것을 두어 해당 요구를 수용하는 것도 방법이다.[28]

기록은 공개되고 활용되어야 한다

기록 관리의 목적은 모든 사람에게 불편부당한 기록의 공개와 활용이다. 세계는 지금 '정부 2.0', 심지어는 '정부 3.0'을 운위할 정도로 정보 공개를 강조하는 추세이다.[29] 따라서 최근 기록정보학계는 기록을 생산한 직후 서비스하는 정보 공개 패러다임의 혁신을 요구하고 있다. 그런데 정보 공개는 기록을 생산하거나 유통하는 단계에서 시행하는 일종의 공개 행정이다.

그러나 기록의 열람과 활용은 정보 공개만으로는 충분치 않다. 아카이브에서는 기록의 열람, 즉 기록 정보 서비스의 개념으로 접근해야 한다. 그러나 영구 기록 관리 기관인 국가기록원에서마저 역사 기록 열람에 적용하기 부적절한 정보공개법의 비공개 기준을 적용한다. 물론 개인의 권리 구제나 연구 활용 목적이라면 비공개 기록을 제한적으로 공개하도록 하고 있으나, 이를 적극적으로 시행하고 있지 않다. 심지어는 정보공개법에서 정한 비공개 기준에 해당하지도 않는 사유로 비공개를 해서 공개 행정 심판 처분을 받는다든지, 터무니없는 수수료를 부과하는 등 기록 정보 서비스 기관이라고 믿을 수 없는 행위를 하기도 한다.[30] 또 국가기록원의 경우, 단순한 민원 열람 외에 원본 기록의 학술 열람 등을 위한 열람 서비스 기반을 조성하지 못하고 있는 것도 문제이다. 따라서 국가기록원이 기록 정보 서비스 기관이라는 정체성을 명확히 하도록 그 역할을 구체적으로 명시해야 한다.

한편 국민들의 기록 접근성을 제고하기 위해 역사 기록 공동 활용 체계가 구축되어야 한다. 국가 기록을 관리하는 관련 기관이 분산되어 있고, 각 기관은 독자적으로 운영되어왔다. 이런 이유로 해외 기록을 중복 수집하고 각 기관이 소장하고 있는 기록이 역사를 편찬하는 국사편찬위원회에 제공되지도 않았다. 이것은 역사와 관련된 국제 분쟁이 있을 때 효과적으로 대처하지 못하는 이유가 되기도 했다. 이는 국가 기록을 역사 기록 유산으로 보존 활용하기 위해 전체적으로 관리하고 체계적으로 활용케 하는 제도적 기반이 갖추어지지 않았기 때문이다.

물론 1987년에 제정된 '사료의 수집 및 보존 등에 관한 법률'은 사료수집보존협의회를 두어 사료의 수집 및 보존에 관한 각 기관 간의 업무 협조 및 조정의 역할을 하도록 했다. 그러나 실무 회의만 있었을 뿐 법에 따른 협의회는 한 번도 개최되지 않다가, 최근 정부의 위원회 정비 과정에서 아예 폐지되었다.

현실적으로 역사 기록 관리 관련 기관들을 통합하는 방식의 공동 관리 체계를 구축하는 것은 어렵다. 다만 역사 기록의 공동 활용 체계를 갖추는 것은 검토해야 한다. 현재 국가기록원 나라기록포털(http://contents.archives.go.kr/)과 한국사역사통합정보시스템(http://www.koreanhistory.or.kr/)이 각각의 역할을 하고 있지만, 일방적인 제공 수준에 머물러 있어서 대국민 접근성이 강화된 '오픈 아카이브Open Archives' 역할은 못하고 있다. 참여·공유·개방의 가치가 구현되는 시스템, 예를 들어 '공유 기반(commons-based)', '동료 집단 생산(peer production)'을 지향하는 통합 아카이브 시스템이어야 발전적인 공동 활용 체계를 갖추었다고 할 수 있다. 따라서 역사문화 관련 유관 기관들이 역사 기록 활용 허브를 구축·운영하도록 제도적 틀을 마련할 필요가 있다.

4. 글을 맺으며

국가 기록 관리 발전을 위한 정책에는 법 제도의 개선이 필요한 것도 있고, 현행 법 제도를 엄밀하게 적용함으로써 가능한 것도 있다. 그리고 공공 기관 업무·기능의 합리적 재편과 기록 관리 절차의 개선만으로도 성과를 거둘 수 있는 것도 있다. 따라서 법 제도의 개선뿐만 아니라 구체적인 기록 관리 절차와 방법에도 개혁의 길이 있다.

기록 관리와 관련해서는 1999년 기록관리법을 제정하여 현대적 기록 관리를 도입하고, 2006년 기록 관리 혁신의 성과를 토대로 전면적인 전자 기록 관리 체제를 반영했으며, 굿 거버넌스의 기록 관리를 지향하는 공공기록관리법 체제를 만들었다. 하지만 여전히 많은 과제가 남아 있다. 따라서 기록정보학계는 독립성과 전문성을 확보한 국가 기록 관리 통합 기구의 설립, 명실상부한 기관 기록관 체제의 구축, 지방 기록 관리 기관의 설치, 민간 기록 관리의 활성화, 기록 관리 전문가 제도의 개선과 직무 능력 개발, 대량 전자 기록 보존 시대의 대비, 그리고 참여·공유·개방의 가치가 실현되는 기록 정보 서비스의 구현 등을 새로운 국가 기록 관리 체제의 내용으로 생각하고 있다.

국가 기록 관리 개혁은 지속적인 과제이다. 기록관리법을 제정한 이후 기록 관리는 '압축 성장'을 해왔지만 아직 완성되지 않았으며 오히려 뒤로 가고 있다. 여러 이유가 있겠으나 개혁의 필요성과 전제를 제대로 공유하지 못한 것이 근본적인 원인이다.

국가 기록 관리의 개혁을 위해 공유해야 할 전제는 첫째, 설명 책임성을 제고하고 지식활용성(knowledge usable)을 극대화하는 민주적 가치 지향이다. 둘째, 수요자(국민) 중심의 개혁이다. 기록 관리는 보존 중심에서 활용 중심으로 패러다임이 변한 지 오래되었다. 따라서 수집 중심의 관점은 발전적 체계를 구축하는 데 오히려 걸림돌이 될 수 있다. 기록이 정부와 국민 간의 소통의 도구라고 할 때, 제공의 관점보다는 공유의 관점이 필요하다. 셋째, 법 제도에 한정하지 않고 구체적인 실천 방안을 마련하는 것이 요구된다. 넷째, 연대의 틀에서 추진하는 것이다. 기록 관리는 배타적 영역이 아니다. 라키비움이 제안되는 것도 이런 이유 때문이다. 특히 국가 기록 관리 개혁은 기록정보학계만 나선다면 실패할 가능성도 크다. 따라서 역사나 문헌정보학계와 학제 간 연대는 물론, 시민단체나 언론과 고민을 공유하고 행동을 함께하는 것이 필요하다. 다섯째, 기록 관리 전문가들의 주도적 적극성이 필요하다. 그동안 국가기록원과 여러 공공 기관의 기록 관리 전문가들은 현장에 진입하거나 적응하는 데 집중하느라 국가적 차원의 개혁 과제를 제시하거나 실천하는 모습은 미흡했다. 기록 관리는 결국 현장에 적용되어야 성과가 된다는 점에서 기록 관리 전문가의 역할이 더욱 중요하다. 기록관리학계는 '대통령 기록 유출 논란' 당시 아무것도 하지 못하고, 이후 이명박 정부의 국가 기록 관리 퇴행 시도를 막지 못한 '원죄'를 씻어야 한다.

◆ 조영삼 ◆
현재 서울시청 정보공개정책과장으로 근무 중이다. 명지대학교 기록정보과학전문대학원에서 기록정보학을 전공하여 박사학위를 받았다. 국가 기록 관리 정책, 특히 대통령 기록 관리 제도에 관심을 지니고 있다. 논문으로 「대통령 기록 관리의 현황과 전망」, 「기록 정보 공개 제도 개선 추진 현황과 방안」 등이 있다.
joys@hs.ac.kr

부록

보론, 자료, 주석, 더 읽을거리

【보론】

초·중등교육법 개정과 역사 교육의 후퇴

교육과학기술부는 지난 2013년 1월 21일 교과용도서에 관한 조문을 개정하는 초·중등교육법 일부법률개정안을 입법예고했다.[01] 현행법에서는 한 조로 되어 있는 것을 대폭 확충하여 '교과용도서'라는 절을 신설하고, 사실상 10개 조를 추가하는 형식을 띠었다.

법의 성격상 이 개정안은 모든 교과서를 대상으로 한다. 그럼에도 다른 교과목 관련 학계나 교육계에서는 별다른 관심을 기울이지 않고 있다. 유독 역사학계와 역사 교육계가 비상한 관심을 갖고 있다. 그 이유는 법 개정이 사실상 역사 교과서를 대상으로 삼고 있다고 인식하기 때문이다. 최근 교과부가 주도한 역사 교육 관련 정책과 행정 조치들을 보면, 역사학계의 이러한 인식은 충분히 근거가 있다.

이 글에서는 여러 측면에서 문제점을 안고 있는 개정안의 내용을 분석하고, 개정을 추진하는 배경, 개정안의 문제점 등에 대하여 주로 역사 교육과 역사 교과서의 측면에서 검토해보려고 한다.

1. 개정안, 무엇이 바뀌었나

현행법은 학교에서는 교과용도서를 사용해야 한다는 점만 명시하고, 그에 관한 구체적인 내용은 대통령령에 위임했다.[02] 이 위임에 따라 '교과용도서에 관한 규정'[03]이 만들어졌고, 여기에 교과서의 검정과 인정 등에 관한 사항이 들어 있다.[04] 개정안의 대부분은 이 규정에서 정하고 있는 내용의 일부를 법으로 격상시키고, 몇 가지 사항을 추가했다. 법안의 조목 이름을 현행 규정과 비교하여 제시하면 〈표 1〉과 같다.

개정안에서 가장 논란이 되는 것은 검·인정을 받은 교과서에 대한 교과부장관의 수정 요청과 합격 효력의 취소·정지에 관한 조항이다. 교과부장관은 ① 오기·오식 기타 객관적으로 명백한 잘못을 발견한 경우, ② 통계·사진·삽화의 갱신이 필요한 경우, ③ 학계에서의 객관적인 학설 상황이나 교육 상황에 비추어 학문적인 정확성이나 교육적인 타당성을 결여한 경우, ④ 교육과정의 부분 개정 등 사정 변경이 발생한 경우, ⑤ 검·인정 기준에 부합하지 않는 내용을 발견한 경우 등에 검·인정 도서의 수정을 저작자나 발행자에게 요청할 수 있도록 개정하고자 한다(제35조의 5, 2항).

현행 규정에서도 장관은 "내용을 수정할 필요가 있다고 인정될 때에는" 검정 도서의 경우 "수정을 명할 수 있"고, 인정 도서의 경우에는 "수정을 요청할 수 있"는 권한을 갖고 있다(제26조). 그런데 개정안에서는 검정과 인정을 통합하여 수정을 '요청'할 수 있게 했다. 표현은 '요청'이지만, 이를 따르지 않을 경우 합격 취소 등의 강력한 제재를 가할 수 있기 때문에 실제로는 거부할 수 없는 '명령'과 전혀 차이가 없다.

〈표 1〉 법 개정안과 현행 규정의 조목 비교

법 개정안	현행 규정	비고
제35조 교과용도서의 구분	제2조 정의	디지털 교과서 추가
제35조의 1 국정 도서의 편찬	제5조 국정 도서의 편찬	내용 동일
제35조의 2 교과용도서의 검정과 인정	제8조 검정 신청, 제10조 합격 결정, 제14조 인정 도서의 신청, 제16조 인정 도서의 인정, 제13조 검정 수수료	조문 통합, 내용 동일
제35조의 3 검정 및 인정 기준 등	없음	공통 검정 기준
제35조의 4 교과용도서의 감수	없음	신설
제35조의 5 교과용도서의 변경	제26조 수정, 제27조 개편	개편과 수정의 개념 구분, 수정 요청 요건 추가
제36조 교과용도서심의회 설치	제18조~25조	규정의 내용을 축약하고 시행령에 위임
제37조 검·인정 합격 및 인정의 취소	제38조 검정 합격 취소 등	제재 처분 삽입
제37조의 1 과징금	없음	신설
제37조의 2 교과용도서의 발행, 공급, 주문, 가격	제31조 공급	제재 처분 신설
제66조 청문	제39조 청문	동일

다음으로 주목할 것은 검·인정 합격의 취소에 관한 조항이다. 개정안은 검·인정 합격을 받은 자가 교과부장관의 수정 '요청'에 응하지 않은 경우 장관에게 검·인정 도서의 합격을 취소하거나 1년의 범위 안에서 검·인정 합격의 효력을 정지시킬 수 있는 권한을 부여하고자 한다(제37조 1항).[05] 현행 규정도 거의 동일한 내용을 담고 있으므로(제38조) 새로운 제재 조치를 추가한 것은 아니지만, 장관의 조치가 법률로 규정된다는 점에서 훨씬 위력을 발휘할 수 있다.

검정 합격 및 인정을 취소하는 경우 청문 절차를 거치도록 한 규정의 조항은(제39조) 법에 그대로 반영되었다(66조). 청문이 장관의 처분이 타당한지 살피는 기회가 될 수 있겠지만, 실제로 검정 합격이나 인정을 취소하는 극단적인 경우가 발생할 가능성은 낮고, 오히려 발생 가능성이 있는 효력 정지의 경우 청문 대상에서 제외되었기 때문에, 청문의 의미도 적극적으로 해석하기는 어렵다.

과징금 등의 제재 처분을 신설한 점도 법안의 특징이다. 제재 처분은 세 곳에 포함되었는데, 검·인정 합격 취소 처분을 받은 자는 3년 동안 검·인정 신청을 할 수 없게 하고(제37조 2항), 검·인정 합격의 효력을 정지하면 학습 활동에 심한 불편을 줄 우려가 있는 경우에는 3천만 원 이하의 과징금을 부과할 수 있게 했으며(제37조의 1의 1항), 발행자가 교육과정 운영에 지장을 주지 않도록 교과용도서를 발행 공급해야 하는 의무를 위반하는 경우에 저작자나 발행자 변경 등의 조치를 취하도록 명령할 수 있게 했다(제37조의 2).

이러한 제재 처분은 발행자나 저작자의 권리를 제약하는 징벌의 성격을 갖고 있으므로, 법률에 규정하는 것이 마땅하다. 그러나 검·인정 합격의 취소 처분을 받은 자에게 3년 안에 교과서 검·인정을 신청할 수 없게 하는 것은 이중 제재이기도 하다. 합격 취소의 책임이 교과서 저작자나 발행자에게 있을 경우에는 그래도 수긍할 수 있겠지만, 취소 권한을 가진 장관이 자기의 역사관과 맞지 않는 교과서의 검·인정 합격을 취소하고 앞으로 3년간 다시 검·인정 신청을 하지 못하게 하면 사실상 교과서 저작과 발행의 길을 막는 것이다.

검정과 인정 기준도 개정안에 포함되었다(제35조의 3). 현재 검정 기준은 검정을 담당하는 한국교육과정평가원이 작성하여 제시하며, 공통 검정 기준과 공통 편찬상의 유의점, 과목별 검정 기준으로 구성된다.[06] 역사과의 검정 기준은 검정 기관인 국사편찬위원회가 작성한다. 개정안에는 공통 검정 기준과 공통

편찬상의 유의점 일부가 반영되었다.

또한 감수 규정이 새로 추가되었는데, 역사 과목의 경우 이전에 감수를 의뢰한 적이 있었던 것으로 알려져 있다. 그러나 그때는 교과 전문성이 상대적으로 약한 교육과정평가원이 검정을 담당하고 있어서 보다 전문성이 있는 기관에 감수를 의뢰한 것이다. 이 조항이 들어감으로써 전문가가 아닌 정치적 편견을 가진 기관이나 개인에게 감수라는 명목으로 교과서 검정에 간여하게 할 가능성이 있다. 이는 자칫 검정심의회의 권능을 약화시키거나 무력하게 만들 위험성이 있으므로, 검정심의회를 전문가들로 잘 구성하는 방향이 바람직하다.

지금까지 살펴본 것처럼 개정안의 내용은 현행 '교과용도서에 관한 규정'의 주요 내용을 법으로 올려서 규정하면서 검·인정 도서의 발행자와 저작자에 대한 제재 처분을 추가한 것으로 요약할 수 있다.

2. 역사 교육 장악의 숨은 의도

교과부는 왜 이런 내용의 법 개정을 추진하는가? 교과부는 현재 대통령령으로 규정된 사항 중 국민의 권리 의무와 관련된 중요한 사항을 법률로 직접 규정하고 미비한 사항은 추가 보완하며 교과서 검·인정 및 선정의 공정성을 확보하기 위해 행정 제재 처분을 강화하려는 것이라고 개정 이유를 설명한다.[07]

그런데 실제 개정안의 내용을 보면, 새로운 내용은 제재 처분과 감수, 그리고 수정 요청의 요건을 명시한 것 정도이다. 법을 개정하려는 진짜 이유는 검·

인정 교과서의 수정 요청과 합격 취소 등에 관한 장관의 권한 행사 근거가 현행 대통령령으로는 미흡하기 때문에 법으로 올려 규정하려는 것으로 보인다. 제재 처분은 그 연장선상에서 교과서에 대한 장관의 통제를 강화하는 방법으로 첨가된 것이다. 시행령에 근거하고 있는 장관의 수정 요구 권한의 범위는 뒤에서 살펴볼 『한국근·현대사』 교과서 소송에서 법리적 문제로 거론되었다.

법 개정 추진의 직접적인 계기는 이명박 정부 출범 직후에 본격화된 『한국근·현대사』 교과서 파동이었다. 2002년 『한국근·현대사』 교과서가 공개되자마자 시작된 교과서 공격은 이명박 정부가 들어서면서 한층 거세졌다. 뉴라이트 단체인 교과서포럼과 경제 단체, 심지어 통일부 등의 정부 기관까지 나서서 교과서 수정을 요구했고, 교과부는 이를 받아들여 『한국근·현대사』 교과서의 수정을 지시했다. 표적이 된 금성출판사 교과서의 저작자들이 수정을 거부하자 출판사가 임의로 수정하여 배포하는 일이 발생했고, 이에 대하여 저작자들이 교과부와 출판사를 상대로 소송을 제기했다.[08] 이른바 '한국판 이에나가 소송'이 벌어진 것이다.

교과부를 상대로 한 행정 소송에서 1심은 저작자가, 2심은 교과부가 승소했다.[09] 소송의 쟁점은 ① 저작자가 원고의 자격이 있는지, ② 장관의 수정 명령 권한이 법에 근거한 것인지, ③ 적법한 절차를 밟아 수정 명령을 내렸는지, ④ 장관이 재량권을 일탈 남용하였는지 하는 점이었다. 1, 2심 모두 저작자의 원고로서의 자격을 인정했고, 장관의 검정 권한에 수정권도 포함된다고 보아 법적인 근거가 있는 것으로 판단했다. 재량권 일탈 여부에 대하여 1심은 결정하지 않았고, 2심은 재량권의 범위 안에서 수정을 지시했다고 판단했다.

승패를 가른 것은 수정 절차의 적법성에 관한 판단이었다. 1심 재판부는 수정 내용이 실질적으로 새로운 검정을 한 것이므로 검정심의회를 거쳐야 하는데, 이 절차를 밟지 않아 위법이라고 판단했다.[10] 그러나 2심 재판부는 수정 명령을 하기 위해 검정심의회를 거쳐야 한다는 규정이 없으므로 이를 거치지 않았다고 하여 법령을 위배했다고 볼 수는 없다고 판단했다.[11]

이렇게 상이한 판단에는 수정 명령이 실질적으로 새로운 검정에 해당되는 것인지에 대한 판단의 차이가 전제되어 있다. 1심 재판부는 수정의 필요성은 "(a) 오기·오식 기타 객관적으로 명백한 잘못을 발견한 경우, (b) 통계·삽화의 갱신이 필요한 경우, (c) 학계에서의 객관적인 학설 상황이나 교육 상황에 비추어 학문적인 정확성이나 교육적인 상당성이 문제가 된 경우, (d) 교육과정의 부분 개편이 있는 등 사정 변경이 발생한 경우에 한하"는[12] 것으로 범위를 제한했다. 반면 2심 재판부는 수정 지시 내용을 조목조목 분석 평가하여 수정 명령의 필요성이 존재했고 재량의 범위 안에서 적절하게 이루어진 것이라고 결론지었다. 2심은 장관의 수정 권한의 범위를 정하지 않고 폭넓게 인정하는 입장을 가졌고, 1심은 재판부가 제시한 네 가지 범주를 벗어난 수정 명령은 이전의 검정 결과를 부인하는 새로운 검정이라는 입장을 가졌다. 2013년 2월 15일, 대법원은 1심과 같은 판단을 하여 원심을 파기하고 사건을 서울고등법원으로 돌려보냈다.[13]

개정안은 1심이 제시한 네 가지 경우를 수정 요청의 요건으로 모두 반영하고, 한 항목을 추가했다. 개정안이 이 소송과 관련이 있음은 이를 통해서도 알 수 있다. 이들 요건 가운데 (a)와 (b)는 교과서의 서술을 바로잡거나 개선하는 차원의 것이며, (d)는 교과서 서술의 기반인 교육과정이 개편되는 경우여서 수정하는 것이 타당하다. 그러나 (c)는 뒤에서 살펴보는 것처럼 심각한 문제가 있다.

보다 근원적인 배경은 이명박 정부 들어서서 본격화된 역사 교육에 관한 정부의 통제 강화 정책이다. 이명박 정부는 2009년에 교육과정을 개정했고, 그 후속 작업으로 역사과 교육과정을 2010년, 2011년에 연속적으로 졸속·비법적으로 개정했다. 그리고 교육과정에 따라 단기간에 교과서를 집필하여 사용하게 하였으며, 채택 과정에 정부 권력이 개입하는 불법도 저질렀다.[14] 이 과정에서 역사 교육은 엉망이 되었다.

이명박 정부의 일련의 정책은 집권 세력의 성향에 맞게 역사 교육의 내용을 조직하려는 목적을 갖고 있었으며, 방법상으로 국가가 역사 교육을 장악하려고 하는 것이었다. 이를 위해서는 교과부장관이 교과서를 통제할 수 있는 권한을 안정적으로 확실하게 확보할 필요가 있으며, 법 개정은 그를 위한 기초적이고 중요한 방법의 하나이다. 그러므로 이명박 정부는 끈질기게 법 개정을 추진했던 것이다. 18대 국회 말기에 개정안을 제출했다가 국회 임기가 끝나 폐기되었고, 2012년 8월에도 입법예고했다가[15] 반대 여론이 일어나자 철회했다. 그런데도 내용을 약간 수정하여 다시 법을 개정하려고 한 것을 보면, 역사 교육을 장악하기 위해 법 개정이 반드시 필요한 일이었음을 알 수 있다.

3. 국정 교과서 시대로의 퇴행

현재 대통령령으로 규정하고 있는 교과서에 관한 내용을 법으로 규정하는 것이 어떤 의미가 있는가? 지금까지 규정에 따라 교과서를 검·인정하고 발행

보급하여 사용하는 데 별 어려움은 없었다. 개정 이유의 하나로 내세운, 교과서 선정 과정에서 발행자 사이의 불법 과당 경쟁을 처벌할 근거가 미약하다는 점이나 과징금 부과의 필요성은 수긍할 수 있지만, 그것을 규정에 포함시키는 방법도 찾을 수 있을 것이다. 법과 시행령은 법의 위계가 다르며, 그에 따라 권위에도 큰 차이가 있다. 그러므로 대통령령으로 규정되어 있는 내용을 법으로 격상시키는 것은 그만큼 중요성과 권위를 인정받는 행위라고 하겠다.

문제는 법 개정을 통해 교과서의 중요성이나 권위가 높아지는 것이 아니라 교과부장관의 권한이 더욱 강화된다는 점이다. 교과서는 학교에서 교재로 사용된다는 특성 때문에 교육에 대한 권한과 의무를 갖고 있는 국가가 교과서의 저술과 발행, 내용에 일정 정도 관여하는 것이 보통이다. 교육을 담당하는 교사와 배우는 학생 및 학부모, 그리고 저작자와 출판사도 교과서와 관계를 갖고 있다. 교과서의 내용이 교육 내용을 결정하므로, 교과서는 교육의 정치적 중립성을 담보하는 기제이고, 교사의 수업 내용 조직의 토대가 되며, 좋은 내용을 배울 권리를 가진 학생의 수업권과 관련된다. 또 저작자의 학문과 표현의 자유 및 발행자의 출판의 자유와도 관련되어 있다. 건전한 사회에서는 이들 교과서 관련 이해 당사자들을 포함한 사회적 협의를 통해 교과서 발행 제도와 내용을 결정한다. 그리하여 국가를 비롯한 이해 당사자들이 균형 있는 권력 관계를 유지한다. 그런데 개정안은 정부를 대표하는 교과부장관의 권한을 일방적으로 비대하게 만들고, 다른 이해 당사자들의 권한을 축소시킬 위험성이 높다.

교과부장관은 교육과정의 편성과 고시권, 교과서 발행 제도 결정권, 국정 교과서 저작권, 검·인정권, 수정 명령권, 검·인정 합격의 취소권을 모두 가지고 있다. 교과서에 관한 거의 전권을 가지고 있다고 해도 과언이 아니다. 그러나 이러한 권한을 장관이 아무런 견제 없이 행사해도 좋은 것은 아니다. 이해 당사자들과 협의를 거쳐 행사하라는 것이 사회의 요구이고 헌법의 정신이다. 그렇게 해도 장관이 위와 같은 권한을 행사하는 데 지금까지 별다른 문제가 없었다. 오히려 장관이 사회적 합의를 무시하고 일방적으로 권한을 행사하려는 데서 문제가 발생했다. 『한국근·현대사』 교과서 수정 지시나 2011년 역사과 교육과정 개편에서 빚어진 파행이 그 좋은 예이다.

교과서의 속성상 국가의 검정이나 인정 같은 검열이 불가피하다는 점은 수긍할 수 있다. 그러나 법 개정을 통한 장관의 권한 강화는 곧 검열 강화로 이어질 것이다. 사실 그럴 의도로 개정을 추진했던 것으로 이해된다. 국가 검열의 강화는 저작자의 학문과 표현의 자유를 속박하여 다양한 교과서의 출현을 막을 것이 분명하다. 교과서의 획일화는 다양한 역사 해석을 통해 사고의 폭을 넓혀가야 할 학생들과 그렇게 교육해야 할 교사들의 선택권을 제한 내지 박탈하게 되고, 마침내 시민들의 역사의식, 역사적 기억을 국가가 일방적으로 장악하게 될 것이다.

개정안의 내용을 조금 더 살펴보자. 교과부장관이 수정을 요청할 수 있는 요건 가운데 ①, ②, ④의 경우 현재에도 저작자나 발행자가 수시로 수정하며 교과부도 수정을 요청할 수 있다. 이 수정은 '더 나은' 교과서를 만들기 위한 자발적 수정이어서 문제가 되지 않는다. 그러나 ③, ⑤는 복잡한 문제를 야기할 수 있다. "학계에서의 객관적인 학설 상황이나 교육 상황에 비추어 학문적인 정확성이나 교육적인 타당성을 결여한 경우"는, 문자 그대로 해석한다면 마땅히 검정 과정에서 걸러져야 하는 내용이다. 그 정도가 약하면 검정 과정에서 수정을 요구할 것이고, 정도가 심하면 탈락하는 것이 당연하다. 따라서 정상적으로 검정 과정을 거쳐 합격한 교과서에는 이런 경우가 있을 수 없다.

그럼에도 불구하고 이런 조항을 넣으려 하는 것은 교과부장관이 임의로 교과서의 내용을 수정할 수 있는 길을 열어놓으려는 것이다. 그러나 대법원 판결이 "검정을 거친 교과서의 내용을 실질적으로 변경하는 결과를 가져오는 경우에는 새로운 검정 절차를 취하는 것과 마찬가지"로 본 점을 주목해야 할 것이며, ③은 바로 이런 경우에 해당되는 것으로 생각할 수 있다.

"검·인정 기준에 부합하지 않는 내용을 발견한 경우"도 마찬가지이다. 검·인정 심의는 미리 제시된 기준에 따라 이루어지며, 이를 위해 학계와 교육계의 전문가들로 검정심의회를 구성한다. 수정 요청 요건 ⑤는 이들이 검정 기준에 부합하지 않는 내용을 발견하고도 합격시켰다는—그것이 고의이든 실수이든—점을 전제로 하고 있는데, 이런 경우 역시 정상적으로 검정에 합격한 교과서에서는 나타날 수 없다.

그럼에도 불구하고 장관이 임의로 검·인정에 합격한 교과서 내용을 수정할 수 있도록 법에서 규정하는 것이 타당한가? 물론 검정위원들은 신이 아니기 때문에 실수할 수 있다. 그러나 법의 내용이나 개정을 추진하는 현재의 '객관적 상황'으로 볼 때, 그런 실수에 대비하여 법을 개정하려는 것이라고 보기는 어렵다. 더욱이 역사에 대하여 전문적 지식을 갖고 있을 가능성이 거의 없는 장관이 '학문적 정확성'을 판단할 수 있으리라고 기대할 수는 없다. 자신 혹은 정권과 정치적 성향을 같이 하는 사람들의 요구나 조언을 따를 것으로 예상되는데,[16] 이는 장관이 책임자로서 수행한 검정 업무와 검정권자가 위촉한 검정위원들의 검정 결과를 스스로 부정하는 자가당착적 행위가 될 것이다.

장관이 '객관적인 학설 상황'을 판단하는 경우, 대단히 정치적일 수 있다. '객관적 학설 상황'이 무엇을 의미하는지도 분명하지 않고, 완전히 '객관적'인 학설이 있는가에 대하여 많은 역사학자들은 회의적이다. 그러므로 공무원이자 정치인일 가능성도 있는 장관이 판단한다는 점에 대하여 쉽게 동의할 수 없다. 장관의 판단은 학계의 학문적 성과에 기초하기보다 정치적 입장에 따를 가능성이 높기 때문이다. '객관적인 학설 상황이나 교육 상황'을 빙자하여 정권의 입장에 따라 교과서를 수정하는 길이 열리게 되면, 역사 교육 내용이 정권의 성향에 따라 달라지게 된다. 그것은 검정 결과에 대한 신뢰 상실로 이어져 검정 제도 자체를 무력화시키고, 역사 교육에 대한 회의와 불신을 만연시킬 것이다. 헌법이 보장하는 교육의 정치적 중립도 따라서 무너질 것이다.

장관의 일방적 권한 강화는 검정제의 취지에도 어긋난다. 검정제는 다양한 교과서를 제공하여 학교에서의 선택권을 넓혀준다는 점과 적절한 범위에서 국가가 교과서 편찬에 관여한다는 취지를 담고 있다. 말하자면 교육에 이해관계를 가진 당사자들이 일정한 견제와 균형 속에서 권한을 분점하도록 한 제도이다.[17] 그런데 장관의 권한 강화는 그렇지 않아도 국가 쪽으로 기울어져 있는 균형을 파괴하여 사실상 국정제가 될 가능성이 높다.[18] 그것은 교사와 학생의 교과서 선택권을 박탈하는 것이다.

국가가 저작권을 갖는 국정제는 발달된 민주 국가에서는 거의 사용하지 않는다. 역사적으로 한국사 교과서를 국정으로 발행한 것은 10월 유신의 산물이었다. 1974년 처음으로 국정 '국사' 교과서가 발행되었을 때, 한국사학계에서는 이를 비판하는 움직임이 강하게 일어났다.[19] 유신 체제와 5, 6공 신군부 정권 아래서 계속 국정으로 발행되던 '국사' 교과서는 2007 교육과정에서 비로소 검정제로 전환되었다. 마침내 2011년에 발표한 교과서 구분에서 중등학교의 국정 교과서는 사라졌고, 검정 교과서도 국어와 사회 교과목에서만 사용하며, 나머지는 인정 교과서로 분류했다.[20] 큰 틀에서 보면, 사회의 성숙과 민주화의 진전에 따라 교과서 발행 제도도 국정제에서 검정제, 그리고 인정제로 변화하는 추세를 밟아왔다. 국정제 폐지와 인정 교과서의 증가는 사회 민주화의 성과이자 민주적 교육의 중요한 지표인 것이다. 이렇게 볼 때 장관의 권한을 강화하여 사실상 다시 국정제로 되돌리는 것과 같은 조치를 취하려 하는 것은 시대의 흐름에 역행하는 처사이다.

4. 교육법 개정 시도를 중단하라

정부가 추진하는 법 개정은 일련의 역사 교육 개악의 연장선상에서 벌어진 일로서, 『한국근·현대사』 교과서 수정 지시로 인해 촉발된 갈등과 소송이 직접적인 계기가 된 것으로 보인다. 현행 규정에 있는 주요 내용을 법으로 격상시켜, 국민의 대의 기관에 의한 권위를 확보하고 제재 처분을 추가하는 것이 개정의 주요 목적으로 보인다.

개정안의 내용을 보면, 교과서에 대한 교과부장관의 권한을 강화하고 교과서를 둘러싼 다른 이해 당사자들의 권한을 약화시킬 가능성이 매우 높다. 지금도 장관의 권한이 대단히 큰데 법 개정을 통해 더욱 강화된다면, 교과서에 대한 정치적 정파적 관여가 심해져 교육의 중립성을 위협하게 되고 교과서도 획일화될 가능성이 높다. 이렇게 되면 역사 교육이 신뢰를 잃게 되고, 다양한 관점에서 역사를 바라볼 수 있는 기회를 박탈당하여 역사 교육은 후퇴할 것이다. 더욱이 금성사 교과서에 대한 장관의 임의 수정 지시가 법적으로 타당하지 못한 조치였다는 점이 대법원 판결로 밝혀져 교과부가 법 개정을 추진할 근거를 상실한 만큼, 개정 시도는 중지하는 것이 마땅하다.

◆ 안병우 ◆
현재 한신대학교 한국사학과 교수로 재직 중이다. 한국 중세사를 전공했고, 최근에는 동아시아의 역사 교육에 관심을 갖고 연구하고 있다. 대표 저서에는 『고려 전기의 재정 구조』, 『역사 인식을 둘러싼 자화상, 외부의 시선』(공저) 등이 있다. bwahn@hs.ac.kr

01 교육과학기술부장관, 2013. 1. 21. 초·중등교육법 일부법률개정(안) 입법예고(교육과학기술부 공고 제2013-2호).

02 초·중등교육법(법률 제11219호, 2012. 1. 26) 제29조(교과용도서의 사용) ① 학교에서는 국가가 저작권을 가지고 있거나 교육과학기술부장관이 검정 또는 인정한 교과용도서를 사용하여야 한다. ② 교과용도서의 범위·저작·검정·인정·발행·공급·선정 및 가격 사정에 관하여 필요한 사항은 대통령령으로 정한다. 지금부터는 줄여서 '법'으로 표기하겠다.

03 교과용도서에 관한 규정(대통령령 제24157호, 2012. 11. 06). 지금부터는 줄여서 '규정'으로 표기하겠다.

04 학교에서 사용하는 교육용 교재의 법률상 용어는 '교과용도서'이며(초·중등교육법 제29조), 여기에는 교과서와 지도서가 포함된다(교과용도서에 관한 규정 제2조).

05 이 외에 거짓이나 그 밖의 부정한 방법으로 합격을 받은 경우, 검·인정 도서에 표시된 저작자의 성명이 합격을 받을 당시와 다른 경우, 발행자가 교육과정 운영에 지장을 주거나 줄 우려가 있다고 인정되어 장관이 저작자나 발행자에게 발행자 변경 등의 조치를 취하도록 한 명령을 위반한 경우, 도서의 내용·구성·외형 체제가 합격을 받은 사항과 다른 경우, 도서의 선정·발행·공급 등과 관련된 부정 행위로 형사 처벌을 받은 경우 등도 합격 취소나 효력 정지 대상으로 명시하였다(제37조 1항).

06 초·중등학교 교과서의 공통 검정 기준은 헌법 정신과의 일치, 교육의 중립성 유지, 지적재산권의 존중 3가지이며, 공통 편찬상의 유의점은 헌법 및 관련 법령의 준수, 교육의 중립성 유지, 지적재산권 관련 법령 준수, 교육과정의 구현 및 목표 진술, 내용의 선정 및 조직, 표기와 인용의 정확성 등이다. 한국교육과정평가원, 2011. 8, 초·중등학교 교육과정 개정고시(제2011-361호, 2011. 8. 9)에 따른 초·중등학교 검정 교과용도서 편찬상의 유의점 및 검정 기준, 3~9쪽.

07 교육과학기술부장관, 2013. 1. 21. 초·중등교육법 일부법률개정(안) 입법예고(교육과학기술부 공고 제2013-2호) 개정 이유.

08 김한종, 「역사 교과서 수정 논란의 전말」, 『역사교육』 83, 전국역사교사모임, 2008; 김한종, 「한국근·현대사 교과서 파동의 전말과 쟁점」, 『역사와 경계』 35, 2009; 양정현, 「역사 교과서 서술에서 사실과 관점—한국근·현대사 교과서 수정 지시 파동을 중심으로」, 『역사와 경계』 35, 2009.

09 민사 소송도 역시 1심에서는 원고가 승소하고 2심에서는 패소했다.

10 서울행정법원 제5부, 2010. 9. 2, 수정 명령 취소(2009합6940) 판결문, 11~15쪽.

11 서울고등법원 제1행정부, 2011. 8. 16 수정 명령 취소(2010누31319) 판결문, 10~12쪽.

12 서울행정법원 제5부, 2010. 9. 2, 수정 명령 취소(2009합6940) 판결문, 8쪽.

13 대법원은 "교과부의 수정 명령이 표현상 잘못이나 기술적 사항 또는 객관적 오류를 잡는 정도가 아니라 이미 검정을 거친 교과서 내용을 실질적으로 변경하는 결과를 가져오는 경우에는 새로운 검정 절차를 취하는 것과 마찬가지"이므로, "검정 절차상 교과용도서심의회의 심의에 준하는 절차를 거쳐야 한다"고 지적했다. 대법원 제2부, 2013. 2. 15, 수정 명령 취소(2011두21485) 판결문, 5쪽.

14 김한종, 「이명박 정부의 역사 인식과 역사 교육 정책」, 『역사비평』 96, 2011; 안병우, 「민주적인 역사 교육 정책의 수립과 실천 방안」, 『역사비평』 99, 2012.

15 교육과학기술부장관, 2012. 8. 17, 교육과학기술부 공고 제2012-440호.

16 이러한 사례는 이미 2008년 『한국근·현대사』 교과서 수정 지시에서 경험하였다.

17 박경신, 「금성 한국근·현대사 교과서 수정 명령 취소 소송 판결의 법리적 문제점」, 『역사 교과서 공세, 어떻게 대처할까?』, 역사 교과서 문제 해결을 위한 공동대책위원회 주최 발표회 자료집(2011. 12. 15), 3쪽.

18 주진오, 「'국정 교과서'로 되돌리자는 정부」, 『한겨레』 2013. 1. 24; 「정권 입맛대로 검열·수정 '국정 교과서'로 돌아가나」, 『경향신문』 2013. 1. 22.

19 『창작과비평』 1974년 여름호에서 국정 교과서의 문제점을 분석한 것이 대표적이다. 여기에는 강만길 교수의 「사관과 서술 체재의 검토」를 비롯해 5편의 논문이 실렸다.

20 교육과학기술부장관, 2011. 8. 16, 초·중등학교 교과용도서 국·검·인정 구분 고시.

【자료】

역사 교육과정의 '자유민주주의'는 '민주주의'로 되돌아가야 한다

교육과학기술부(이하 교과부)는 지난 8월 9일, '2009 개정 교육과정에 따른 사회과 교육과정'을 고시하였다. 그런데 역사 교육과정안의 연구 개발을 담당한 우리 '역사 교육과정 개발 정책연구위원회'(이하 정책위) 위원들은 크게 놀라지 않을 수 없었다. 초·중·고 역사 교육과정안(한국사 부분)에서 정책위가 제시한 '민주주의' 개념이, 교과부가 고시한 교육과정에서는 모두 '자유민주주의'로 변경되어 있었던 것이다.

한국사 관련 교육과정의 내용 체계에 '민주주의의 발전' 대신 '자유민주주의의 발전'이라는 표현이 담긴 것은 처음 있는 일이다. 이는 앞으로 개발될 역사 교과서에서 학생들이 공부해야 할 한국 현대사의 핵심 개념이 크게 바뀌었음을 의미하며, 그에 따른 구체적인 교육 내용의 변경이 어디까지 이를지는 가늠하기 힘들다. 교육과정의 핵심 개념을 교과부가 임의로 변경한 것은 인정할 수 없으며, 지금까지 우리 사회와 교육 현장에서 합의해온 대로 '민주주의'로 되돌아가야 한다는 것이 우리의 입장이다. 그 근거는 다음과 같다.

첫째, 절차상의 잘못을 바로잡아야 한다. 정책위는 교과부와 국사편찬위원회의 수많은 지침을 준수하고 별도로 위촉된 전문 역사학자들의 의견을 수렴하였으며, 학자와 시민이 다수 참여한 공청회를 거친 후에야 교육과정안을 제출할 수 있었다. 이와 병행하여, 교과부에서 별도로 구성한 '역사 교육과정 개발 추진위원회'(이하 추진위)로부터 방향 제시와 여러 차례 거듭된 검토도 받았다. 그러나 '자유민주주의' 개념과 관련해서는 공청회에서도, 추진위에서도 논의된 적이 없다. 최종 심의 기구인 '사회과 교육과정심의회'를 통과할 때까지 교과부 스스로 구성한 기구와 개발 과정 중 어디서도 제대로 논의된 적이 없는 개념을, 고시 단계에서 일방적으로 교육과정에 올리는 것은 결코 받아들일 수 없는 일이다.

둘째, 교육과정의 일관성을 확보하여야 한다. 사회과에 속한 '법과 정치', '사회·문화' 등 법 질서와 사회 이념, 특히 대한민국의 헌법을 정면으로 다루는 과목들의 교육과정에서는 '자유민주주의' 개념을 찾아볼 수 없다. '자유민주주의'가 학생들에게 꼭 가르쳐야 할 핵심적인 개념이라면 오히려 '법과 정치' 등의 과목에서 그것을 다루고, 역사 과목에서는 '민주주의의 발전'이라는 시대적 변화를 가르치는 것이 합당할 것이다. 그런데도 역사 과목에서 불쑥 그 용어를 이용하여 한국 현대 사회의 발전 과정을 학생들에게 가르친다는 것은 논리적으로 맞지 않으며, 교육 현장에서 큰 혼란을 초래할 것이 분명하다.

셋째, 교육과정 속의 개념을 바꾸려면 충분한 학문적·사회적 검증과 합의를 거쳐야 한다. '민주주의'는 그 자체로서 충분한 개념이며, 가능하면 그에 대한 제한이나 수식을 피하는 것이 좋다. 현행 교육과정에서도 초·중·고교 한국사의 단원명과 성취 기준이 모두 '자유민주주의' 아닌 '민주주의'를 그 내용으로 삼고 있다. 시민사회와 학계의 충분한 토론과 합의를 거치지 않고서는, 지금까지 헌법 정신에 따라 수행되어온 역사 교육의 핵심 개념을 변경할 수 없다. 헌법의, 우리가 신봉하는 '자유민주적 기본 질서'는 법제처 공식 홈페이지의 영어 번역에 'the basic free and democratic order'라고 되어 있듯이 '자유롭고 민주적인 기본 질서'를 뜻하는 것이지, 좁은 의미의 '자유민주주의'에 해당하는 'liberal-democratic'이 아니라는 설득력 있는 견해가 학계에 제시되어 있다.

우리 정책위 위원들은, 대한민국의 미래를 담당할 학생들에게 바람직한 역사 교육을 시행하는 데 미력이나마 보탠다는 일념으로 교과부가 구성한 논의 구조 속에서 수많은 지침을 충실히 지켰고, 역시 교과부가 설정한 겹겹의 검증 과정을 모두 통과한 끝에 교육과정안을 제출하였다. 그런데도 그 핵심 개념이 교과부에 의해 하루아침에 일방적으로 변경되었다는 사실을 확인하고 참담한 심경을 금할 길 없다. 우리 정책위 위원들은 교육과정안 작성의 절차적 합리성, 학생들에게 바른 역사를 가르칠 수 있는 교육과정의 일관성, 헌법 정신을 구현하는 개념으로 인정받아온 정당성을 모두 갖추고 있는 '민주주의'를 역사 교육과정에 되살릴 것을 강력히 요구한다.

2011년 8월 16일

'역사 교육과정 개발 정책연구위원회'의 24명 위원 중

뜻을 함께하는 21명의 위원들을 대표하여

위원장, 서울대학교 국사학과 교수 오수창

【자료】

중학교 역사 교육과정

(교육과학기술부 고시 2011-361)

1. 추구하는 인간상

우리나라의 교육은 홍익인간의 이념 아래 모든 국민으로 하여금 인격을 도야하고, 자주적 생활 능력과 민주 시민으로서 필요한 자질을 갖추게 하여 인간다운 삶을 영위하게 하고, 민주 국가의 발전과 인류 공영의 이상을 실현하는 데 이바지하게 함을 목적으로 하고 있다. 이러한 교육 이념을 바탕으로, 이 교육과정이 추구하는 인간상은 다음과 같다.

가. 전인적 성장의 기반 위에 개성의 발달과 진로를 개척하는 사람

나. 기초 능력의 바탕 위에 새로운 발상과 도전으로 창의성을 발휘하는 사람

다. 문화적 소양과 다원적 가치에 대한 이해를 바탕으로 품격 있는 삶을 영위하는 사람

라. 세계와 소통하는 시민으로서 배려와 나눔의 정신으로 공동체 발전에 참여하

는 사람

2. 중학교 교육 목표

중학교의 교육은 초등학교 교육의 성과를 바탕으로, 학생의 학습과 일상생활에 필요한 기본 능력을 배양하며, 다원적인 가치를 수용하고 존중하는 민주 시민의 자질 함양에 중점을 둔다.

가. 심신의 건강하고 조화로운 발달을 추구하며, 다양한 분야의 경험과 지식을 익혀 적극적으로 진로를 탐색한다.

나. 학습과 생활에 필요한 기초 능력과 문제 해결력을 바탕으로 창의적 사고력을 기른다.

다. 자신을 둘러싼 세계에 대한 경험을 토대로 다양한 문화와 가치에 대한 이해를 넓힌다.

라. 다양한 소통 능력을 기르고 민주 시민으로서의 자질과 태도를 갖춘다.

3. 역사 학습의 목적, 목표

'역사'는 과거에 있었던 다양한 인류의 삶을 이해하고, 현재 우리의 삶과 모습을 과거와 연관시켜 살펴봄으로써 인간과 그 삶에 관하여 폭넓은 이해와 안목을 키우는 과목이다. 이 과목은 초등학교에서 학습한 한국사에 대한 기초적 이해를 바탕으로 과거와 현재, 우리나라와 세계를 연관시켜 체계적으로 이해하는 데 주안점을 둔다. 특히, 정치사와 문화사를 중심으로 내용을 구성하여 역사 학습에 대한 흥미를 유발하고 문화적 창조 능력을 키울 수 있도록 한다. 이러한 과정을 통해 학습자로 하여금 인간의 삶과 관련된 문제들을 다양한 시각에서 해석하고, 나아가 과거와 현재, 나와 타인의 삶을 깊이 성찰하고 존중하는 능력과 자세를 기르도록 한다.

'역사' 과목은 우리나라와 세계의 역사를 상호 관련시켜 종합적, 체계적으로 파악하는 것을 목표로 한다. 정치사와 문화사를 중심으로 내용을 구성함으로써 역사 학습에 대한 흥미를 유발하고, 창의적 사고력을 함양한다. 학생 스스로 다양한 역사적 자료를 활용하여 능동적으로 학습하게 함으로써 과거에 대한 다양한 해석과 시각이 존재할 수 있음을 인식하게 한다. 역사에 대한 통찰력을 바탕으로 국가와 세계의 구성원으로서 민주적이고 평화적인 가치를 존중하는 자세를 기른다. '역사' 과목의 구체적인 목표는 다음과 같다.

① 우리나라와 세계 역사의 주요 사실과 개념에 대한 지식을 이해한다.

② 우리나라와 세계 역사에 대한 이해를 심화함으로써 그 상호 연관성을 파악하고 역사적 통찰력을 기른다.

③ 우리나라와 세계의 역사와 문화 현장을 견학하고 체험함으로써 문화 창조의 능력을 함양한다.

④ 다양한 역사적 자료를 탐구하고 해석하는 과정을 통해서 스스로 문제의식을 가지고 비판적으로 사고하는 능력을 기른다.

⑤ 오늘날의 사회가 직면한 문제들의 역사적 배경과 상호 관련성을 파악하여 현

대 세계와 우리나라에 대한 이해를 확대한다.

⑥ 시간과 공간 속에서 달라지는 인간의 삶에 대한 이해를 기초로 다른 문화와 전통을 존중하는 태도를 기른다.

4. 내용의 영역과 기준

가. 내용 체계(생략)

나. 영역 및 학습 내용 성취 기준

〈근대 이전〉

(1) 문명의 형성과 고조선의 성립

선사 문화의 발전에서 국가 형성까지를 다룬다. 역사가 현재 우리의 삶과 긴밀하게 연결되었음을 인식하고, 역사적 상상력을 바탕으로 선사 시대의 삶을 유추해본다. 세계 여러 지역에서 국가가 형성되고 문명이 성장하는 과정을 이해하고, 이를 바탕으로 고조선의 성립과 발전, 그 뒤를 이은 여러 나라의 성장을 살펴본다.

① 역사란 무엇인지 그 의미를 알고, 역사를 학습하는 목적을 이해한다.

② 한반도와 세계 여러 지역의 선사시대 문화 발전 과정을 도구의 변천을 중심으로 파악하고, 유물과 유적을 바탕으로 선사시대 사람들의 생활 모습을 유추한다.

③ 세계 여러 지역에서 발생한 문명의 공통점을 파악하고, 국가가 형성되고 문명

이 성장해가는 과정을 이해한다.

④ 고조선의 성립을 단군 신화 중심으로 파악하고, 고조선의 발전을 철기 문화의 발달과 연결하여 이해한다.

⑤ 고조선 이후 부여, 고구려, 옥저, 동예, 삼한 등 여러 나라가 철기 문화를 바탕으로 성장하였음을 설명한다.

(2) 삼국의 성립과 발전

삼국이 성립하여 중앙집권 국가로 발전하는 과정을 다룬다. 삼국이 제도 정비와 영토 확장을 통해서 발전하는 과정을 파악한다. 삼국과 가야의 문화가 지니는 특징을 이해한다.

① 고구려의 성장과 영토 확장에 따른 대내외적인 변화를 설명한다.

② 백제의 건국과 성장 과정을 파악하고, 대외 활동의 양상을 이해한다.

③ 신라의 건국과 발전 과정을 체제 정비 및 영토 확장과 연관 지어 파악한다.

④ 삼국의 발전 과정에서 나타난 공통점을 추출하고, 가야 연맹의 성립과 변화 과정에 나타난 삼국과의 차이를 파악한다.

⑤ 삼국과 가야가 이웃 나라와 교류한 양상을 파악하고, 그 문화적 특성을 불교 예술과 고분 등을 중심으로 이해한다.

(3) 통일신라와 발해의 발전

고구려의 대외 항쟁부터 삼국 통일의 과정을 거쳐 통일신라와 발해의 발전, 후삼국 성립까지를 다룬다. 삼국 통일의 과정을 파악하고, 삼국 통일로 우리 민족사의 기틀이 다져졌음을 이해한다. 통일 이후 신라의 대내외적 발전을 이해하고, 신라와 함께 발해가 민족사의 한 축을 이루었음을 살펴본다.

① 고구려의 수·당과의 전쟁 배경과 과정을 파악하고, 역사적 의의를 설명한다.
② 삼국 통일의 과정을 동아시아 국제 정세 속에서 이해하고, 그 의의와 한계를 파악한다.
③ 통일 이후 신라의 대내외적 발전의 양상과 그 의미를 이해한다.
④ 통일 이후 신라의 문화를 불교 예술을 중심으로 파악한다.
⑤ 발해의 성립과 문화적 특징을 통해 고구려와의 관련성을 설명하고, 발해의 발전상을 이해한다.
⑥ 신라 하대 사회의 동요와 후삼국의 성립을 이해한다.

(4) 고려의 성립과 변천

후삼국 통일과 고려 전기의 제도 정비, 무신 정변 이후 고려 후기 사회의 변천을 다룬다. 고려의 후삼국 통일이 갖는 의의를 이해하고, 고려 전기 귀족 중심의 사회가 형성되었음을 파악한다. 고려 후기 지배 세력의 변화를 이해하고, 고려 문화의 특징과 그 변화를 살펴본다.

① 고려의 후삼국 통일 과정과 태조의 정책을 통해서 고려의 통일이 지니는 의의를 파악한다.
② 고려 전기 정치 제도의 정비를 통해서 귀족 중심의 사회가 형성되었음을 이해하고, 대외 관계를 전쟁과 교류로 나누어 설명한다.

③ 무신 정권과 농민·천민 봉기의 전개 과정을 통해서 고려의 지배 체제가 동요되고 있음을 이해한다.

④ 대몽 항쟁의 과정, 원 간섭기 권문세족의 성장과 반원 자주화의 노력을 이해하고, 고려 사회의 개혁 과정에서 신진 사대부가 성장하였음을 파악한다.

⑤ 고려시대 문화의 특징과 그 변화를 고려청자, 불교 예술, 인쇄술, 역사서 편찬 등을 중심으로 이해한다.

(5) 조선의 성립과 발전

조선의 성립 이후 문물 제도의 정비를 통한 정치·문화적 발전과 왜란과 호란의 극복 과정을 다룬다. 이 시기에 유교 이념에 의해 조선 정치의 기틀이 마련되고 운영되었으며, 민족 문화가 발달되었음을 이해한다.

① 조선을 건국한 세력들에 대해서 파악하고, 유교 이념에 따라 조선의 통치 체제가 정비되었음을 이해한다.

② 조선 전기 민족 문화의 발달을 훈민정음의 창제, 과학 기술의 발달 등을 중심으로 구체적인 사례를 들어 설명한다.

③ 사림 세력의 성장 과정과 그 의미를 이해하고, 사림 세력의 성장 배경을 향약과 서원을 중심으로 파악한다.

④ 왜란과 호란의 대내외적 배경을 알고, 외침에 맞선 다양한 노력을 중심으로 양란의 전개 과정을 설명한다.

(6) 조선 사회의 변동

조선 후기 사회 변동의 양상과 사회 문제를 해결하려는 다양한 노력을 다룬다. 이 시기에는 사회 변동 속에서 정치 운영의 변화, 문화의 변동이 있었음을 이해한다. 사회 문제를 해결하기 위해 실학자들의 사회 개혁 방안이 제기되었으며, 농민들의 봉기가 일어났음을 설명한다.

① 조선 후기 정치 운영의 변화를 붕당 정치와 탕평 정치를 중심으로 이해한다.

② 조선 후기 실학자들이 제기한 사회 개혁 방안의 내용을 이해하고, 실학의 성격과 의의에 대해 파악한다.

③ 조선 후기 문화 변동의 배경을 파악하고, 문화 변동의 양상을 문학과 그림 등을 중심으로 살펴본다.

④ 세도 정치 시기의 농민 봉기가 지니는 의미를 대표적 사례를 통해서 파악한다.

(7) 통일 제국의 등장

고대 문명의 형성 이후 세계 여러 지역에서 등장한 통일 제국의 정치적 변천과 그 특징을 다룬다. 지역별로 통일 제국이 성립되어 확대되는 모습을 살피고, 이어 제도의 정비 내용 및 문화적 특징을 이해한다. 아울러 각 지역의 문화 발전이 유교, 불교, 기독교 등 세계 종교의 등장으로 이어지는 과정을 파악한다.

① 춘추전국시대, 진, 한에 이르는 정치·문화적 변화에 대한 이해를 바탕으로 진·

한 제국이 이후 중국 사회에 미친 영향을 파악한다.

② 북인도를 통일한 마우리아 왕조와 분열기를 거쳐 건립된 쿠샨 왕조의 정치적 변천을 이해하고, 불교의 성립과 전파 과정을 탐구한다.

③ 서아시아를 통일한 페르시아의 발전과 쇠퇴 과정을 중앙집권적인 제도의 정비 과정 및 그리스 세계와의 관계 속에서 파악하며, 페르시아 문화의 특징을 이해한다.

④ 그리스 폴리스로부터 헬레니즘과 로마제국에 이르는 정치·문화적 변화를 이해하고, 크리스트교의 성립과 발전을 파악한다.

(8) 지역 세계의 형성과 발전

고대 통일 제국이 해체된 후 동아시아, 인도와 동남아시아, 서아시아, 유럽에서 공통의 역사적 경험과 문화에 기초하여 지역 세계가 형성, 발전하는 과정을 탐구한다. 각 지역 세계의 정치와 문화의 특징을 파악하여 공통점과 차이점을 비교하고, 다른 문화에 대해 관용적인 태도를 가지도록 한다.

① 삼국의 분열 이후 수·당의 통일 제국에 이르는 정치적 변천과 수·당 시대 문화의 성격을 파악한다.

② 동아시아 각지에 공통의 문화 요소가 전파되어 단일한 지역 세계가 형성되는 과정을 탐구하고 일본 고대 국가의 발전에 대해 이해한다.

③ 인도(굽타 왕조)와 동남아시아의 정치적 변천과 이슬람 세력의 유입 과정에 대해 탐구한다.

④ 이슬람교의 성립과 주변 지역으로의 전파, 이슬람 제국의 발전에 대해 파악한

다.

⑤ 서유럽 세계의 형성과 비잔티움 제국의 역사를 크리스트교와 결부지어 이해한다.

(9) 전통 사회의 발전과 변모

중세에서 근대로의 이행기 아시아와 유럽 전통 사회의 모습과 정치적 변화를 다룬다. 송과 몽골 제국, 명·청 제국의 성립이 가져온 아시아 세계의 발전과 변모 양상을 파악한다. 인도와 서아시아에 성립한 이슬람 국가들의 발전과 이슬람 세력이 확대되는 모습을 살펴본다. 신항로 개척으로 인한 유럽의 팽창이 유럽과 비유럽 세계에 가져온 결과를 탐구한다. 아울러 여러 지역 세계 간 문화 교류 양상에 대해서도 충분한 이해를 지니도록 한다.

① 송으로부터 청에 이르는 중국의 정치적 변화 과정을 설명하고 몽골 제국이 동서 교류의 확대에 미친 영향을 파악한다.
② 일본에서 무사 정권이 출현하는 과정을 이해하며 임진왜란을 동아시아 국제 질서의 변모라는 맥락에서 파악한다.
③ 서아시아와 남아시아 이슬람 국가들의 성립과 발전 과정을 파악하고, 이 지역에서 여러 민족과 종교의 공존을 지향하는 정책이 펼쳐졌음을 살펴본다.
④ 르네상스로 인한 유럽 사회의 변모를 이해하고, 신항로 개척과 대서양 무역의 확대가 유럽과 라틴아메리카 세계 양쪽에 미친 변화를 파악한다.
⑤ 서유럽과 동유럽의 절대왕정을 비교하여 그 차이를 이해한다.

〈근대 이후〉

(1) 근대국가 수립운동과 국권 수호운동

개항을 전후한 시기부터 일제에 의해 대한제국의 국권이 침탈되기까지를 다룬다. 근대국가를 수립하기 위한 노력과 개혁 방향을 둘러싼 갈등을 파악한다. 일제의 침탈 과정과 이에 맞선 국권 수호운동의 흐름을 유기적으로 파악한다.

① 홍선대원군 집권기의 대내외 정책, 강화도조약 체결의 대내외적 배경, 개항 이후 개화 정책 추진과 그 과정에서 나타난 갈등을 이해한다.

② 갑신정변, 동학농민운동, 갑오개혁에서 지향했던 새로운 사회를 구체적 개혁안을 통해서 살펴본다.

③ 독립협회의 활동, 대한제국의 성립 과정과 개혁 내용을 파악한다.

④ 개항 이후 신문물이 수용되는 배경과 과정을 이해하며, 수용의 양상을 교육, 언론, 문예 등을 중심으로 설명한다.

⑤ 일제의 국권 침탈 과정에 맞선 국권 수호운동의 흐름을 설명하고 특히 일제에 의해 독도가 불법으로 편입되는 과정을 파악한다.

(2) 민족운동의 전개

대한제국의 국권이 상실된 이후부터 8·15 광복 직전까지를 다룬다. 일제강점기 일제의 통치 정책을 파악하고 이에 맞서 지속적으로 광범위하게 전개된 민족운동의 흐름을 파악한다.

① 3·1운동이 일어난 배경과 과정을 파악하고 이를 계기로 대한민국 임시정부가

수립되었음을 안다.

② 3·1운동 이후 일제 통치 정책의 변화와 1920년대 국내외 민족운동의 다양한 흐름을 이해한다.

③ 만주 침략 이후 일제 통치 정책의 변화와 1930~40년대 국내외 민족운동의 흐름을 파악하고 이때의 민족운동이 광복과 연관됨을 이해한다.

④ 일제의 민족 말살 정책에 맞선 우리 민족의 다양한 민족 문화 수호운동을 설명한다.

(3) 대한민국의 발전

8·15 광복 이후 대한민국 정부의 수립과 발전 과정을 다룬다. 대한민국은 자유민주주의의 발전, 경제 성장, 통일을 위한 노력을 지속적으로 전개해왔음을 이해한다. 주변국과의 영토 문제와 역사 갈등을 올바로 이해하고 해결 방안을 찾아본다.

① 광복과 미·소 분할 점령, 대한민국 정부의 수립, 분단과 6·25전쟁을 국내외 정세와 관련 지어 파악하고 대한민국 정부는 3·1 독립 정신과 대한민국 임시정부의 정통성을 계승하였음을 이해한다.

② 4·19 혁명 이후 현재에 이르기까지 전개된 자유민주주의의 발전, 경제 성장, 대중문화의 발달과 국제 교류의 확대를 설명한다.

③ 1970년대 이후 평화 통일을 위한 노력이 꾸준히 전개되었음을 파악하고 북한 사회의 변화와 오늘날 북한의 실상을 이해한다.

④ 독도가 우리 영토인 근거를 정확하게 이해하고 주변 국가와의 역사 갈등을 올

바르게 파악하여 갈등을 해결할 수 있는 실천적 방안을 찾아본다.

(4) 산업 사회와 국민국가의 형성

산업혁명과 시민혁명으로 인한 서양 근대 사회의 전반적인 변화를 다룬다. 영국에서 시작된 산업혁명이 자본주의의 발달과 산업 사회의 등장으로 이어지는 과정을 파악한다. 유럽과 아메리카에서 일어난 시민혁명이 자유주의와 민족주의를 자극하여 국민국가 체제를 성립시켰음을 이해한다. 서유럽과 북아메리카의 국민국가들이 제국주의 정책을 추진하게 된 원인과 과정을 탐구하고 그 결과를 비판적으로 성찰한다.

① 영국에서 시작된 산업혁명으로 자본주의 경제 체제가 확립되었음을 이해하고 산업혁명이 인간의 삶을 어떻게 변화시켰는가를 탐구한다.

② 프랑스혁명의 배경과 진행 과정을 살펴보고 나폴레옹전쟁과 빈 체제의 수립으로 유럽의 국제 질서가 새롭게 편성되었음을 파악한다.

③ 미국 독립전쟁의 배경과 과정, 국가 수립 이후의 성장을 살펴보고 19세기 라틴아메리카 여러 나라의 독립 양상과 라틴아메리카의 변화를 파악한다.

④ 빈 체제 이후 자유주의와 민족주의운동이 확산되었음을 알고 19세기 유럽을 국민국가 체제의 성립이라는 관점에서 전체적으로 이해한다.

⑤ 국민국가 주도로 이루어진 산업화와 제국주의 등장의 상관 관계를 파악하고 제국주의의 개념과 특징을 이해한다.

(5) 아시아·아프리카 세계의 변화와 민족운동

제국주의 침략에 맞선 아시아·아프리카인들의 투쟁과 근대적 국가 체제를 형성하기 위한 개혁운동을 이해한다. 동아시아, 동남아시아, 인도, 서아시아, 아프리카에서 나타난 제국주의의 침략상과 변혁운동의 전개 과정을 탐구한다.

① 제1, 2차 아편전쟁과 태평천국운동, 양무와 변법, 의화단운동과 신해혁명 등의 전개 과정과 성격에 대해 파악한다.

② 일본이 문호 개방 이후 메이지 유신과 천황제 국가의 확립을 거쳐 점차 제국주의 국가로 변화되는 과정을 탐구한다.

③ 인도와 동남아시아에서 제국주의의 침략에 대한 저항운동이 지속적으로 일어났던 사실을 이해한다.

④ 서아시아와 북아프리카 등지에서 전개된 개혁운동과 민족운동에 대해 파악한다.

(6) 현대 세계의 전개

세계대전과 냉전을 중심으로 현대 세계의 전개 과정을 다룬다. 두 차례에 걸친 세계대전의 원인과 결과, 평화를 위한 노력을 이해한다. 아시아·아프리카의 민족운동과 독립 이후의 노력을 살펴보고 사회주의권의 추이와 냉전의 전개 양상을 중심으로 1945년 이후 세계사의 흐름을 파악한다.

① 제1차 세계대전의 배경과 전개 과정 및 전쟁의 특징을 알고 러시아혁명의 원인과 전개 과정을 이해한다.

② 제1차 세계대전 이후 유럽 사회의 변화를 이해하고, 아시아에서 새로운 국가들이 탄생하고 민주주의가 확대되었음을 설명한다.

③ 제2차 세계대전의 배경을 경제 공황과 파시즘을 중심으로 이해하고 유럽과 아시아의 제2차 세계대전 전개 과정과 전쟁 중 국제 평화를 모색하는 노력이 있었음을 설명한다.

④ 1945년 이후 아시아와 아프리카에서 많은 독립 국가가 탄생하고 중국과 동유럽에서 사회주의 국가가 수립되었으며, 미국과 소련의 냉전으로 한국과 독일이 분단되었음을 파악한다.

⑤ 사회주의 정권이 해체된 후 자본주의가 세계적으로 확대되었음을 이해하고, 냉전이 종식된 현재에도 종교나 민족의 차이에 따른 국지적인 갈등과 전쟁이 존재함을 알고 평화를 위한 노력이 필요함을 설명한다.

주석

역사교육 ● 정권과 정치 논리에 흔들리는 역사교육

01 김한종, 「이명박 정부의 역사 인식과 역사 교육 정책」, 『역사비평』 96호, 2011, 가을; 김한종, 「중등 역사 교과서 개편의 과정과 성격」, 『한국고대사연구』 64호, 2011; 오수창, 「2011 역사 교육과정의 개발·고시 경위와 '민주주의' 논란」, 『초중고 역사 교과서의 현대사 서술과 민주주의』(2011 역사 교육과정 개정 관련 학술토론회 발표문), 2011; 이인재, 「역사 교과서의 미래와 교육과학기술부장관의 권한」, 『황해문화』 2012 봄호; 안병우, 「민주주의 관점에서 본 역사 교과서 개악」(광주민주화운동 기념 심포지엄 발표문), 2012.

02 초·중등교육법(법률 제11219호 일부 개정 2012. 01. 26) 제23조(교육과정 등).

03 이전에는 교육과정평가원이 연구진을 구성하여 개발했으며, 2006년 처음으로 동아시아사 교육과정을 개발할 때 동북아역사재단에 의뢰했다.

04 교육과정심의회는 '교육과정심의회 규정'(대통령령 제22234호)에 따라 설치·운영되는 법정 기구이다.

05 교과용도서에 관한 규정(대통령령 제22143호 일부 개정 2010. 05. 04).

06 교육과학기술부장관, 「초·중등학교 교과용도서 국·검·인정 구분 고시」, 2011. 08. 16.

07 교과용도서에 관한 규정 제7조.

08 국사편찬위원회, 「교과용도서(역사) 검정 실시 공고」, 2011. 08. 26.

09 김한종, 「역사 교과서 수정 논란의 전말」, 『역사교육』 83, 전국역사교사모임, 2008; 김한종, 「한국근·현대사 교과서 파동의 전말과 쟁점」, 『역사와 경계』 35, 2009; 양정현, 「역사 교과서 서술에서 사실과 관점—한국근·현대사 교과서 수정 지시 파동을 중심으로」, 『역사와 경계』 35, 2009.

10 김한종, 「이명박 정부의 역사 인식과 역사 교육 정책」, 『역사비평』 96호, 2011 가을, 212쪽.

11 교과용도서에 관한 규정 제3조 2항.

12 한국교육과정평가원, 『초·중등학교 교육과정 개정 고시(제2011-361호, 11. 08. 09)에 따른 초·중등학교 검정 교과용도서 편찬상의 유의점 및 검정 기준』, 2011. 08.

13 국사편찬위원회, 『역사 교과서 편찬상의 유의점 및 검정 기준』, 2011. 08. 31.

14 교육과학기술부, 『고시 제2011-361호(별책 7) 사회과 교육과정』, 2009.

15 한국역사연구회 등, 「민주주의를 무시하고 졸속 교과서를 강요하는 교육과정 고시를 철회하라」(성명서), 2011. 08. 31.

16 오수창 등, 「'역사' 교육과정의 '자유민주주의'는 '민주주의'로 되돌아가야 한다」(성명서), 2011. 08. 16.

17 주류 역사학계의 의견은 한국사연구회 등 26개 학회와 단체가 2011년 11월 28일에 발표한 성명서 「역사 교육과정과 집필 기준의 정치 오염 문제를 이제 이명박 대통령이 직접 해결하라」와 11월 5일 제54회 전국역사학대회에 참여한 11개 학회가 공동으로 발표한 「'2011 역사 교육과정' 정책위 원안으로의 회복 촉구」 성명서, 그리고 '역사 교육의 정상화를 염원하는 역사 교사 865명 일동'의 명의로 발표한 성명서 「역사 교육의 정상화를 위해 교육과정과 집필 기준은 재고시되어야 한다」(2011. 11. 29)에서 잘 알 수 있다.

18 최초의 교육과정은 1955년에 제정되었고, 2차는 1963년, 3차는 1973년, 4차는 1981년, 5차는 1987년, 6차는 1995년, 7차는 1997년에 각각 개정되었다. 이후 2007년에 다시 개정되었다.

19 이러한 방침에 따라 2007 개정 교육과정이나 2009 개정 교육과정은 '8차'라고 부르지 않는다. 하지만 교육의 기본틀을 바꾸어 수시 개정의 본래 취지를 벗어났으므로, 차수를 변경하는 것이 타당하다고 본다.

20 1949년 12월 31일 공포된 교육법에서 "대학, 사범대학, 각종 학교를 제외한 각 학교의 교과를 대통령령으로 정하고, 각 교과의 교수 요목 및 수업 시간은 문교부령으로 정한다"(155조)고 했다.

21 초·중등교육법(법률 제11219호 일부 개정 2012. 01. 26) 제23조 (교육과정 등) 제1항에 "학교는 교육과정을 운영하여야 한다"고 규정했고, 2항에 "교육과학기술부장관은 제1항의 규정에 의한 교육과정의 기준과 내용에 관한 기본적인 사항을 정"한다고 했다.

22 교과용도서에 관한 규정 제2조 6항.

23 학자들로만 구성된 새로운 독립 기관이 검정을 담당하게 하는 방안도 고려할 수 있다. 박태균, 「2011년 역사 교과서 재개정의 문제점, 그리고 대안」, 『217, 한국 사회를 바꿀 진보적 정책 대안』, 메이데이, 2012, 669쪽.

24 교과용도서에 관한 규정 제7조.

25 김한종, 「중등 역사 교과서 개편의 과정과 성격」, 『한국고대사연구』 64호, 2011, 12쪽.

26 일본교과서바로잡기운동본부, 「한국사 교육과 교과서 제도 개편에 관한 청원」, 2002. 10. 24.

27 「한국인의 역사 실력은 〈下〉 국사 모르는 교실, 고구려 빠진 연구실」, 『중앙일보』 2004. 8. 25.

28 구난희, 「일반 국민의 역사 교육에 대한 관심과 요구」(국사편찬위원회 주최, 역사 교육 발전 종합 방안 수립을 위한 공청회 발표 자료), 2006. 10. 26.

29 교육인적자원부, 「역사교육발전방안」(국정현안정책조정회의 자료), 2005. 04. 27.

30 교육인적자원부, 「역사교육강화방안」(보도자료), 2005. 05. 06.

31 「교육 차관, '중학교 국사 과목 독립 교과 추진'」, 『연합뉴스』 2006. 09. 08.

32 교육인적자원부, 『역사교육강화방안 보고』, 2006. 12. 28.

33 초·중등교육법 시행령 제43조(교과).

역사박물관 ● '국가'만 있고 '역사'는 없는 대한민국역사박물관

01 최근 20여 년 동안의 역사박물관과 역사전시관의 양적 증대와 사회적 관심의 확산에 대해서는 Rosmarie Beier-de Haan, *Erinnerte Geschichte-Inszenierte Geschichte. Ausstellungen und Museen in der Zweiten Moderne*, Frankfurt am Main, 2005, pp. 11~13 참조. 2001년 통계에 따르면 그해 독일에서는 전체 박물관 방문객 중 역사와 문화사 박물관을 방문한 사람들이 62%의 비율을 차지하여 압도적으로 높았고, 22%가 자연과학과 과학기술 분야의 박물관을, 나머지 16%가 예술 분야의 박물관을 방문했다. 이에 대해서는 Friedrich Waidacher, *Museologie-knapp gefasst. Mit einem Beitrag von*

Marlies Raffler, Wien u. a., 2005, p. 19 참조.

02 『조선일보』 2012. 2. 22.

03 『한겨레신문』 2012. 2. 22; 박한용, 「이승만-박정희가 한국 정통성을 대표한다고? 차라리 왕조를 세워라!」, 『민중의 소리』 2012. 2. 25.

04 최근 들어 세계 도처에서 '우리'와 '타자'에 대한 엄정한 경계 짓기를 비판하며 차이와 다원성의 존중, 혼성과 소통의 중요성에 초점을 맞춘 새로운 종류의 역사 관련 박물관들이 등장하고 있다. 그것의 역할과 의의 및 문제점들에 대해서는 Rosmarie Beier-de Haan, *Erinnerte Geschichte-Inszenierte Geschichte*; 이용일, 「트랜스내셔널 공간으로서 이민박물관」, 『서양사론』 112호, 2012. 3, 68~94쪽; 염운옥, 「포스트-식민 박물관 '다문화' 정체성의 재구성: 대서양 노예무역 폐지 200주년 기념전을 중심으로」, 『역사비평』 95호, 2011 여름, 192~217쪽 참조.

05 Friedrich Waidacher, *Museologie-knapp gefasst. Mit einem Beitrag von Marlies Raffler*, pp. 14~16, pp. 272~273.

06 '역사문화' 개념에 대해서는 이동기, 「현대사박물관, 어떻게 만들 것인가?: '독일연방공화국 역사의 집'과 '대한민국역사박물관'의 건립 과정 비교」, 『역사비평』 96호, 2011 가을, 245~246쪽.

07 Jörn Rüsen, *Historisches Lernen. Grundlage und Paradigmen. Mit einem Beitrag von Ingetraud Rüsen*, Schwalbach/Ts., 2008, pp. 184~198 참조.

08 이에 대해서는 Olaf Hartung, "Aktuelle Trends in der Museumsdidaktik und ihre Bedeutung für das historische Lernen". in Vadim Oswalt Hans-Jürgen Pandel (ed.), *Geschichtskultur. Die Anwesenheit von Vergangenheit in der Gegenwart*, Schwalbach/Ts, 2009, pp. 164~165 참조.

09 이에 대해서는 Andreas Urban, "Rettung der Vergangenheit-Verlust der Gegenwart? Museumkultur in der Postmoderne", in Sabine Horn & Michael Sauer (ed.), *Geschichte und Öffentlichkeit. Orte-Medien-Institutionen*, Göttingen, 2009, pp. 76~77 참조.

10 『내일신문』 2008. 8. 5; 『연합뉴스』 2008. 8. 4.

11 『한겨레신문』 2010. 1. 26/27; 『동아일보』 2010. 1. 28.

12 박찬승, 「또 하나의 불씨, 국립현대사박물관」, 『한겨레신문』 2008. 12. 12.

13 건립위원회 위원들과 자문위원의 명단은 대한민국역사박물관 홈페이지에서 확인할 수 있다. 홈페이지 주소는 http://www.museumrok.go.kr

14 동영상 자료와 언론 보도로 미뤄볼 때 건립위원회 위원장과 위원들은 여기에 참여하지 않았다. 국립민속박물관 내 대단히 협소한 장소에서 100여 명이 모여 추진단장과 건축 시공회사 및 전시 담당 회사의 대표가 30분 정도 보고했고, 일부 교수와 문화계 인사들이 사업의 문제점을 지적하는 토론을 벌였다. 「문화체육관광부 대국민 업무보고 방송 영상」, 대한민국역사박물관 홈페이지. http://www.museumrok.go.kr/hongbo.do?_method=hongboUserDetail&page=1&idx=146(2012. 4. 30. 검색); 『조선일보』 2011. 2. 26; 『연합뉴스』 2011. 2. 25.

15 『한국일보』 2009. 4. 17; 『매일경제』 2009. 4. 17; 『오마이뉴스』 2009. 4. 16.

16 『동아일보』 2010. 3. 15; 『경향신문』 2010. 4. 6.

17 '독일연방공화국 역사의 집'의 건립 과정에 대해서는 이동기, 앞의 글, 248~264쪽 참조.

18 『한국일보』 2010. 11. 23. 김진현 위원장은 또한 "한국이 민주화와 산업화를 이룬 나라라는 말은 진부한 표현"이라고 하면서 역사의 다원적인 이해를 강조했다(『경제투데이』 2011. 5. 27).

19 위원회 홈페이지 대한민국의 발자취 → 대한민국의 선진화 세계로의 도약 → 대한민국의 미래 부분 서술(http://www.museumrok.go.kr/history.do?content02=division01, 2012. 4. 30. 검색)

20 이동기, 앞의 글, 257~264쪽.

21 대한민국역사박물관 홈페이지의 '대한민국의 선진화, 세계로의 도약' 중 '대한민국의 미래' 부분에는 "한반도의 안정과 평화, 나아가 세계의 평화를 위한 노력에도 힘을 기울이고 있다"라고만 서술되어 있고, 남북 관계의 개선과 통일을 명시적으로 언급하지 않았다. 다만 2000년 남북정상회담 사진 한 장만 배치되어 있을 뿐이다.

남북역사교류 ● '남북 역사인식 연합'을 위한 역사학 교류

01 '한민족공동체통일방안'의 3단계('민족공동체 → 남북 연합 → 통일 국가')에서 남북 연합(The Korean Commonwealth) 단계는 남북 교류와 협력을 통해 민족 공동체를 회복·발전시킨 후의 과도적 통일 체제로서, 남북이 평화 공존을 제도화하고 경제·사회 공동체를 형성·발전시켜 정치적 통일의 여건을 성숙시켜나가는 단계이다. 김근식·김연철·김갑식·정영철, 『통일·남북 관계 사전』, 통일부 통일교육원, 2004, 142~146쪽. 이러한 남북 연합 개념은 오늘날까지 여전히 유효하다.

02 통일부는 이명박 대통령이 2010년 광복절 경축사에 밝힌 3대 공동체(평화, 경제, 민족 공동체) 통일 구상은 "민족공동체통일방안을 계승"한 것이라고 정리했다(통일부 홈페이지/알림마당/3대 공동체 통일구상 http://www.unikorea.go.kr/CmsWeb/viewPage.req?idx=PG0000000466).

03 2010년 5월 24일 정부는 천안함 사건(2010. 3. 26)을 계기로 남북 교류·협력과 관련된 인적·물적 지원을 전면 중단했다. 주요 내용은 ① 북한 선박의 우리 해역 운항 전면 불허, ② 남북 교역 중단, ③ 우리 국민의 방북 불허, ④ 북한에 대한 신규 투자 불허, ⑤ 대북 지원 사업의 원칙적 보류 등이었다. 5·24조치는 남북 간 학술 교류에도 적용되었기 때문에, 그 이후의 학술 교류 사례는 2011년 말에 이르러 재개되었다. 하지만 그것도 김정일 사망 보도 직후 중지된 개성 만월대 공동 발굴(2011. 11. 14.~12. 20)이 유일하다.

04 '남북 역사용어 공동 연구'는 학술진흥재단의 지원을 받아 남측 남북역사학자협의회와 북측 민족화해협의회-조선사회과학원력사연구소가 2007년 11월부터 3개년간 연차 사업으로 세 단계(근대, 고대, 중세)로 나눠 각 단계마다 쌍방 33~39명의 역사학자가 참가했다. 이에 대해서는 정태헌, 「남북 역사 인식의 상호 변화와 '남북 역사용어 공동 연구'를 통해 본 '역사인식 연합'의 전망」, 『국제고려학회 서울지회 논문집』 14, 2011 참조. 남북역사학자협의회의 설립 과정과 2009년까지 진행된 역사학 교류 상황에 대해서는 정태헌, 「남북 역사학 교류의 현황과 발전을 위한 제언」, 『역사비평』 65, 2003; 정태헌, 「남북 역사학(자) 교류와 역사 인식의 공존을 향한 전망」, 『국제고려학회 서울지회 논문집』 12, 2009 참조.

05 '문화적 차이'란 남북 간의 문화적 이질성에서 비롯된 것으로서, 역사적 사건이나 인물에 대한 평가 또는 표현의 차이, 연구의 깊이나 소재 등 연구 환경의 차이에서 오는 차이를 말한다. 수렴 여지가 많고, 대부분은 지금도 공존이 가능하다. 반면 현 시점에서 바로 풀기 어려운 '정치적 차이'는 자신만의 '정통성'을 강조하는 남북 대립의 산물이다. 북측의 '혁명력사'(1920년대 이후)나 '단군릉'과 '대동강 문화' 등 고대사 인식에서 두드러진다. 정태헌, 위의 글, 2011, 8쪽.

06 이 글에서 역사 교류 단계로 설정한 '화해·협력기'와 '평화 공존기'는 '민족공동체통일방안'이 설정한 통일 단계(화해·협력 → 남북 연합 → 통일 국가)에서 첫 단계인 화해·협력 단계를 평화협정 체결을 경계로 구분한 것이다. 남북이 진정한 '화해·협력'에 도달하기 위해서는 한국전쟁 이후 체결된 정전협정을 대신하여 법적 제도적으로 한반도 평화를 정착시키는 접근 방법인 평화협정의 체결이 요구된다. 1991년 12월에 남북 당국

이 체결한 '남북기본합의서'(남북 사이의 화해와 불가침 및 교류·협력에 관한 합의서)는 "남과 북은 현 정전 상태를 남북 사이의 공고한 평화 상태로 전환시키기 위하여 공동으로 노력"한다고(제5조) 규정했지만, 실행 단계로 나아가지 못했다. 6·15선언도 상호 신뢰 구축의 원칙만 확인했을 뿐 평화 체제로의 전환 문제를 구체적으로 다루지 못했다(조민, 『한반도 평화체제 구축과 통일전망』, 통일연구원, 2005, 59~79쪽). 이후 10·4선언에서 "남과 북은 현 정전 체제를 종식시키고 항구적인 평화 체제를 구축"하고 "3자 또는 4자 정상들이 한반도 지역에서 만나 종전을 선언하는 문제를 추진하기 위해 협력"하기로(제4조) 했지만, 현재까지 아무런 성과를 보지 못하고 있다.

07 『세기와 더불어』에 대한 분석은 예대열, 「『세기와 더불어』에 서술된 북한 민족해방운동사 인식의 변화상과 함의」, 『한국근현대사연구』 55, 2010 참조.

08 남북 화해(제1장), 남북 불가침(제2장), 남북 교류·협력(제3장), 수정 및 발효(제4장) 등 4개장 25개조로 구성된 '남북기본합의서'는 제5차남북고위급회담(1991. 12. 13: 서울)에서 서명한 남북 기본 관계에 관한 남북 정부 간 공식 합의 문서이다.

09 2004년 남북 관계가 경색된 와중에 남북역사학자협의회가 개최한 '고구려 고분군 세계문화유산 등재 기념 남북 공동 학술토론회'를 통해 통일부 관계자들이 북측의 대남 사업 관계자들과 접촉했다. 정태헌, 앞의 글, 2009, 12쪽.

10 경제 교류·협력(제1장), 사회 문화 교류·협력(제2장), 인도적 문제의 해결(제3장), 수정·발효(제4장) 등 4개장, 20개조로 구성된 이 부속합의서(1992. 9. 17) 제13~14조는 남북의 사회 문화 분야 교류·협력 진행에 따른 구체적 실무 처리와 기구 설치 문제를 협의하기 위해 '남북사회문화교류·협력공동위원회' 설치를 규정했다.

11 8개조 49개항으로 구성된 이 합의서는 10·4선언 직후 개최된 남북총리회담(2007. 11. 14~16)에서 서명한 것이다.

12 동·서독은 1972년에 체결된 '기본조약'을 바탕으로 연간 600여 종의 문화 예술 프로그램을 교환했고, 이를 바탕으로 1986년 '문화협정'을 체결하고 이듬해 11월에 실질적인 문화 교환 프로젝트에 합의했다. 이때부터 동·서독은 제반 예술 분야와 학술 및 출판 교류의 통로를 열었고 박물관 소장품들을 교환하면서 교류의 폭을 대폭 넓혔다. 최대석, 「남북한 사회 문화 교류와 평화 통일」, 이우영 외, 『화해·협력과 평화 번영, 그리고 통일』, 한울아카데미, 2005, 397쪽.

13 10·4선언 제6조에서 정한 6개 부문 가운데 국어학에서도 '남북언어교류협정(가칭)'을 맺을 수 있다.

14 '공동 성명(joint declaration)' 또는 '공동 선언(joint statement)' 등의 '국가 간 합의'는

일반적으로 공식적 '조약'의 범주에 포함되지 않고 참여국 행정부 수반의 '정치적 합의'로 해석된다. 남북기본합의서, 6·15 공동 선언, 10·4 공동 선언은 남북의 '정치적 합의'에 속하지만, 국회 비준을 거치지 않아 국제법 적용을 받는 '조약'이 아니었다. 남북 간 '정치적 합의'가 국내법과 동일한 효력을 갖추려면 헌법 제60조 1항에 따라 국회 비준 절차가 필요하다. 관례적으로 국회 동의를 받은 조약은 '법률' 지위를, 그렇지 않은 조약은 '행정부령'(법률보다 하위) 지위를 부여한다. 이장희·유하영·문규석, 『남북 합의 문서의 법적 쟁점과 정책 과제』, 아시아사회과학연구원, 2007, 150~152쪽; 배종인, 『헌법과 조약 체결: 한국의 조약 체결 권한과 절차』, 삼우사, 2009, 127~157쪽.

15 노무현 정부는 2007년 10·4 공동 선언에 대한 국회 비준을 추진했었다. 당시 대통령 비서실장 문재인에 따르면 10·4선언은 "상당한 재정 부담이 예정되어 있어서 국민의 동의와 국회 비준이 필요"했지만 "당시 한덕수 국무총리를 비롯하여 정부 관련 부처"가 "그 부분을 절실하게 생각하지 않았(고) (…) 부담해야 할 비용이 구체화되면 그때 가서 비준받으면 된다는 논리를" 폈다고 한다. "정권이 바뀌면 선언 자체가 부정되고 무시되는 상황을 상상하지 못했"다는 것이다. 「이달의 인물: 문재인 노무현재단 이사장」, 『민족21』 2011. 12, 33쪽.

16 1차(2007. 5. 15~7. 13), 2차(2007. 9. 3~11. 16), 3차(2008. 11. 4~12. 23), 4차(2010. 3. 23~5. 18), 5차(2011. 11. 14~12. 20)의 공동 발굴이 이뤄졌다.

17 남북역사학자협의회가 진행한 '고구려 고분군 남북 공동 실태 조사'(2006. 4. 19~5. 2)와 '남북 공동 고구려 벽화고분 보존 사업'(2007. 5. 30~6. 9), 고구려연구재단이 진행한 '평양 일대 고구려 유적 남북 공동 학술 조사'(2005. 7. 20~29)와 '안학궁 발굴 조사'(2006. 4. 8~19)를 들 수 있다.

18 "7. 남과 북은 개성 지구 역사 유적의 세계문화유산 등록 및 보존·관리 사업에 서로 협력하기로 하였다." 제17차 남북장관급회담(2005. 12. 16) 공동 보도문.

19 남북역사학자협의회가 금강산에서 개최한 '고구려 고분군 세계문화유산 등재 기념 남북 공동 학술토론회'(2004. 9. 11)를 들 수 있다.

20 노무현 정부의 광복 60주년 남북 공동 사업의 일환으로서, 제15차 남북장관급회담(2005. 6. 21~24: 서울)에서는 안중근 유해 발굴 사업을 공동 추진하기로 합의했다. 이어 열린 '안중근 의사 유해 공동 발굴 및 봉환을 위한 실무 접촉'(2005. 9. 7)에서 유해 발굴에 대한 적극 추진 약속, '안중근 의사 유해 발굴단'의 공동 구성, '안중근 의사 기념 사업' 진행 등에 대한 4개항에 합의했다. 안중근에 관한 역사 교류의 사례로 '안중근 의거 100주년의 성과와 한계, 그리고 현재적 과제'(고려대 한국사연구소·조선사회과학

원 력사연구소 주최, 2009. 11. 29~12. 3: 연길) 공동학술대회를 들 수 있다.

21 남북역사학자협의회가 진행한 '일제 조선 강점의 불법성에 대한 남북 공동 자료 전시회와 학술토론회'(2001. 3. 1: 평양), '일제의 조선인 강제 연행의 범죄성에 대한 남북 공동 학술토론회'(2003. 2. 20~25: 평양), "일본해' 표기의 부당성에 대한 남북 공동 학술토론회'(2004. 2. 24~28: 평양), '일제 약탈 문화재 반환을 위한 남북 공동 학술토론회'(2004. 2. 24~28: 평양) 등이 있고, 국사편찬위원회와 중국 흑룡강성사회과학원이 진행한 '9·18사변 70주년 학술토론회'(2001. 8. 7~8: 하얼빈), 정신문화연구원이 진행한 '일제의 아시아 침략과 조선 민족의 반일 투쟁사 연구'(2003. 9. 20~27: 평양·백두산)와 '근현대사 항일민족운동의 역사적 경험과 일본의 우경화'(2004. 6. 2~5: 성남) 등을 들 수 있다.

22 기금 지원은 사업비의 50% 범위 내에서 대북협력사업자당 연 1회로 제한하고 있다. 남북 당국 또는 당국 위임을 받은 자가 공동으로 행하는 협력 사업 등 우선 지원 대상에 대해서는 70% 이내로 할 수 있다. 「통일부 고시 제2001-4호: 남북 사회 문화 협력에 대한 남북 협력기금 지원 지침」 제5조 6항.

23 한 예로 2006년 7월 남북역사학자협의회는 '개성 만월대 남북 공동 발굴 조사'를 위해 개성으로 들어가기 사흘 전날 북측으로부터 미사일 발사와 관련하여 '사업 연기'를 통보받음으로써 그 조사 준비에 소요된 모든 손실을 감당해야 했다.

24 2002년 북측의 '7·1 경제 관리 개선 조치'는 사회주의 계획경제를 유지하면서 시장경제를 인정한 측면이 있다. 가격 및 임금 인상, 가격 설정 방식 개편, 공장·기업소에 경영 자율성 부여, 원부자재 시장 개설, 분배의 차등화 강화, 독립 채산제 강화 등을 내용으로 한다. 독립 채산제 기업의 수익이 국가 예산으로 편성되는 것이 폐지되었으며, 기업에 대한 정부의 예산자금 공급도 거의 없어졌다. 손희두·문성민, 『북한의 재정법제에 관한 연구』, 한국법제연구원, 2007 참조. 이에 따라 경제적 자립이 어려운 문화·학술 분야의 연구소는 재정 축소가 불가피해졌다.

25 북측 학자들의 연구비 책정 기준은 한국연구재단의 학술용역비를 기준으로 지급하면 무리가 없을 것이다.

26 '남북협력기금법' 제8조(기금의 용도)의 1~2항은 다음과 같다. 1. 남북의 주민의 남북간 왕래에 필요한 비용의 전부 또는 일부의 지원. 2. 문화·학술·체육 분야 협력 사업에 소요되는 자금의 전부 또는 일부의 지원. 여기서 비용의 전부를 지원하는 것은 당국 간 합의 사업(즉 정부 사업)만 해당되고 나머지는 모두 "일부의 지원"만 받는 대상이다.

27 통일부, 『2008 남북협력기금 백서』, 2008, 357쪽.

28 이 기금에서 사회 문화 교류에 할당한 예산은 노무현 정부 후반기에 75억여 원이었지만, 실제 집행은 해마다 달라서 2003년 6억, 2004년 32억, 2005년 75억, 2006년 74억, 2007년 69억여 원이었다. 통일부, 위의 책, 2008, 358쪽.

29 2004년 고구려 고분군 유네스코 세계문화유산 등재 기념 남북 공동 학술토론회와 순회 전시회 4억 2,500만 원, 2006년 고구려 고분군 실태 조사 4억 5,200만 원, 북관대첩비 반환 사업 2억 8,800만 원, 안중근 유해 발굴 사업 4,600만 원, 2007년 개성 만월대 남북 공동 발굴 조사 5억 2,600만 원, 고구려 고분 보존 사업 1억 8,900만 원 등이다. 통일부, 위의 책, 2008, 356~385쪽).

30 '겨레말큰사전남북공동편찬사업회법'(2007. 4. 2. 임시국회 통과)처럼 특별법으로 교류사업을 진행하는 경우는, 적어도 '화해·협력기'에는 예외적인 사례다.

31 '남북사회문화협력추진위원회'가 개최되면 위원장(문광부장관) 산하에 소관 부처 관계자가 들어올 것이다. 이 단계에서 모든 남북 관계 예산은 통일부 협력기금으로 집중한다는 현재의 기획재정부 예산 편성 방침을 유지하면서도, 남북 협력기금 중에 '남북 역사 교류 계정'을 신설하고 이를 교육부나 문광부가 관할하는 방식으로 갈 수도 있다.

32 동·서독이 1986년에 체결한 '문화협정' 제2조는 학술과 교육 분야의 협력 사항들과 협력 형태들을 구체적으로 다루고 있는데, 학자, 전문가, 연구원 파견 및 학술회의 참가, 강연, 연구, 유학을 통한 학자 교환, 대학생 교환, 전문서적·교재·시청각 자료 및 교육자료 교환 사업 추진, 그리고 이를 위한 장학금 제공을 명시했다. 주독 한국대사관, 「독일 통일 연구: 문화협정에 의한 학술·과학·기술 협력」, 『통일한국』 124, 1994, 96쪽.

33 이미 '화해·협력기'에도 상시 협의를 위해 개성공단 내에 2005년 10월부터 남북 당국간 최초의 상설 기구인 남북경제협력협의사무소가 개설된 사례가 있다. 그러나 북측이 2008년 3월 27일 남측의 대북 정책과 북핵 문제 해결 요구에 대한 불만의 표시로 남측 당국자 11명을 추방했고, 금강산 관광객 피살 사건(7. 11) 이후 개성 관광 중단과 함께 2008년 12월 1일 남북경제협력협의사무소는 사실상 폐쇄되었다. 이후 2009년 8월 21일, 북측이 12·1 조치를 해제하여 남북경제협력협의사무소는 재개되었지만(「통일부 보도참고자료」, 2009. 8. 20) 2010년 남측 정부의 5·24조치로 다시 폐쇄되었다. 현재 통일부의 입장은 북측이 남북경제협력협의사무소를 열더라도 "5·24 대북 조치에 따라 경협이 중단돼 경협협의사무소가 현실적으로 해야 할 사안 자체가 없다"는(『뉴시스』 2011. 1. 11) 것이다. 남측의 정치 상황이나 남북 대립에 좌우되는 '화해·협력기' 교류의 한계인 셈이다.

34 조민, 앞의 책, 2005, 94~95쪽.

01 한국의 과거 청산의 역사와 현재에 대해서는 Kim Dong-Choon, "The long road toward truth and reconciliation", *Critical asian studies*, 42:4, 2010, pp 525~552.

02 민족일보 조용수 사건, 조봉암 사건, 이수근 간첩 사건, 강기훈 유서 대필 사건, 오송회 사건, 여러 납북 어부 사건, 여러 건의 재일 동포 간첩 사건 등 새로운 진실이 규명되었고, 그중 10여 건 이상이 최종 무죄 판결을 받았으며, 법원에서 재심이 진행 중인 사건도 20여 건에 이른다.

03 「(사설) 과거사위원회의 아까운 예산낭비」, 『조선일보』 2007. 3. 15.

04 「4·3위원회 폐지 법률안 규탄 1인 시위」, 『미디어 제주』 2008. 1. 21.

05 「진실화해위원회 권고 사항에 대한 (국방부의) 이의신청 건」, 진실화해위원회 내부 자료, 2009. 4. 17.

06 사법부는 자체 과거사위 설치를 검토한 바 있고, 그것을 위해 국가보안법 위반 사건, 긴급조치 위반 사건 등 법원의 잘못된 판결로 인한 피해 사실을 확인한 적이 있다. 그러나 결국 법원은 자체 과거사위원회를 설치하지는 않았다. 대법원, 「과거사 관련 요구자료 제출」, 2006. 10.

07 「울산 보도연맹 손배소 시효 남았다」, 『한국일보』 2011. 6. 30.

08 '오송회 사건' 판결에서 광주고법 판사들은 법원을 대표해서 사죄했고(2009. 11. 25, 광주고법), '아람회 사건' 판결에서 서울고법 판사들 역시 사법부를 대표해서 반성했다(2009. 5. 21. 서울고법). 그런데 긴급조치 사건에 대해 법원이 무죄 판결을 내리자, 서울중앙지검은 곧바로 항소를 제기했다. 검찰이 밝힌 항소 이유는 "헌법재판소가 유신헌법과 긴급조치에 대해 위헌 판정을 내리지 않았다"는 것이었다. 검찰은 심지어 "긴급조치가 국회 의결을 거친 것 이상의 국민적 동의를 받았을 뿐만 아니라 당시의 안보상황과 시대적 상황 등을 고려할 때 합헌적이고 합법적이며, 불가피한 조치일 수도 있다"고 주장했다. 「검찰, 갑자기 긴급조치, 유신헌법 옹호하는 까닭은?」, 『한겨레』 2011. 8. 1.

09 안경호, 「인권 침해 분야 미조사 사건」, 과거사 미청산 과제 해결을 위한 연속토론회 자료집, 2012. 5. 23.

10 진실화해위의 미군 관련 사건에 대한 평가는 김태우, 「진실화해위원회의 미군 사건 조사 보고서에 대한 비판적 검토」, 『역사연구』 21호, 2011. 12.

11 특히 제4대 국회 당시 경북 지방에서는 5천여 장의 신고서가 접수되어 '양민 학살 진상

조사 보고서'에 신원이 나와 있는데, 이들을 추적하면 훨씬 더 정확한 희생 규모 추정이 가능할 것이다. 이에 대해서는 김상숙, 「제4대 국회 '양민 학살 진상 조사 보고서'와 민간인 학살 사건」, 『역사와 책임』 창간호, 2011. 5 참조.

12 2009년 12월 1일 이후, 이명박 대통령이 임명한 위원장과 위원으로 구성된 위원회를 지칭함.

13 '적법적 공권력의 행사'에 의한 피해에 대한 조치가 '보상'인데, 그렇게 본다면 국가의 불법은 없었던 것이 된다. 심지어 민주화보상법에 의한 보상은 '생활 지원금'의 형태를 지니고 있어서, 법에 나타난 명예회복의 정신과도 맞지 않는다는 지적이 있다. 이영재, 「과거 청산의 현실과 민주화보상심의위원회의 10년에 대한 비판적 평가」, 『역사와 책임』 창간호, 2011. 5.

14 이 권고의 내용은 진실위 최종보고서에 실려 있다. 진실화해를위한과거사정리위원회, 『진실화해위원회 종합보고서 1: 위원회의 연혁과 활동, 종합 보고』, 2010. 12. 29, 205~226쪽.

15 이에 대해서는 서울대학교 사회발전연구소, 『화해·위령 및 과거사 연구재단 설립 방안: 연구 용역 결과 보고서』, 2009. 4. 10, 32~52쪽.

16 민주화 이후 5·18 보상 과정에서 피해자들이 겪은 정신적 고통에 대해서는 강은숙, 「저항 집단의 생애사를 통해 본 사회적 트라우마티즘의 형성 과정—5·18 시민군 기동타격대의 상처받은 5월 정신」, 성공회대학교 사회학과 석사학위 청구논문, 2011 참조.

17 페루의 집단 학살 피해 보상에서 집단 보상, 공동체 보상이 추진된 경우가 있었다. Lisa J. Laplante의 미완성 발표문, "Negotiating Rights: Beneficiary and civil society participation in implementing economic reparations", Implementing Truth and Reconciliation: Comparative Lessons for Korea, October 24th, 2011, Baldy Center for Law & Social Policy. 한 마을이나 집단이 유사한 피해를 입었을 경우 개인이나 가족 단위로 금전적 보상을 하기보다는 연금 지급, 학자금 지원, 상처 치료, 군 면제 등의 방식으로 보상이 추진될 필요가 있고, 피해자들 간의 분열을 막기 위해 피해자들을 보상 심의 과정에 직접 참여시킬 필요가 있다.

18 노근리 평화재단 및 평화공원의 활동에 대해서는 http://www.nogunri.net/html/kr/index.html 참조.

19 제주 4·3평화재단 및 평화공원의 활동에 대해서는 http://jeju43.jeju.go.kr/index.php 참조.

20 현재 군부 독재 시절 고문을 받았던 사람들이 주도해서 결성한 재단법인 '진실의 힘'이

이런 작업을 추진하고 있다. '진실의 힘'은 고문치유센터 설립을 위한 기금을 모금하고 있다.

21 진실화해를위한과거사정리위원회, 앞의 보고서, 213쪽.

22 「경기도의회, 6·25 희생 민간인 위령 사업 조례 가결」, 『경인일보』 2012. 5. 15.

23 2009년 현재 군인·경찰 대상의 위령비나 위령탑은 전국에 894곳이 있지만, 민간인 희생자 위령비나 위령탑은 50개에 불과하고, 그중 군경에 의한 희생자의 것은 22개에 불과하다. 서울대 사회발전연구소, 앞의 보고서, 66쪽.

24 조시현, 「노근리 등 미군에 의한 민간인 학살 사건에 대한 올바른 대응을 위한 의견서」, 2000. 4. 24.

역사갈등 ● 동아시아 평화를 위협하는 역사갈등

01 일본의 평화운동이 자국의 피해만 내세우는 행위에 불과하고, 식민과 전쟁 피해자들과 일본의 전쟁 피해자들을 동일시함으로써 일본의 전쟁 책임을 희석시키고 있다는 비판은 바로 과거 청산의 부재에서 비롯되고 있음을 유념할 필요가 있다.

02 「헌법재판소 결정요지」(2011. 8. 30), 사건번호: 2006헌마788, 「대한민국과 일본국 간의 재산 및 청구권에 관한 문제의 해결과 경제 협력에 관한 협정 제3조 부작위 위헌 확인」. 헌법재판소는 같은 날 원폭 피해자들이 2008년 제출한 동일한 소송(사건번호 2008헌마648)에 대해서도 위헌 판결을 선고했다.

03 2006년 3월 15일 일본군 '위안부' 문제 해결을 위한 700차 정기 수요시위 참석자들이 적극적 대일 외교 정책을 요구하며 외교통상부를 항의 방문했을 당시 제출한 요구서에 대한 외교통상부의 「답변」(2006. 3. 22)

04 「'정신대 할머니와 함께하는 시민모임'의 질의서에 대한 외교통상부의 답변」, 2006. 4. 10.

05 재판관 조대현은 한 걸음 더 나아가 "대한민국은 이 사건 협정으로 인하여 청구인들이 일본국에 대한 손해배상청구권을 행사할 수 없게 된 손해를 완전하게 보상할 책임을 진다고 선언하여야 한다"는 의견을 덧붙이기까지 했다.

06 노무현 대통령은 "독도는 일본의 한반도 침탈 과정에서 가장 먼저 병탄된 역사의 땅"이며 "일본이 러일전쟁 중에 전쟁 수행을 목적으로 편입하고 점령했던 땅"임을 선포하면서 독도 문제에 대한 대응 방침을 전면 재검토하고, "독도 문제를 일본의 역사 교과

서 왜곡, 야스쿠니 신사 참배 문제와 더불어 한일 양국의 과거사 청산과 역사 인식, 자주 독립의 역사와 주권 수호 차원에서 정면으로 다루어나가겠"다고 선언했다. 당시 한국 정부는 실제로 강경 정책을 실시해 독도 주변의 해양 조사를 진행했고, 일본은 순시선을 보내 이를 저지하려 했으며, 이 과정에서 일촉즉발의 위기가 있었던 것으로 전해졌다. 당시 일본 관방장관이었던 아베 전 총리는 당시 노무현 대통령이 해군 함정에 위협 사격 명령을 내린 상태였다는 증언을 하기도 했다. 「日 언론, '2006년 독도 인근서 한일 간 총격전 벌일 뻔'」, 『경향신문』 인터넷판 2010. 10. 10. http://news.khan.co.kr/kh_news/khan_art_view.html?artid=201010101442341&code=970203

07 심지어 2008년 정상회담에서 후쿠다 야스오 일본 총리가 독도 관련 기술을 중학교 사회과 교과서에 실을 수밖에 없다고 설명하자, 이명박 대통령은 "지금은 곤란하다. 기다려달라"라는 표현을 한 것으로 『요미우리신문』이 보도했다. 이후 요미우리 측과 이명박 대통령 측은 진실 공방을 벌이기도 했다. 2012년 위키리크스는 한국 외교관이 미국 외교관에게 이 말이 사실이었음을 확인했다고 폭로했다. 「"MB '독도 일본땅 표기 기다려달라' 발언했다"」, 『한겨레』 인터넷판 2012. 2. 20. http://www.hani.co.kr/arti/politics/bluehouse/51 9833.html

08 이런 측면에서 이명박 정권의 '한일군사정보협정' 체결 비공개 추진은 일면적이면서도 편향된 길로 갈 수 있는 잘못된 시도였다고 할 수 있다.

09 물론 새로운 국가 간 위원회나 공동 재단 설립 추진보다 선행되어야 할 것은 2010년 이후 중단되어 있는 한일역사공동연구위원회 재개와 같이 당장 실현 가능한 것을 실천하는 일이라는 점은 두말할 나위가 없다.

10 예를 들면, 과거 국가 폭력에 의한 희생자들에 관한 연구나 위령 사업 등은 보편적인 시각에서의 접근이 필수적이고, 동아시아 단위에서 고민될 필요가 있는 것이다. 추모공원이나 기념·교육 사업 등도 개별 추진과 함께 공동 추진을 통해 합동 시설 마련 등을 추진할 필요가 있다. 더불어 이 책 『역사를 바꾸는 역사정책』에서 제기된 문제들과 사회 각 분야에서 제기되고 있는 각종 역사 관련 제안들을 진지하게 정책적 차원에서 통합적으로 검토할 필요가 있다.

11 만약 대통령 직속 역사정책 자문위원회를 둔다면 그 구성에 있어 역사학계 등의 추천을 거칠 필요가 있다. 자문위원회나 역사정책수석을 신설한다면, 다음과 같은 목적과 활동을 가질 수 있을 것이다. 설립 목적: 국내외에서 제기된 역사 갈등 조정과 그 해결책을 모색하기 위한 역사정책 전반을 지원. 활동: 관계 기관 협의회, 전문가 자문위원회 등을 운영하여 역사정책 전반을 조율.

01 하지만 문화부는 단명하여 1993년에 문화체육부로, 1998년 문화관광부로, 2008년 문화체육관광부로 변모했다. 따라서 순수하게 문화 업무를 전담하는 문화부라는 부서를 신설하고 유지한 정권은 노태우의 6공 정권이 유일하다.

02 이 글에서 다루는 관련 법규는 '매장문화재 보호 및 조사에 관한 법률'(2010. 2. 4)의 후속 조치로 이루어진 '매장문화재 보호 및 조사에 관한 법률 시행령'(2011. 1. 28), '매장문화재 보호 및 조사에 관한 법률 시행규칙'(2011. 2. 16)과 '발굴조사의 방법 및 절차 등에 관한 규정'(2011. 2. 16) 등을 지칭한다. 이인재, 「2011 매장문화재법 하위법령의 두 가지 현안과 과제」, 『역사비평』 통권 95호(2011 여름호), 187쪽 참조.

03 흙으로 구조물을 만들 때 중간 중간에 나무줄기나 잎사귀를 깔아서 토층 간의 압밀도를 높이고 미끄러짐을 방지하기 위한 최신 토목 기술이다. 중국에서는 한(漢)대에 속하는 안평당(安豊塘)이 유명하며 한반도에서는 서울의 풍납토성, 김제 벽골제, 부여 나성, 함안 성산산성 등이 대표적이다. 일본 오사카 사야마이케(狹山池) 저수지의 부엽공법은 백제에서 전래된 것으로 밝혀졌다.

04 염정섭, 「조선 후기 경작유구(논, 밭) 발굴과 농업사 연구」, 『2011 매장문화재법 시행규칙과 발굴 조사 규정에 나타난 두 가지 현안과 해결 방안』, 8개 학회 공동학술토론회, 2011.

05 이인재, 앞의 글.

06 2011년 4월 19일 '2011 매장문화재법 시행규칙과 발굴조사 규정에 나타난 두 가지 현안과 해결 방안' 토론 과정에서 나온 문화재청 담당 공무원의 발언이다.

07 한국고고학회 등 11개 학회 공동 성명서(2012. 6. 9) 「주요 매장 문화재 업무의 지방자치단체 이양을 반대한다」.

08 2011년 8월 9일에 한국고고학회 주관으로 진행된 '매장 문화재 관련 업무의 지방 이양에 대한 학회 공청회'가 대표적이다. 여기에서는 매장 문화재 발굴 허가권의 문제, 국가 귀속 업무, 발굴 조사 전문 기관 등록 및 취소 업무의 지방 이양이 지닌 부작용에 대한 심도 있는 논의가 이루어졌다.

09 안신원, 「조사원 자격 기준의 문제점」, 『2011 매장문화재법 시행규칙과 발굴조사 규정에 나타난 두 가지 현안과 해결 방안』, 2011.

10 문화재 관련 학과란 매장 문화재 전공 학과, 사학과, 미술사학과, 문화재관리학과, 전통건축학과 및 문화재청장이 문화재와 관련이 있는 것으로 인정한 학과를 말한다.

11 매장 문화재 전공이란 고고학과, 고고미술사학과, 고고인류학과, 문화재학과, 문화인류학과, 문화유적과 등으로 규정되어 있다. 여기에서 학부의 편제 단위인 학과와 학과 내 세부 전공의 관계에 대한 심각한 혼선이 있음을 알 수 있다.

12 문화인류학과나 고고미술사학과에서 고고학과 전혀 관련 없는 과정을 이수하더라도 학과 명칭으로 인해 그 졸업생들은 매장 문화재 전공자로 분류되는 불합리가 엄존한다. 이인재, 앞의 글, 179쪽.

13 문화재청 근무 학예직은 산하 문화재연구소의 학예직으로 순환 근무한다.

14 국립가야문화재연구소, 『1500해 앞 16살 여성의 삶과 죽음—창녕 송현동 15호분 순장 인골의 복원 연구』, 2009.

15 문화재청 홈페이지 새소식 보도해명란 2011년 3월 10일자, 「동아일보 "묻지마 발굴 방지" vs 되레 문화재 훼손" 보도(2011. 3. 9)와 관련하여」. http://www.cha.go.kr/korea/news/newsBbzView!view.action?id=155696429&curPage=63&strWhere=&strValue=&schWhere=&schDirect=§ionId=all_sec_1&sdate=&edate=&category=&mc=NS_01_02. 이런 입장은 4월 19일의 학술토론회에서도 문화재청 담당 공무원에 의해 반복되었다. 신희권, 「매장 문화재 보호 법령 제정 취지와 주요 현안에 대한 입장」, 『2011 매장문화재법 시행규칙과 발굴조사 규정에 나타난 두 가지 현안과 해결 방안』, 2011.

16 이때 민족의 의미는 현재 생존해 있는 우리만이 아니라 이미 돌아가신 분들, 그리고 앞으로 태어날 후손까지 포괄한 개념이다.

17 이 정권이 설립한 국토해양부는 전 정권의 건설교통부, 해양수산부를 통합한 전대미문의 초대형 토건부서이다. 홍성태, 「이명박 정권의 문제와 개혁」, 『민주사회와 정책 연구』 통권 22호(2012년 하반기).

국가기록관리 ● 기록이 없는 나라, 기록을 없애는 나라

01 문서는 공무상 작성, 시행, 접수한 모든 문서를 말한다('행정업무의 효율적 운영에 관한 규정' 제3조 제1호). 그리고 기록물은 공공 기관이 업무와 관련하여 생산·접수한 모든 형태의 기록 정보 자료와 행정박물(行政博物)을 말한다['공공기록물관리에 관한 법률'(이하 '공공기록관리법') 제3조 제2호]. 문서는 결재가 있어야 효력을 발생하는 반면, 기록물은 결재 여부가 결정적인 것은 아니다. 따라서 문서는 기록물에 포함되는 것이

지 동일한 개념은 아니다. 문서 행정은 결재로 인해 효력이 발생하는 공문서만 관리하는 것이므로 기록 관리의 전부라 할 수 없다. 한편, 이 글에서는 기록물이라는 표현이 모든 형태의 기록 정보 자료를 포괄하는 개념이 아니어서－예를 들어 전자 기록은 논리적 객체이므로 물(物)이라는 표현을 하면 안 된다－법령을 직접 인용하는 것이 아니라면 모두 '기록'이라고 표현했다.

02 역사학계에서 최초의 문제제기가 있었다. 「한국의 역사 기록 보존 어떻게 할 것인가」, 『역사비평』 계간 제36호(1997년 봄호). 1997년 2월 정부기록보존소에서 '기록물관리법 연구작업단'을 구성하여 기록관리 법제화를 위한 연구에 돌입했고, 참여연대는 1998년 4월 '대통령기록보존법' 제정을 청원했다.

03 『세계일보』는 2004년 5월 말부터 6월 초까지 '기록이 없는 나라' 시리즈를 기획하여 집중 보도했다. 이것이 참여정부 국가 기록 관리 혁신 추진의 동력 중 하나가 되었다.

04 기록 관리 전문가의 법률적 표현은 '기록물 관리 전문요원'이다. 적당한 표현이 없어서 이를 계속 사용하고 있으나 적절한 것은 아니다. 따라서 이 글에서 '기록 관리 전문가'라고 쓴다.

05 기록 관리 혁신 추진 이전의 조직 정원이 136명이었는데 그 이후 360명이 되었으며, 전문직이라 할 수 있는 연구직의 비율도 8%에서 39%가 되어 부족하나마 전문 기관으로서 국가 보존 기록관(National Archives)의 틀을 갖추게 되었다.

06 대통령비서실 대통령 기록 인계·인수준비 T/F, 「기록 이관, 인계인수, 퇴임 후 활용 준비 현황 보고」, 2007. 5. 17. 청와대에서는 정권 인수 직후인 3월에 이미 이 기록을 확인했는데, 4월 18일에 반환을 요구했고, 국가기록원에서는 6월 4일에야 공식적으로 원상 반환을 요구했다. 이 기간 동안 대부분의 언론에서는 대통령 기록의 원본과 진본이 국가기록원으로 이관되었다는 사실은 보도하지 않고, 사실이 아닌 보도들을 쏟아냈다.

07 대통령 기록 유출 논란의 과정, 쟁점 등에 대한 전반적인 내용은 전진한, 「논란의 핵심은 유출이 아니라 열람권 확보」, 『오마이뉴스』(2008. 7. 15) http://www.ohmynews.com/NWS_Web/view/at_pg.aspx?CNTN_CD=A0000946245(사이트 참조일 2012. 6. 24); 「한국 기록 문화 사망 사건」, 『한겨레21』 제723호(2008. 8. 14); 「나의 기록을 적들에게 넘기지 마라」, 『위클리경향』 제826호(2009. 5. 26) 참조.

08 「첫 회의는 '합법' 우세, 2차에서 '불법'으로 극에서 극으로… 노무현 기록물 유출 사건」, 『오마이뉴스』(2009. 10. 8 보도) http://www.ohmynews.com/NWS_Web/View/at_pg.aspx?CNTN_CD=A0001232060&CMPT_CD=P0001(사이트 참조일 2012. 6. 28).

09 이순혁, 「대한민국 기록 문화 사망 사건」, 『한겨레21』 제723호(2008. 8. 14).

10 국가기록원, 「국가 기록 관리 선진화 전략」, 2009. 6.

11 곽건홍, 「자율과 분권, 연대를 기반으로 한 국가 기록 관리 체제 구상」, 『기록학연구』 제22호, 2009.

12 「행정안전부와 그 소속기관 직제시행규칙」 별표 4 '국가기록원 공무원 정원표'

13 정부혁신지방분권위원회, 『참여정부의 기록 관리 혁신』, 2005.

14 http://www.archives.go.kr/next/organ/cheif.do(사이트 참조일 2012. 7. 11).

15 정부혁신지방분권위원회 기록관리혁신전문위원회, 『국가 기록 관리의 과거와 미래』, 2004. 12, 7쪽.

16 「서울시 '기록원' 만든다」, 『한겨레』 2012. 5. 25.

17 라키비움(Larchiveum)은 Library+Archives+Museum의 합성 조어로, 미국 『Library Journal』 2008년 7월 30일자에서 미국 텍사스대학 Megan Winget 교수가 새로운 유형의 복합 수집 기관(multidisciplinary collecting institution)으로 최초 제안했다. 미래의 아카이브는 도서관, 아카이브(기록관), 박물관의 기능을 융합하여 전혀 새로운 차원에서 과거와 미래의 복잡다단한 자료를 수집·관리·활용하는 문화 기관이어야 한다는 것이다.

18 명지대학교 인간과 기록 연구단, 『일상 아카이브의 발견』, 선인, 2012.

19 국가기록원, 『2011 국가기록백서』, 2012.

20 제주특별자치도는 2011년 12월 28일 전국 최초로 「민간기록물 수집 및 관리에 관한 조례」를 제정했다. 지방자치단체로서는 처음으로 민간 기록 관리를 위한 조례를 제정했다는 의의가 크지만, 이 조례 역시 수집에 중점을 두었다.

21 공공기록관리법 제17조 및 동법 시행령 제17조~제19조, 제21조.

22 「한미FTA 국무회의 의결 회의록 보니… 15분 만에 "이견없음" 일사천리 통과」, 『뉴시스』 2012. 6. 4.

23 「청와대, 군포 살인 활용 용산 파장 축소 지시」, 『경향신문』 2009. 2. 11.

24 「서울시장 집무실 회의 내용 기록, 사관제 도입」, 『서울신문』 2011. 11. 25.

25 공공기록관리법 시행령 제21조 제1항 제1호.

26 대통령비서실 기록관리비서관실, 『대통령 기록의 범위』, 2005. 12. 5.

27 「국회는 지금 '은밀한 자료' 폐기 중」, 『한국경제』 2012. 5. 23.

28 한은정·임진희, 「국회의원 활동 기록의 특성과 관리 방향」, 『기록학연구』 제21호, 2009, 147~158쪽.

29 박근혜 대통령이 후보 시절 가장 먼저 내세운 공약이 기록 정보 서비스 분야의 모든 슬로건을 망라한 '정부 3.0'이었다. 「박근혜 첫 대선 공약 '정부 3.0' "개인별 '맞춤행복' 시대 열 것"」, 『서울신문』 2012. 7. 12. 그러나 기록 관리에 대한 구체적인 정책이 없다면 이는 그저 슬로건으로 그칠 가능성이 크다. 실제로 선거 당시 박근혜 캠프는 보안을 위해 종이 문서를 거의 생산하지 않는다고 보도되기도 했다. 「박근혜 캠프에 종이 문서가 없는 이유는」, 『노컷뉴스』 2012. 7. 9. http://www.nocutnews.co.kr/Show.asp?IDX=2192687(사이트 참조일 2012. 7. 11). 오바마의 "Proper records management is the backbone of open Government"라는 발언을 상기할 필요가 있다. http://www.whitehouse.gov/the-press-office/2011/11/28/presidential-memorandum-managing-government-records

30 「국가 기록물 목록 요청에 수수료 540만 원?」, 『오마이뉴스』 2009. 7. 31. http://www.ohmynews.com/NWS_Web/View/at_pg.aspx?CNTN_CD=A0001187196&CMPT_CD=P0001(사이트 참조일 2012. 6. 29).

더 읽을거리

역사교육

김한종, 「역사 교과서 수정 논란의 전망」, 『역사교육』 83, 전국역사교사모임, 2008.

김한종, 「한국근·현대사 교과서 파동의 전망과 쟁점」, 『역사와 경계』 35, 2009.

김한종, 「이명박 정부의 역사 인식과 역사 교육 정책」, 『역사비평』 96, 2011.

김한종, 「중등 역사 교과서 개편의 과정과 성격」, 『한국고대사연구』 64호, 2011.

박태균, 「2011년 역사 교과서 재개정의 문제점, 그리고 대안」, 『217, 한국 사회를 바꿀 진보적 정책 대안』, 메이데이, 2012.

양정현, 「역사 교과서 서술에서 사실과 관점—한국근·현대사 교과서 수정 지시 파동을 중심으로」, 『역사와 경계』 35, 2009.

이신철, 「새 정권과 역사 교과서 흔들기」, 『역사와 현실』 68호, 2008.

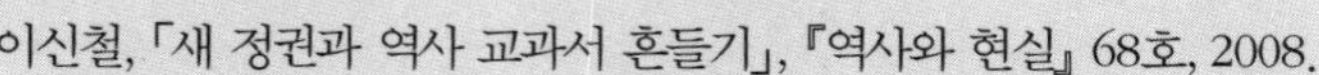

이신철, 「거꾸로 가는 역사 교육 강화, 파행의 한국사 교육」, 『역사와 현실』 77호, 2010.
이인재, 「역사 교과서의 미래와 교육과학기술부 장관의 권한」, 『황해문화』 2012 봄호.

역사박물관

대한민국역사박물관, 『현대사와 박물관: 2012년 대한민국역사박물관 국제학술대회』, 2012년 12월.
문화체육관광부 대한민국역사박물관 건립추진단, 『대한민국역사박물관 운영 기반 구축 및 발전 방안 연구』, 문화체육관광부, 2011.
문화체육관광부, 『근현대사 연구 활성화 방안 연구』, 문화체육관광부, 2011.
역사문화사, 『대한민국역사박물관 전시 주제 해설 기초 자료 연구 용역 결과 보고서』, 역사문화사, 2011.
이동기, 「현대사박물관, 어떻게 만들 것인가?: '독일연방공화국 역사의 집'과 '대한민국역사박물관'의 건립 과정 비교」, 『역사비평』 96호, 2011 가을.
이동기, 「대한민국역사박물관을 비판한다」, 『르몽드 디플로마티크』 51호, 2012. 12.

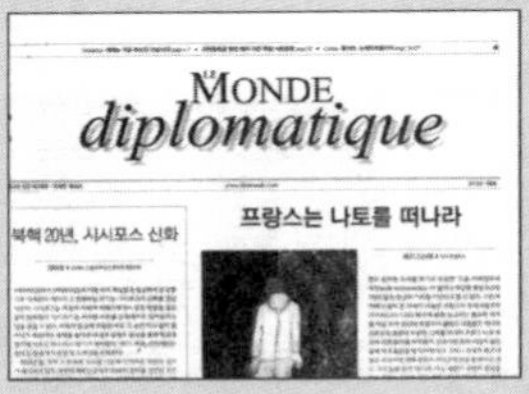
LE MONDE diplomatique
북핵 20년, 시시포스 신화
프랑스는 나토를 떠나라

과거사규명

안병직 외, 『세계의 과거사 청산』, 푸른역사, 2005.

프리실라 헤이너 지음, 주혜경 옮김, 『국가폭력과 세계의 진실위원회』, 역사비평사, 2008.

민족문제연구소·포럼 진실과 정의, 『역사와 정의』 1·2·3, 민연주식회사, 2011~2012.

역사갈등

다카하시 데츠야 지음, 임성모 옮김, 『역사 인식 논쟁』, 동북아역사재단, 2009.

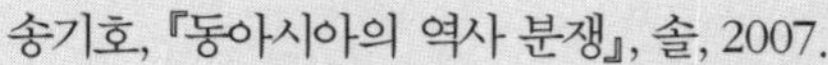

송기호, 『동아시아의 역사 분쟁』, 솔, 2007.

아라이 신이치 지음, 김태웅 옮김, 『역사 화해는 가능한가』, 미래M&B, 2006.

유용태, 『환호 속의 경종—동아시아 역사 인식과 역사 교육의 성찰』, 휴머니스트, 2006.

이신철, 『한일 근현대 역사 논쟁』, 선인, 2007.

이신철, 「한일 역사 갈등 극복을 위한 국가 간 역사 대화의 성과와 한계—한일역사공동연구위원회 활동을 중심으로」, 『동북아역사논총』 25호, 2009.

매장문화재

국립부여문화재연구소, 『부여 왕흥사터 발굴 이야기』, 진인진, 2009.

국립부여문화재연구소, 『백제의 왕궁을 찾는 20여 년의 여정』, 진인진, 2011.

권오영, 『고대 동아시아 문명 교류사의 빛, 무령왕릉』, 돌베개, 2005.

김진호, 『과학이 깃든 고대 고분』, 진인진, 2012.

김태식, 『미완의 문명 700년 가야사』, 푸른역사, 2002.

이건무 외 29인, 『천 번의 붓질, 한 번의 입맞춤』, 진인진, 2009.

임영진 외 4인, 『동북아시아 속의 풍납토성』, 학연문화사, 2012.

전호태, 『고구려 고분 벽화 이야기』, 사계절, 2007.

한국고고학회, 『한국고고학강의』, 사회평론, 2007.

한국역사연구회, 『문답으로 엮은 한국 고대사 산책』, 역사비평사, 1994.

국가기록관리

곽건홍, 『한국 국가기록관리의 이론과 실제』, 역사비평사, 2004.

곽건홍, 「한국 국가기록 관리 체제 '혁신'의 성격」, 『기록학연구』 제13호, 한국기록학회, 2006. 4.

곽건홍, 「자율과 분권, 연대를 기반으로 한 국가기록관리 체제 구상」, 『기록학연구』 제22호, 한국기록학회, 2009. 10.
김익한, 「기록학의 도입과 기록관리혁신(1999년 이후)」, 『기록학연구』 제15호, 한국기록학회, 2007. 4.
김익한, 「기록관리법 10년, 다시 한 번의 도약을 위한 제언」, 『기록학연구』 제21호, 2009. 7.
안병우 외, 「한국 공공기록관리의 쟁점과 전망」, 『기록학연구』 제34호, 한국기록학회, 2012. 10.
이상민, 「위기에 처한 대통령기록물관리, 문제의 인식과 해결을 위한 접근 방식」, 『기록학연구』 제18호, 한국기록학회, 2008. 10.
이소연, 「기록관리와 전문성」, 『한국기록관리학회지』 제11-1호, 한국기록관리학회, 2011. 6.
이승휘, 「공공기록물 관리에 있어 이명박정부의 책임과 '업적'」, 『기록학연구』 제18호, 한국기록학회, 2008. 10.
조영삼, 「대통령기록관리의 현황과 전망」, 『기록학연구』 제21호, 한국기록학회, 2009. 7.
지수걸, 「지방기록물관리기관 설립의 방향과 방법」, 『기록학연구』 제21호, 한국기록학회, 2009. 7.

역사박물관
역사교육
남북역사교류
과거사규명
역사갈등
매장문화재
국가기록관리